ビジネススクールで身につける

会計×戦略思考

ACCOUNTING × STRATEGIC THINKING

大津広一

日本経済新聞出版

はじめに

1 会計の本質を問う質問は、「WHAT?」ではなく「WHY?」

5万人以上の社会人・学生と面してきて

「先の御社の中間決算発表の場で開示された、今年度の年間売上予測はいくらですか?」

「貴社の前期の連結営業利益はいくらでしたっけ?」

「売上高営業利益率はどれくらいだったでしょう?」

これらの質問は、私が企業内研修の講師として、受講者である社員に対して研修開始直後に問いかける質問の一例だ。驚くような事実だが、これらの質問に正確に答えることができる人は、受講生が20人いたとしても、せいぜい1人いるかいないかである。売上を高めるため、利益を高めるため、あるいはコストを削減するために、日々厳しい業務をこなしているはずなのに、その結果となる会社全体の売上や利益に対してこれだけ無頓着なのはいったいなぜだろうか。

考えてみれば会計ほど私たちの生活に身近な話はない。「日本経済新聞」には、会計用語が満ち溢れている。職場では、売上やコスト、利益の話をすることなく、1日の仕事が終わることは稀なはずだ。パーツ、パーツで、私たちは実に会計に密接した生活を日々送っているのが現実である。ただし、あくまでパーツの話だ。パーツが組み合わさった姿である損益計算書や貸借対照表が登場した瞬間に、それは自分にとっての異次元の世界となってしまう。

なぜ多くのビジネスパーソンは、「会計」に対して大いなる嫌悪感と苦手意識を抱き、ときには無関心でいるのだろうか？

これは、20年間にわたりビジネススクールや企業内研修で、会計分野の教員・講師として、5万人以上の社会人・学生と面してきた私自身に対する問いかけだ。私の経験に基づく答えは、

会計 ＝ 「会計用語の暗記」「会計ルールの記憶」「細かな決算処理」

という固定観念を持つ人ほど、会計に嫌悪感や苦手意識を抱き、結果として「会計＝近寄りたくない世界」という負の思考回路に陥っているということだ。逆に、会計の数値を企業活動と結びつけて考えることができる人ほど、会計を手段として上手に使いこなすことができている。

そもそも会計の数値は企業活動の結果を表すものであって、企業活動なくして数値は発生しない。よって、会計の数値を見れば、企業活動をある程度類推することは可能なはずだ。逆に、企業活動、具体的には企業が置かれた経営環境、業界の特性、あるいは経営戦略を紐解くことで、その企業の会計数値の構造をある程度類推することも可能なはずである。**この両者の往復が抵抗なくできる人ほど、会計を実に有益なツールとして活用できている。**

この往復をスムーズにできるようになれば、今度は将来の事業計画（企業活動）を考える際に、どういった会計数値（収益モデル、主な費用、設備やソフトウェア、在庫といった投資金額と、これを実現するために必要な資金調達額）が見込まれるかの予測に発展できる。数値見込みの提示がないまま、新規事業やＭ＆Ａの稟議が通ることはあり得ない。

では、**この両者の往復は、どうすればスムーズにできるのだろうか。これを解き明かしていくことが本書の目的となる。**まずは実際にこの両者の往復を現場で行う経営者の姿から見てみることにしよう。

京セラ創業者・稲盛和夫氏が抱いた会計への疑問

ビジネススクールや企業内研修の社会人学生に対して私が推奨する1冊に『稲盛和夫の実学―経営と会計』（稲盛和夫著、日経ビジネス人文庫）がある。言うまでもないが、京セラの創業者であり日本航空の代表取締役会長を務めあげた稲盛氏の著書で、会計分野のベストセラーでありロングセラーでもある。会計に関する稲盛氏の考え方が余すところなく記された本書は、社会人であればどんな職場にいる方にも推奨できる名著だ。同書の冒頭に記された、興味深いエピソードをひとつ紹介しよう。

創業8年目に京セラに入社した経理部長に対して、自称「技術経営者」である稲盛氏は、会計に関する疑問について、矢継ぎ早に質問をした。ところが経理部長の回答は、「会計ではそういうことになっている」という、いわばルールの説明に終始する。一方の稲盛氏はといえば、「経営の立場からはこうなるはずだが、なぜ、会計ではそうならないのか？」と切り返し、いつも意見が対立して、激論となったそうだ。しかし数年後、経理部長の態度は一変して、こう言ったとのこと。

「社長の言っていることは、会計の本質を突いているのではないか」

稲盛氏の相手は経理部長である。どう考えても会計のプロは経理部長であり、経理部長からすれば、当時の稲盛氏はおそらく会計の素人に映ったはずだ。でありながら、会計という共通のテーマ、しかも一方の経理部長にとっては専門領域の話題でありながら、意見が対立したという事実、そして最後は経理部長が社長の言っていることこそ会計の本質を突いていると認めていることは、実に興味深い。

「WHAT?」か「WHY?」か

一連の事象を理解するために、両者の言語の違いに注目すると、対立の背景が見えてくる。同じ会計がテーマであっても、経理部長の言語は「WHAT?」、つまり会計のルールや定義を説いている。それが経理部長の使命であり、要求されたスキルなのだから、当然といえる。一方の稲盛氏の言語は「WHY?」、つまり「なぜそうであるのか?」という理由を問い詰めている。同じ会計がテーマであっても、言語が異なれば対立が鮮明になるのも納得できる。論点がまったく別の場所に存在しているのだ(図表0－1)。

粉飾決算が横行し、企業コンプライアンスが強化される昨今、決して会計ルールを軽視すべきと言っているわけではない。ルールを守ることは、すべてに優先する当然の話だ。一方、多くのビジネスパーソンにとって、細かな会計用語を暗記することや、会計ルールの詳細を記憶

図表0-1 会計のWHATとWHY

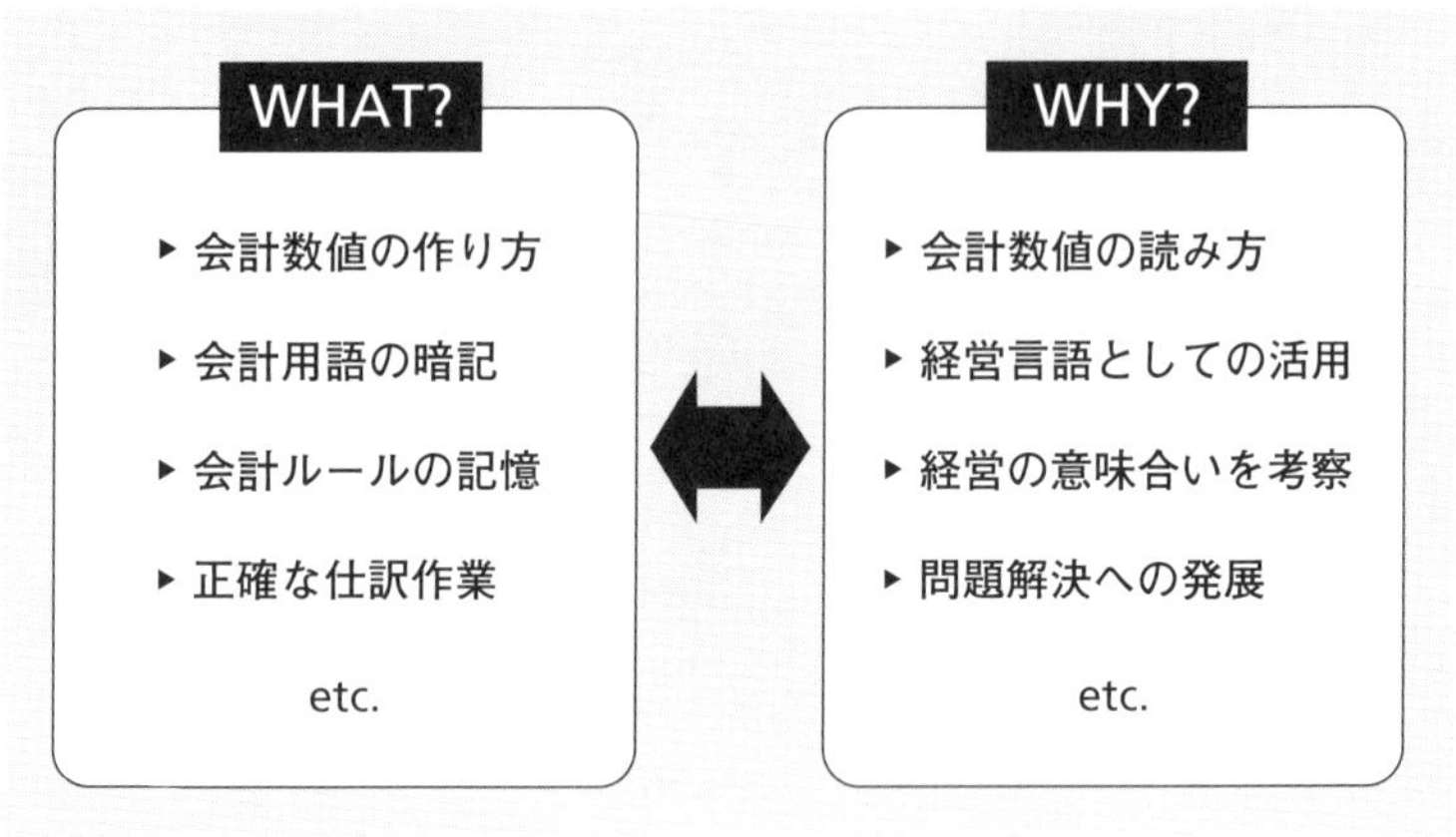

することは、仕事の上ではあまり役に立たない。ましてや簿記の仕訳が正確にできるかなどは、知っていて損はないが、ビジネスの成功における十分条件にはなりえない。それよりも、稲盛氏の姿勢にある、経営と会計数値をいかに関連づけて考えるかの重要性のほうがはるかに大きい。つまり、「WHAT?」よりも、「WHY?」を考え抜き、そこから得られる結論を具体的な行動に結びつけることができるかどうかだ。「WHAT?」と「WHY?」は二者択一ではないが、多忙なビジネスパーソンの時間は限られている。**大切なリソースを割くべきは、「会計のWHAT?」の学習ではなく、「会計のWHY?」の追求**である。

2 なぜ「会計力」と「戦略思考力」なのか？

両者が分断しているわけ

会計数値を理解し読み解く力、これを**会計力**と呼ぼう。一方、企業活動（企業が置かれた外部環境、業界の特性、あるいはその企業が採用する経営戦略）を理解し考察する力、これを**戦略思考力**と呼ぼう。分かりやすくいえば、前者が定量分析からのアプローチで、後者が定性分析からのアプローチとなる。

ここまで述べてきたように、この両者は密接に関連するものだ。つまり、企業活動があって初めて会計数値は作られるのであって、その順序は決して逆にはならない。一方、会計数値は企業活動の結果なのだから、会計数値を紐解くことで、企業活動をある程度類推することは可能となる。そして、この両者を結びつけるものが、**論理的思考力**となる（**図表0－2**）。

ところが現実には、両者があたかも別世界の存在であるかのような扱いを受けている。この背景には、複数の理由が挙げられる。

いったん企業に入社すれば、営業や製造、研究開発、あるいは人事、企画部門など、それぞれの専門領域での業務が中心となり、それ以外の分野でのスキルアップは本人の自主性に任される。よほど意識の高い人でなければ、自分の扱う製品や自分が所属する部門の売上、コスト、

図表0-2　会計力と戦略思考力の往復

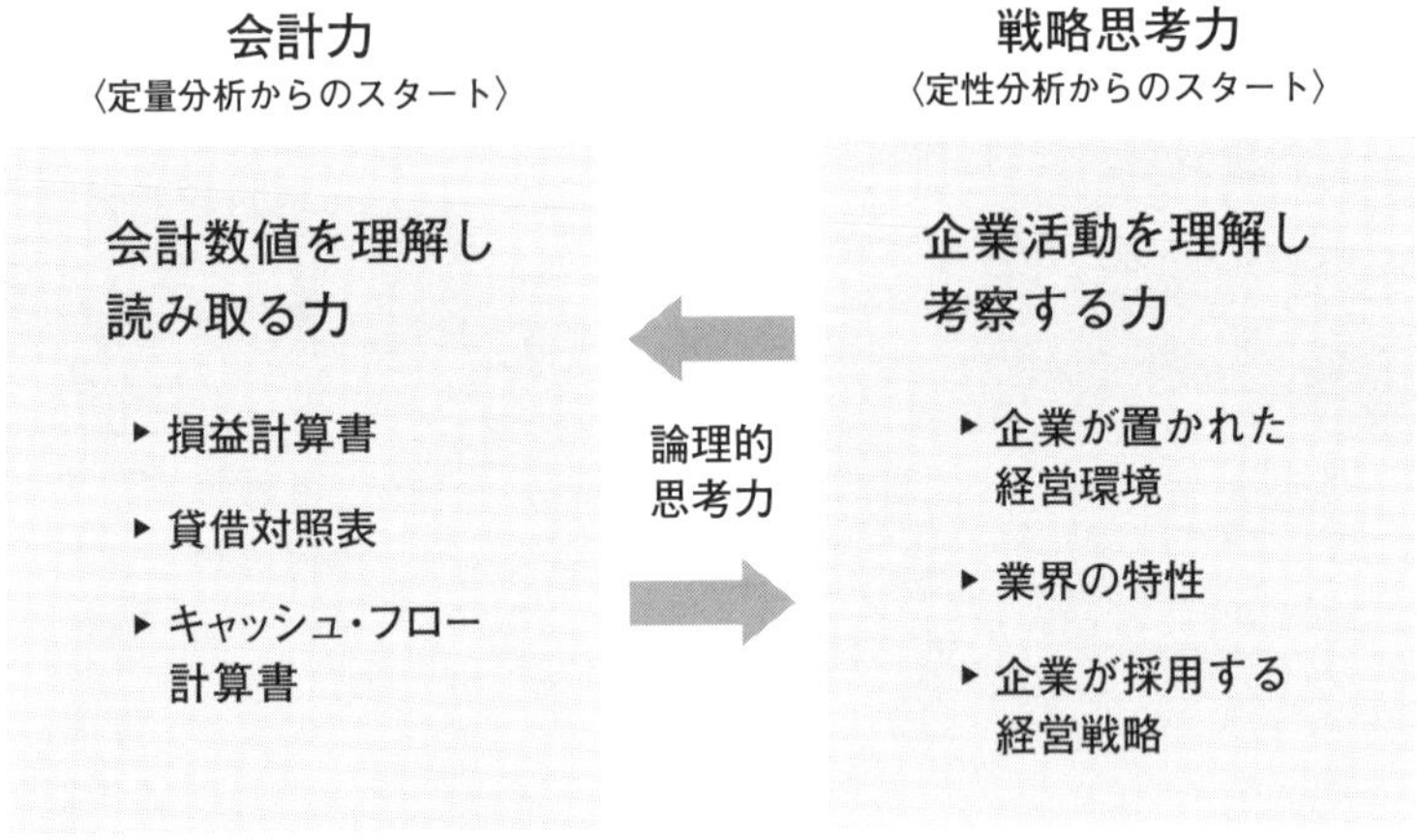

利益や在庫、設備投資が会計のすべてとなり、それ以外の数値はまったく別世界のものとして放置される。

そのような状況で10年、20年がすぎ、突如選抜教育で会計を学習することになる社員は、ある意味悲惨だ。嫌悪感と苦手意識という大きな障壁が築かれた研修会場に早朝入っていく機会を、私は何度も経験してきた。しかし、もっと悲惨なのは、そうした教育機会すらないまま、突然子会社の経営者として出向するような人だろう。武器のない戦い、言語が分からないコミュニケーションほど、苦痛を感じるものはない。

もうひとつの理由として、我々経営（MBA）教育を提供する側の問題もある。MBA科目は、マーケティング、経営戦略、アカウンティング、ファイナンス、人的資源管理など、科目ごとに寸断されている。経営教育の現場そのものが、「これらは別々のものです」と明言していることに他ならない。学問の世界であるから致し方ないことだが、クラス運営の場においては、教員の立場にある我々の力量が試される。

分断を解決する手段として、ケースメソッドを活用し、ケースに登場する企業の経営課題に対して、総合的な分析から意思決定の訓練をする手法がある。アカウンティング分野のケースメソッドであっても、実際は経営の意思決定である。そこでは経営戦略やマーケティング戦略の考察、組織管理の問題解決などとあわせて会計数値を分析し、総合的な判断の下、意思決定をすることが求められる。

しかし、ケースメソッドの議論の前段となる、会計の基本を理解するステージでは、会計力と戦略思考力の融合は、まだ十分でないのが実態だろう。会計力と戦略思考力は本来一心同体であり、常に両者を行き来しながら会計を読み解いていくことが不可欠となる。そして、そのときに重要となるキーワードは、稲盛氏が常に問いかけていた、「WHY？」である。「なぜ？」を突き詰めた先には、本質的な原因が待ち受けている。本質的な原因が分からなければ、本質的な問題解決には至らず、誤った行動を導きかねない。企業にとっては、重要な経営資源の喪失につながる。

トヨタ生産システムの産みの親である、大野耐一元トヨタ自動車工業副社長は、著書『トヨタ生産方式』（ダイヤモンド社）の中で、5回の「なぜ？」を繰り返すことによって、本質的な問題解決につながることを説いている。これは会計数値の考察でもまったく同様であろう。たとえば販売費及び一般管理費（販管費）が競合と比較して多いことに問題意識を持った会社であったとすれば、次のような5つの「なぜ？」を問いかけながら、問答を展開してみたい。

① **「なぜ、販管費が多いのか？」**
⇓ 広告宣伝費が多いからだ。

⬅

② **「なぜ、広告宣伝費が多いのか？」**
⇓ 一般消費者が相手であり、テレビCMで顧客への訴求が必要だからだ。

⬅

③ **「なぜ、テレビCMが顧客への訴求につながるのか？」**
⇓ 自社の顧客ターゲットは老若男女のマス市場である。ちらしやDMより、テレビCMがより多くの顧客に効率よく伝えられるからだ。

⬅

④ **「なぜ、顧客に伝え続けることが必要なのか？」**
⇓ 自社の商品は機能に優れたものであるが、市場には低価格な類似品が溢れてきている。著名芸能人が身につけている姿をテレビCMで露出することで、ブランドを確立し、品質の良さを伝え続けることが重要だからだ。

⬅

⑤ **「なぜ、**テレビCMだけが、ブランドを確立し、品質の良さを伝え続ける手段なのか？」
⇓ 実は、SNSやECサイトに消費者が費やす時間がシフトしている中、顧客ロイヤルティを高めるための施策も、SNSやECサイトに数年前からシフトしている。テレビCMといった一瞬の情報ではなく、SNSでは持続的な関係性を構築でき、自社の優位性である機能はむしろ伝えやすい。自社でも、広告宣伝費の効果的な再配分で総額は微減傾向にある中、さらなる売上成長に結びつけることに成功している。

広告宣伝費が他社比で多いことへの問題意識（会計数値へのWHY？）と、市場がSNSやECサイトにシフトしている事実（顧客の動向、自社の優位性へのSO WHAT？）を早期につかみ、スピーディーなマーケティング施策の変更と実践（会計数値へのHOW？）による勝利である。

そこから何が言えるのか？を考える

「WHY？」の次に問いかけるべきキーワードとして、「SO WHAT？」、つまり「そこから何が言えるのか？」がある。**「SO WHAT？」の問いかけは、解明された原因から経営の意味合いを導き出すこと**にある。数値が「大きい」「小さい」といった事象を語るだけならば、小

図表0-3 WHY?➡SO WHAT?➡HOW?による問題解決への流れ

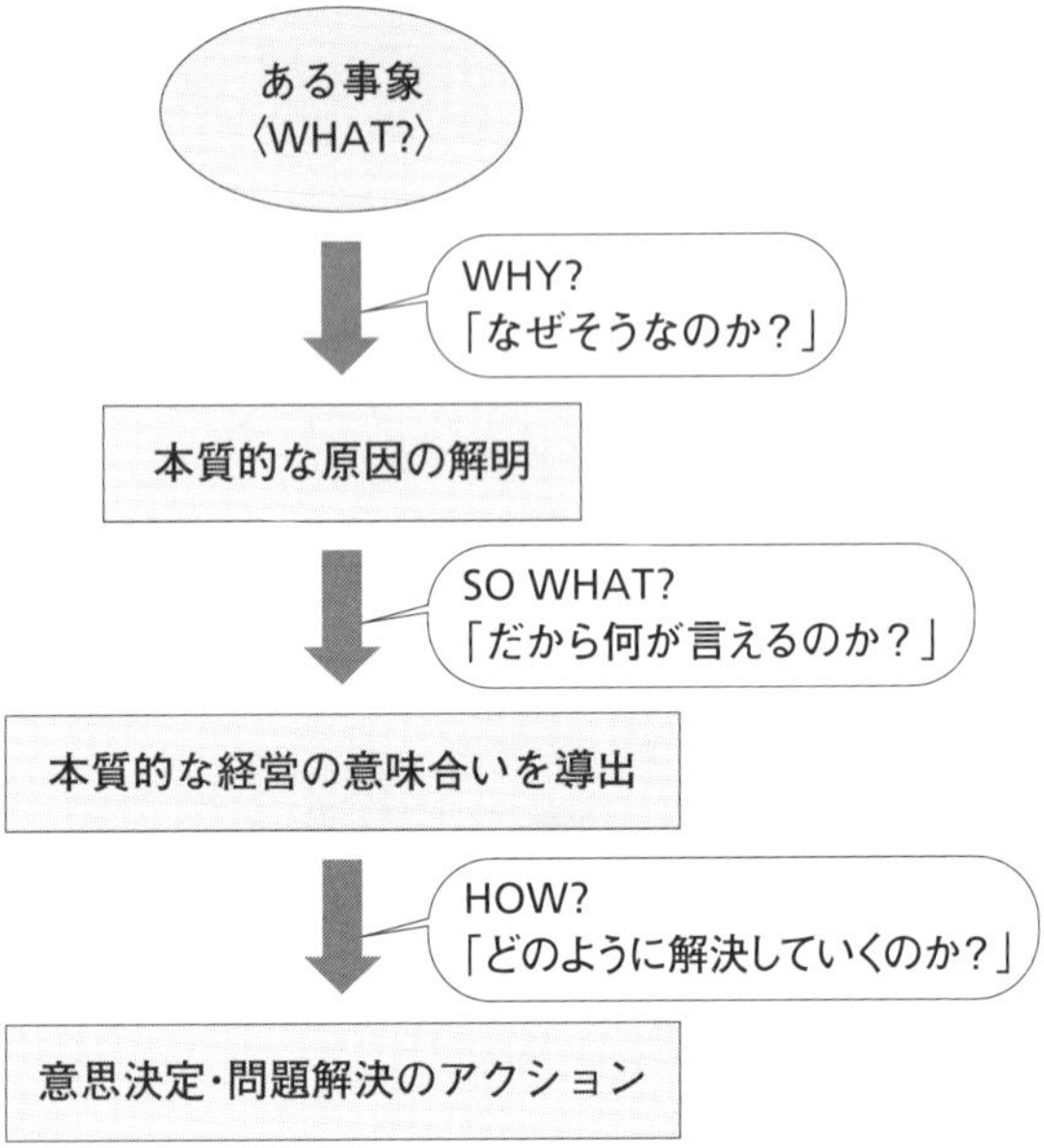

学生でもできる。ビジネスパーソンに問われているのは、原因を解明し（なぜ低いのか？）、意味合いをとらえた上で（低いのは問題なのか）、問題解決へとつなげることだ。

たとえば、「競合比でわが社に在庫が多いことの意味合いは？」と問われたら、何と答えるだろうか。「競合比で在庫が多い」というのは特定の事象（WHAT？）を表現しただけであり、経営の視点に立った分析には、なんら至っていない。なぜ競合比で多いのか（WHY？）、競合比で多いという事象を、経営としてどうとらえるべきなのか（SO WHAT？）を追求して初めて、分析と呼べる世界に入るわけだ。さらには、ではどういったアクションをとるべきか（ＨＯＷ？）に最終的に結びつけることで、実際の問題解決へとつながっていく（図表０―３）。

「在庫は罪子《ざいこ》」と言われるのは、①在庫の仕入れ・製造にはお金がかかること、②在庫の維持には倉庫費や管理人件費などの維持費がかかること、③在庫は物理的にも流行上も陳腐化すること、の３つの理由が背景にある。しかし、「在庫は良い子」となるケースもあるはずだ。営業担当者からすれば、(i)販売機会を逃さないための余裕在庫と受け取れる（製品在庫の論点）。製造担当者からすれば、(ii)品質保証を担保できる余裕を持った製造プロセスから発生する在庫水準かもしれない（製造途中の仕掛品在庫の論点）。あるいは、原材料の購買担当者からすれば、(iii)大量購買による値引きの享受や、物流コストの最適化を実現するための適正な在庫水準なのかもしれない（原材料在庫の論点）。これらのメリットがデメリットを上回るのであれば、「維持すべきすばらしい在庫」となるはずである。

このように、「在庫」という大きなくくりを製品、仕掛品、原材料といった３つの要素に分けるなど分解して考えることは、物事を論理的に考える上でとても有効だ（図表０―４）。

こうして、「在庫が多い」という会計数値の事象に対して、「ＷＨＹ？」や「ＳＯ ＷＨＡＴ？」に対する解を導いてこそ、初めて自社が置かれた経営環境と会計数値の結びつけが完了する。そこからようやく「では今後、在庫の水準をどれくらいに維持するべきか」「どうやってそれを実現していくのか」という「ＨＯＷ？」の問いかけによって、アクションプランの構築と問題解決への実行と発展していくのだ。

図表0-4 在庫が多いデメリットとメリット

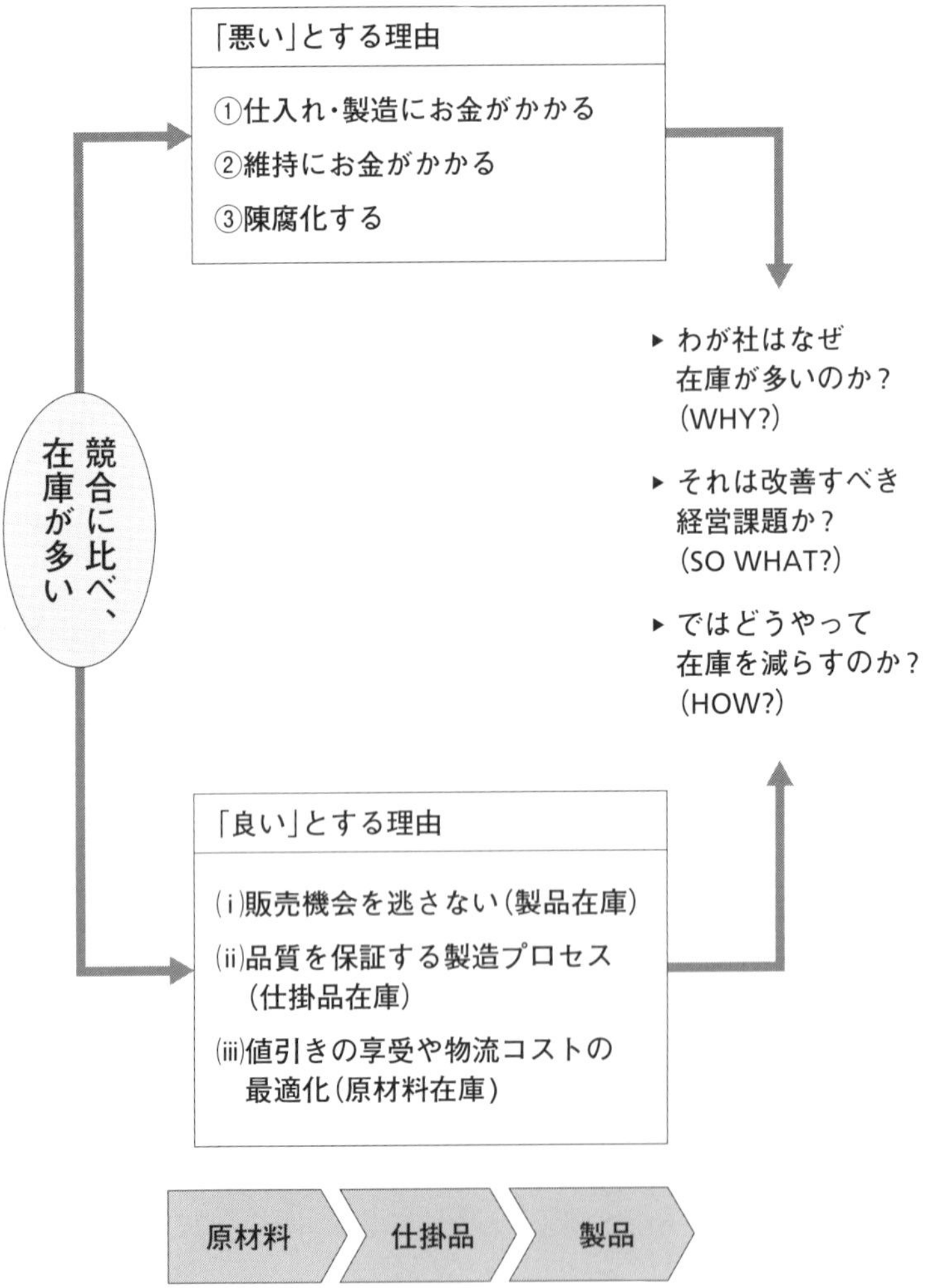

あくまで最終的な目的は過去の分析ではなく、将来に向けた意思決定である。将来の正しい意思決定を行うために、過去からしっかり学ぶことは不可欠ということだ。無論、会計数値の分析だけでアクションプランをすべて構築できる訳ではない。しかし、会計数値からのアプローチは、これまでのイメージとは異なる真実を知り、意味合いを考え、次の打ち手を考えるための洞察力を与えてくれる。**イメージを持つことは大切だが、イメージと数値が異なっていれば、正しいのは必ず数値なのである。**

本書では、会計の数値を語る上で、常に企業活動と関連づけながらとらえていくことを念頭に置いている。そのためには、**私がビジネススクールでそうしているように、できる限り読者の皆さんとインタラクティブなやりとりができる構成を試みる。**ときどき問いかける課題には、ぜひ立ち止まって、**ペンを持って、一緒に考えてほしい。**会計力と戦略思考力の両者を常に意識しながら読み進めていってほしい。

最後に、先に挙げた書籍の中で稲盛氏が明言している言葉を紹介しよう。技術者出身であり、創業者であり、東京証券取引所一部上場の大企業複数社の経営者を長く務めた稲盛氏の言葉だ。とらえ方によっては、稲盛氏ほどすべてを経験された日本人経営者はいないかもしれない。そんな方が明言している言葉である。

「会計がわからなければ真の経営者になれない」(『稲盛和夫の実学——経営と会計』)

「はじめに」まとめ

- 会計＝「会計用語の暗記」「会計ルールの記憶」という固定観念は捨てる。会計の数値を企業活動と結びつけて考える。会計の数値と企業活動の往復をスムーズに行うための手法を解き明かしていくことが本書の目的
- 多忙なビジネスパーソンの大切なリソースを割くべきは、「会計のＷＨＡＴ？」の学習ではなく、「会計のＷＨＹ？」の追求。数値を見て、「なぜそうした数値なのか？」を問い続けることが大切
- 「ＳＯ ＷＨＡＴ？」、つまり「そこから何が言えるのか？」が２つ目のキーワード。「ＳＯ ＷＨＡＴ？」の問いかけは、目に見える事象から経営の意味合いを導き出すこと
- 「ＨＯＷ？」の問いかけによって、最後は具体的なアクションプランの構築と問題解決へと発展させる。あくまで最終的な目的は過去の分析ではなく、将来の意思決定、そしてアクションであることを忘れてはならない

目次

第1部 会計力

第4章 決算書の数値から企業活動を読み解く仮説・検証のプロセス

第2部 戦略思考力

第5章 「5つの力」で業界の競争環境を理解する〈導入編〉

第8章 バリューチェーンで同業2社の経営戦略と会計数値を読み解く〈応用編〉 229

第3部 発展編

第15章 IFRS決算書を分析するための9つの着眼点——397

エピローグ〜会計に向き合っていくために 419

第1部　会計力

第1章

損益計算書（PL）はマトリクスで読む

1 会計用語の記憶に決別を

図表1－1は、家具・インテリア用品のニトリを展開するニトリホールディングスの2020年2月期連結損益計算書だ。読者の中には、この損益計算書上に現れる用語を、一番上の売上高から順番に記憶しようと何度も熱心に試みたものの、なかなか覚えられなかった経験を持つ方もいるだろう。なぜうまく覚えられないのか。それは覚えること自体が目的化していて、何のために覚えたいのか、もっと具体的に言えば、覚えたことで何の分析をしたり、何を知りたいかが明らかでないからだ。

どんな仕事もそうであるように、会計用語やその使い方も、経験から学んでいくものだ。頭だけで覚えようとしても、そう簡単に自分のものにはならない。頭に入ったとしても、すぐに抜けていくのが関の山となる。

ここでは、あくまで損益計算書の姿を一見することにとどめ、何ら解説も記憶もしないで先に進むことにしよう。本書を通して多くの損益計算書を目にすることで、仕事と同様に、経験から自然と会計用語が頭に浸透していくはずだ。会計を日頃から難解に感じている人ほど、ここはぜひリラックスして読み進めていって欲しい。

図表1-1 ニトリホールディングス2020年2月期連結損益計算書

（自 2019年2月21日　至 2020年2月20日）

区　分	金額（百万円）		百分比（%）
Ⅰ 売上高		642,273	100.0
Ⅱ 売上原価		287,909	44.8
売上総利益		354,364	55.2
Ⅲ 販売費及び一般管理費		246,886	38.4
発送配達費		27,991	4.4
広告宣伝費		16,888	2.6
給与手当及び賞与		68,493	10.7
賃借料		37,261	5.8
減価償却費		14,575	2.3
営業利益		107,478	16.7
Ⅳ 営業外収益		2,476	0.4
Ⅴ 営業外費用		432	0.1
経常利益		109,522	17.1
Ⅵ 特別利益		626	0.1
Ⅶ 特別損失		5,078	0.8
税金等調整前当期純利益		105,069	16.4
法人税、住民税及び事業税	34,979		
法人税等調整額	△ 1,304	33,674	5.2
当期純利益		71,395	11.1
親会社株主に帰属する当期純利益		71,395	11.1

（注）主要な項目のみを記載しているので、大項目とその内訳の合計は一致しません。

2　ＰＬはマトリクスで読む

損益計算書をＰＬと略して呼ぶことが多い。損益計算書は英語でさまざまな呼び名があるが、そのひとつが「Profit and Loss Statement」だ。日本語にすれば「利益と損失の計算書」となる。実はこの名前こそが損益計算書の目的となる。すなわち、１年間という期間で入ってくるものと出ていくものを順序だてて並べ、最後に１年間の活動が利益を生んだのか、損失を生んだのかを明らかにするための表である。利益か損失かを明らかにするのが目的だから、必要となるすべての「入」と「出」をモレなくダブリなく記載することが大切となる。そこで、私たちがまず理解しておきたいのは、「入」と「出」の並べ方のロジックについてとなる。

ＰＬ（以下、損益計算書はＰＬと呼ぶことにしよう）は**図表１－２**に示したようなロジックによって、上から下まで順番に並んでいる。先ほどＰＬ上の細かな用語（ＷＨＡＴ？）はすぐに記憶する必要はないと言ったが、これから説明するこの並び方のロジック（ＷＨＹ？）はぜひ覚えてほしい。私はビジネススクールの場でも、「これは覚えてください」とはあまり言わないので、よほど重要であるととらえてほしい。具体的に見ていくことにしよう。

ＰＬは、大きく２つの軸によって、マトリクス構造に分解することができる。図表１－３に

図表1-2　損益計算書の構造

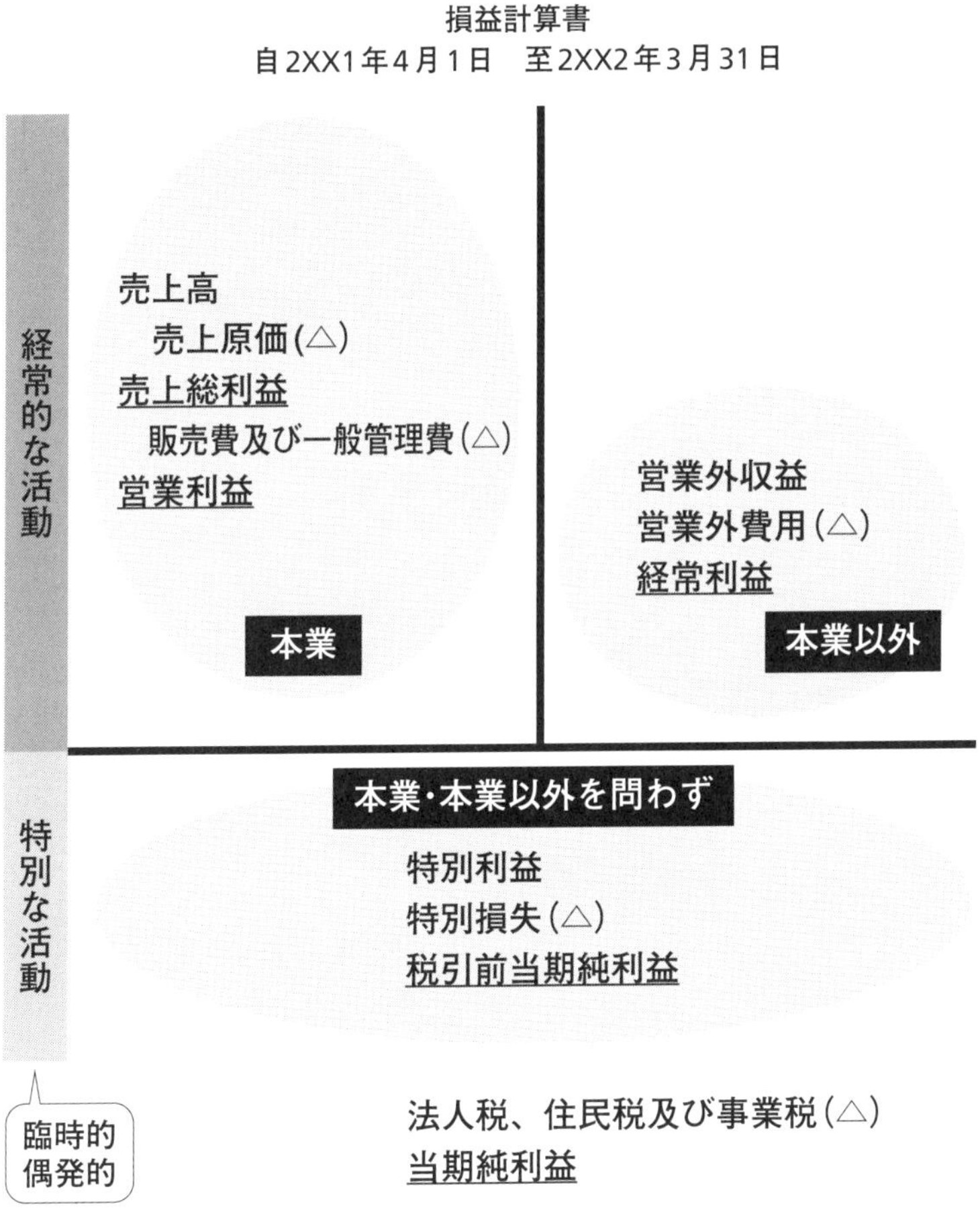
損益計算書
自2XX1年4月1日　至2XX2年3月31日
経常的な活動
売上高
売上原価（△）
売上総利益
販売費及び一般管理費（△）
営業利益
本業
営業外収益
営業外費用（△）
経常利益
本業以外
特別な活動
本業・本業以外を問わず
特別利益
特別損失（△）
税引前当期純利益
臨時的
偶発的
法人税、住民税及び事業税（△）
当期純利益

図表1-3　損益計算書のマトリクス

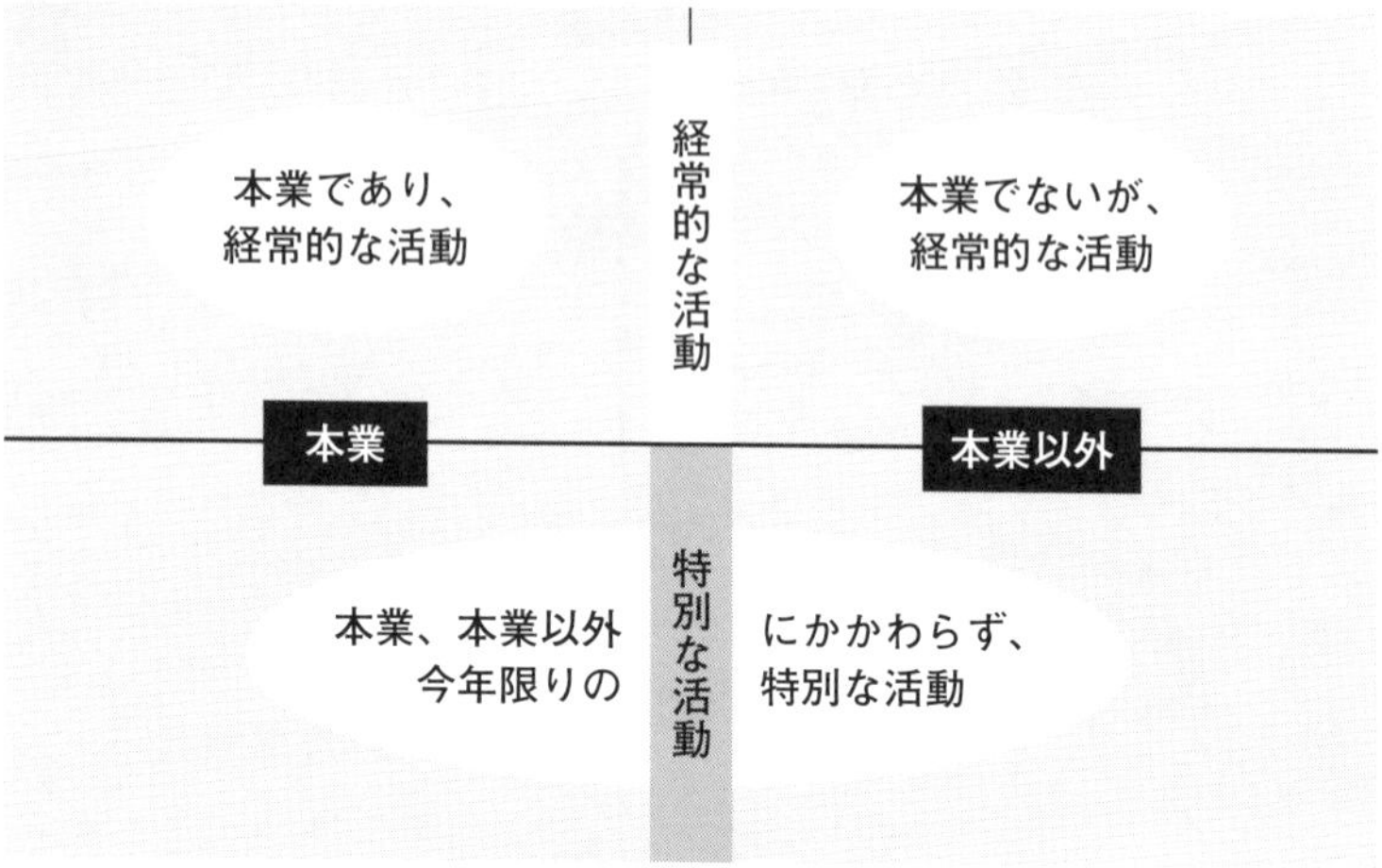

示すように、ヨコ軸は「本業か」「本業でないか」、タテ軸は毎年行っている「経常的な」活動なのか、そうではない今年限りの「特別な」活動かという2つの軸だ。左上の「売上高」から始まり、「売上原価」と「販売費及び一般管理費」を引いた営業利益までが、「本業」であり「経常的な活動」となる。企業は本業があるから存在し、それを経常的に毎年行うわけだから、売上高から営業利益までが、会社にとってもっとも根幹となり、企業の存在意義そのものとなる。

「本業」で「経常的な活動」が終わると、ヨコ軸の右側に移り、右上の「本業ではない」が「経常的な活動」となる。そうした活動から入ってくるものが「営業外収益」、出ていくものが「営業外費用」だ。営業外は実際のところ、大部分が財務活動から発生するものと考えてよい。具体的には、銀行にお金を預けたことから発生する受取利息、保有する株式から得る受取配当金、あるいは借入れから発生する支払利息などだ。数値が大きいものや、大きな変化が見られる科目に対して、特に注意を払うことにしよう。

ここで、本業か本業でないかのヨコ軸の切り分けは、企業の定款《ていかん》において自社の事業として定めているか否かによる。一度ぜひ自分が働いている会社の定款を頭からお尻まで読んでみよう。それはさながら会社の戸籍を読むようなものだ。

定款は会社を設立する際に最初に作成する書類のひとつで、どんなに小さな会社にも存在する。定款には目的、商号、本店の所在地や、株式、株主総会、取締役と取締役会、監査役などの取り決めについて記載されているのが一般的である。世の中が変化すれば、企業が変化しないわけにはいかない。そのときには定款の目的を株主総会で変更し、新たな事業として加えればよい。

たとえば2018年以降になって、楽天、LINE、エイベックスなど、数多くの企業が仮想通貨に関する業務を、新たな事業として定款に加えている。これらの事業からの売上や費用は、以降すべて各社にとって「本業」となり、「経常的な活動」であるから、営業利益より上（マトリクスの左上）に反映されることとなる。

さて、タテ軸の上方にある「経常的な活動」が終わると、残りは下方の「特別な活動」となる。ここは本業であろうがなかろうが関係ない。特別な活動、つまり今年限りの臨時的・偶発的なものと判断されれば、そこから得た利益は「特別利益」、失った損失は「特別損失」となる。たとえば、ある企業が所有している工場を売却するとする。当然ながら工場は本業を行うために所有していたわけだが、それを売却するという行為は特別な活動だ。売却の結果、帳簿上の金額より高く売れればその差額が特別利益、安くしか売れなければその差額が特別損失となる。

2011年3月に発生した東日本大震災は、多くの日本企業に甚大な損害をもたらした。破損した在庫の廃棄や損害を被った設備の撤去、原状回復のためのコスト、あるいは営業休止期間中にも発生する固定費など、損害は多岐に及んだ。仙台と鹿島の製油所で被災したJXホールディングス（現ENEOSホールディングス）が1200億円超の災害損失を計上したのをはじめとして、多くの日本企業が2011年に災害損失という巨額な特別損失を計上している。

ここまでで税金以外の項目は終了した。だから、税金を引く前の純粋な利益、すなわち「税引前当期純利益」と呼ばれる。税金を差し引けば、もう引くものはない。当期の純粋な利益だから、これを当期純利益と呼ぶ。残念ながら赤字であれば、当期純損失となる。

PLの細かな用語を今すぐ覚える必要はない。ただし、**2つの軸からなるマトリクス**の姿は、この時点でしっかりと押さえておくこととしよう。

3 売上原価と販管費をどう分けるのか

「本業」で「経常的な活動」、つまり左上のゾーンには、売上原価と販売費及び一般管理費の2つの費用が存在する。販売費及び一般管理費は販管費と略称で呼ばれることが多いので、本書でもそう呼ぼう。さて、売上原価と販管費の切り分けはどのようなロジックによるのだろうか。この質問に対する答えは、研究開発費がなぜ販管費に計上されるのかを理解することで解明する。

世界タイヤ市場におけるシェア1位のブリヂストンは2019年12月期連結決算で、1052億円の研究開発費の全額を販管費に計上している。これは同期の売上高3兆5256億円の3・0%に相当する。ブリヂストンはなぜこの研究開発費を、売上原価ではなく販管費にすべて計上しているのだろうか。

売上原価の定義は、「今の売上高に個別的かつ直接的に対応しているもの」となる。研究開発は、今の売上に直接結びつくものではない。将来の売上、しかも売上を生むような製品に結びつくかも分からないものへの研究投資である。よって今の売上には個別的にも直接的にも対応しえない。必然的に、研究開発費は、売上原価にはならないことになる。しかし、研究開発費が「本業」で「経常的な活動」から生じる費用であることには変わりない。結果として、販売費及び一般管理費、具体的にいえば一般管理費として研究開発費は計上すべきものとなる（図

図表1-4　売上原価と販管費をどう分けるのか（製造業の例）

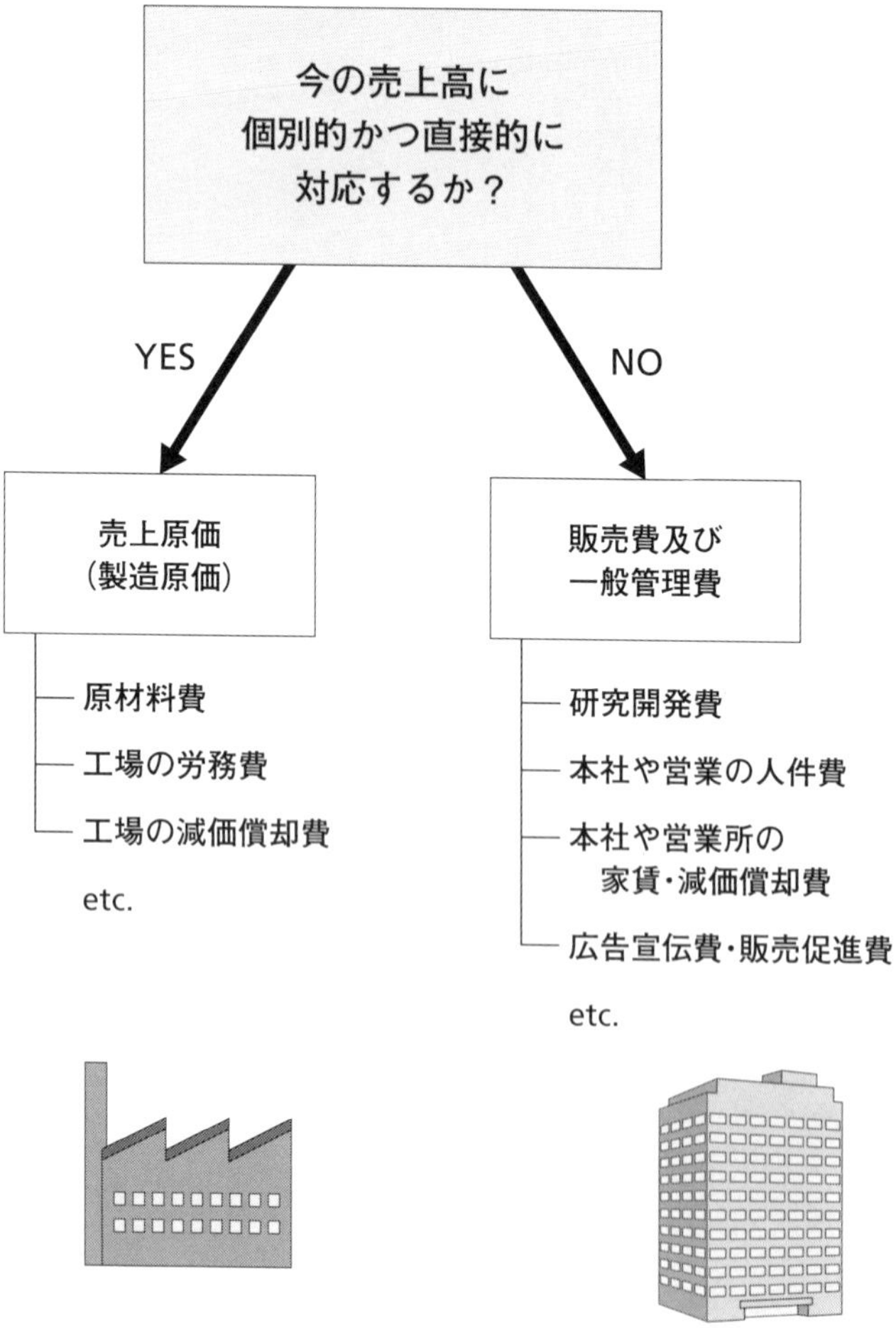

表1―4）。

4 企業が語る営業利益率10％の目標

「様々な構造改革を実行したことで、売上高営業利益率は5％に近づき、日本企業として標準的な収益水準に戻ってきた。しかし、これは日本の標準であり世界標準ではない。世界では利益率が10％以上なければ、立派な企業だとは言ってもらえない」

これは日立製作所の川村隆会長（当時）が、『日経ビジネス』のインタビュー記事（2012年5月7日号）の中で述べたものだ。売上高営業利益率10％の目標は、特に製造業における優良企業のベンチマークとして国内でよく用いられる数値である。この比率は、営業利益を売上で割って計算するが、要は売上から本業にかかわる費用をすべて引いた段階で、どれくらい利益として残っているかを表すものだ。

ここまで述べてきたように、営業利益は、「本業」であり「経常的な活動」から生まれる利益だ。企業の存在意義そのものである。よって、そこで十分満足できるレベルの利益を出せていないのであれば、競合に比べて製品の競争優位性が劣っているか、あるいはコスト構造に問題があるかなど、何らかの改善が必要な事象が発生しているはずだ。十分な利益が出せていないのであれば、将来のための設備投資や優秀な人材の維持・採用にも影響してくるだろう。株主への配当も十分なものにはならない。利益が十分でなければ、株価の上昇も限定的となる。財務体質も徐々に悪化し、取引先からの信用も崩れていくだろう。

グローバル競争が激化し、厳しい経営状態が続く日本の電機業界の中では、いち早く回復軌道に乗った日立である。営業利益率5%以下に低迷する大手電機メーカーは、新型コロナ感染症が拡大する前の2019年3月期でも、多く存在している（シャープは3・5%、富士通は3・3%、NECは2・0%、東芝は1・0%）。しかし、日立の川村会長は、これは日本の標準であって、世界標準ではないと言う。川村会長の言いたいことは、「立派な企業」と称賛されたいからではなく、「厳しい競争環境下で経営を持続していくには、グローバル市場で優位性のある製品やサービスが不可欠である。それが実現できているならば、営業利益率は10%あるはずだ」ということなのだと考える。

分かりやすい参考指標として海外の競合企業と比較すれば、米・IBMは2019年度に同比率で13・2%、独・シーメンスは8・7%を達成している。売上高10兆円に換算すると、利益率5ポイントの差は5000億円、10ポイントの差は1兆円の営業利益の差を生むことになる。これだけの利益額の差があれば、研究や設備、人材に対する投資の選択肢も、大きな差となって現れよう。そうした危機意識から来る川村会長の強いメッセージだ。

ではなぜ10％なのだろうか。端的に言えば、投下した資本と売上高が等しければ、売上高営業利益率10％は、投下資本営業利益率（ＲＯＩＣと呼ぶ）10％を意味している。これが投資家の要求するリターン（資本コストと呼ぶ）に見合っているか否かによって、最終的な判断は行われるべきである。なお、これ以上については本書の目指すレベルからは、やや飛躍してしまう。拙著『企業価値を創造する会計指標入門』（ダイヤモンド社）にＲＯＩＣや資本コストについて、余すところなく記述してあるので、次のステップとしてぜひ参照してほしい。

5 ニトリホールディングスのＰＬを読む

ＰＬの解説の最後に、ニトリのＰＬを図に表しながら、簡単に眺めてみることにしよう（**図表1－5**）。

売上6422億円から売上原価を差し引いた売上総利益は一般に粗利と呼ばれる。ニトリの粗利3543億円が売上の55・2％という高利益率に達していることにまず目を引かれる（**図表1－5の①**）。**製造業でも小売業でも比較的よく見られる平均的な粗利は、20～30％である。**

小売業の売上原価は仕入に相当するので、ニトリはいわば、仕入コスト4500円の家具を

図表1-5 ニトリホールディングスの損益計算書（2020年2月期）（イメージ図）

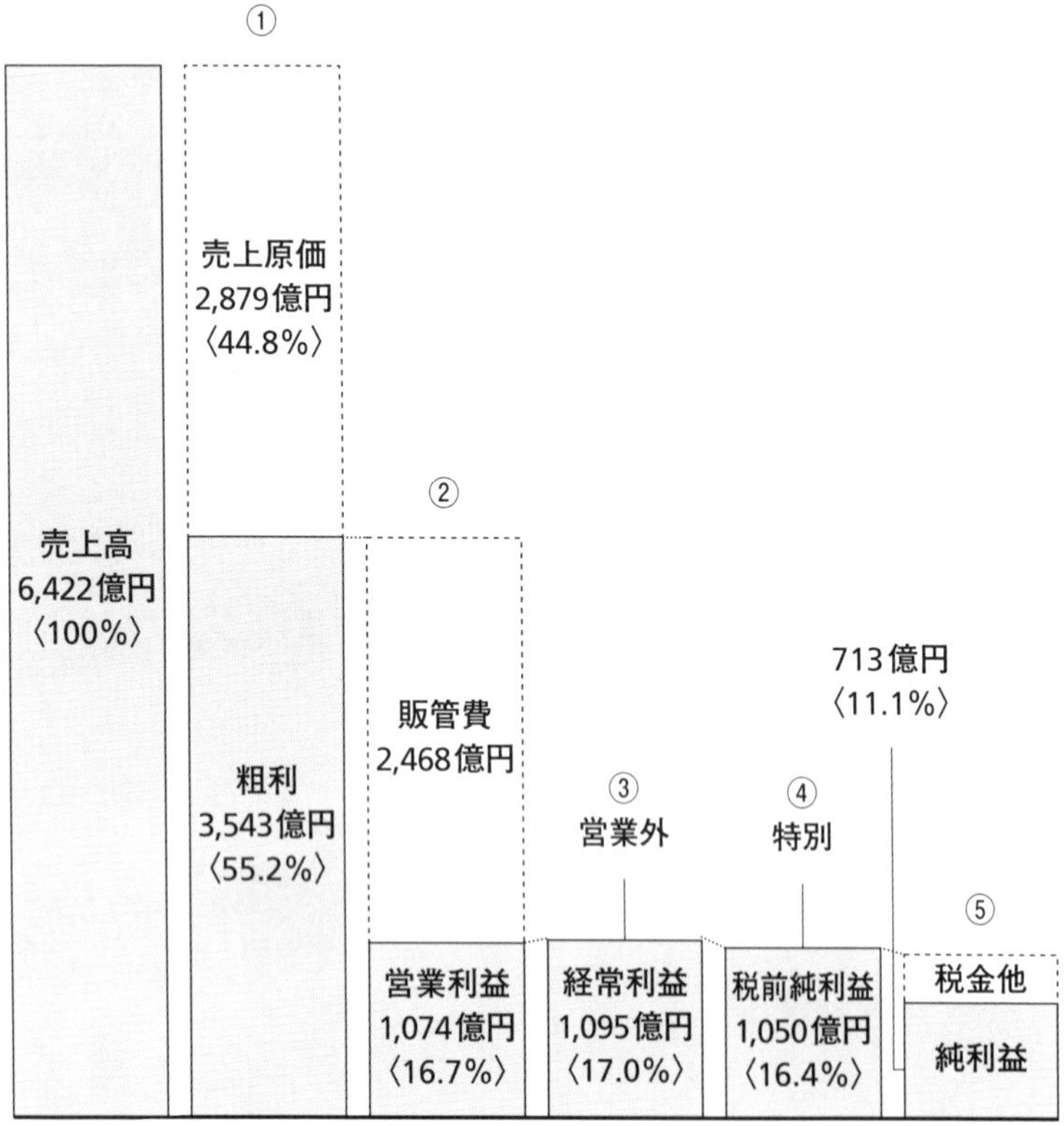

（注）パーセントは売上高に対する割合を示す

1０００0円で販売しているということだ。テレビCMでは、「お値段以上、ニトリ♪」と連呼しているが、少なくとも仕入コストに対しては相応のお値段が乗せられていることが判明する。加えて、「値段が安い＝利益率が低い」という先入観を打ち砕くには、十分すぎる好例だろう。

次に販売と一般管理に要する販管費を差し引いた営業利益が１０７４億円に及び、売上の実に16・7％に達している（②）。先に営業利益率10％を優良企業のベンチマークとして挙げたが、それは製造業の話であって、薄利多売を旨とする小売業ではかなりハードルの高い利益率だ。7ポイント近い余裕を持ってそれを達成している同社の高収益性には、あらためて驚かされるものがある。

販管費はその中身をとらえることで、企業のモノの売り方が見えてくる。**図表1―1**のPLに示したように、ニトリの主要な販管費は大きい順に、店舗での販売スタッフが中心となる人件費６８４億円、多くの店舗が賃借ベースであることを示す賃借料３７２億円、ニトリの負担で顧客に家具を運ぶ発送配達費２７９億円、そしてテレビCMや新聞の折込チラシに代表される広告宣伝費１６８億円の4つとなっている。人件費、賃借料、広告宣伝費は小売業の3大販管費と呼べるものだが、すべてを足した１２２６億円は、売上のわずか19％に抑え込まれている。粗利が高いだけでなく、店舗運営を徹底的に効率化した結果としての営業利益率16・7％の達成である。

営業外や特別の収支に大きな出入りがなく、そのまま税金を差し引いて最終純利益に至っているのも同社の特徴だ（③④）。「本業」で「経常的な」活動から十分な利益を生み出し、それ以外の余計な出入りが少ないことは、本業特化で安定した経営を営む企業の姿といえる。最後に、税金の世界は複雑ではあるが、国内ではおおよそ税引前純利益の30％を税金として支払うという点を押さえておけば、本書では十分だ。ニトリの税金336億円は、税引前純利益1050億円の約30％に相当している。

最後に残った純利益713億円は売上の2ケタ、11・1％に相当する（⑤）。10000円の家具からさまざまなコストを差し引き税金まで支払っても、まだ1110円の利益は残っている驚くべき高収益体質ということだ。

自らのビジネスモデルを「製造物流IT小売業」と呼ぶニトリは、もはや製造業でも物流業でもIT業でも小売業でもない。これらすべての事業を可能な限り内部に取り込むことで、いずれの業種であっても成しえることが困難な高い利益率をたたきだしているのである。

さて、ここまでの「高い」「低い」の議論は、すべて事実の確認に過ぎない。分析と呼べるものは「**なぜ**総利益率が高いのか？」「**なぜ**販管費率が低いのか？」といったWHY？の問いかけに対して、自分なりの仮説を立てるところからスタートする。次にSO WHAT？　つまり自社や競合、取引先にとっての**意味合い**の考察へとつなげていく。そして最後はやはり、ニトリの社員として、競合として、取引先として、株主として、あるいは金融機関として、ニトリに

図表1-6 ニトリホールディングスの損益計算書の特徴

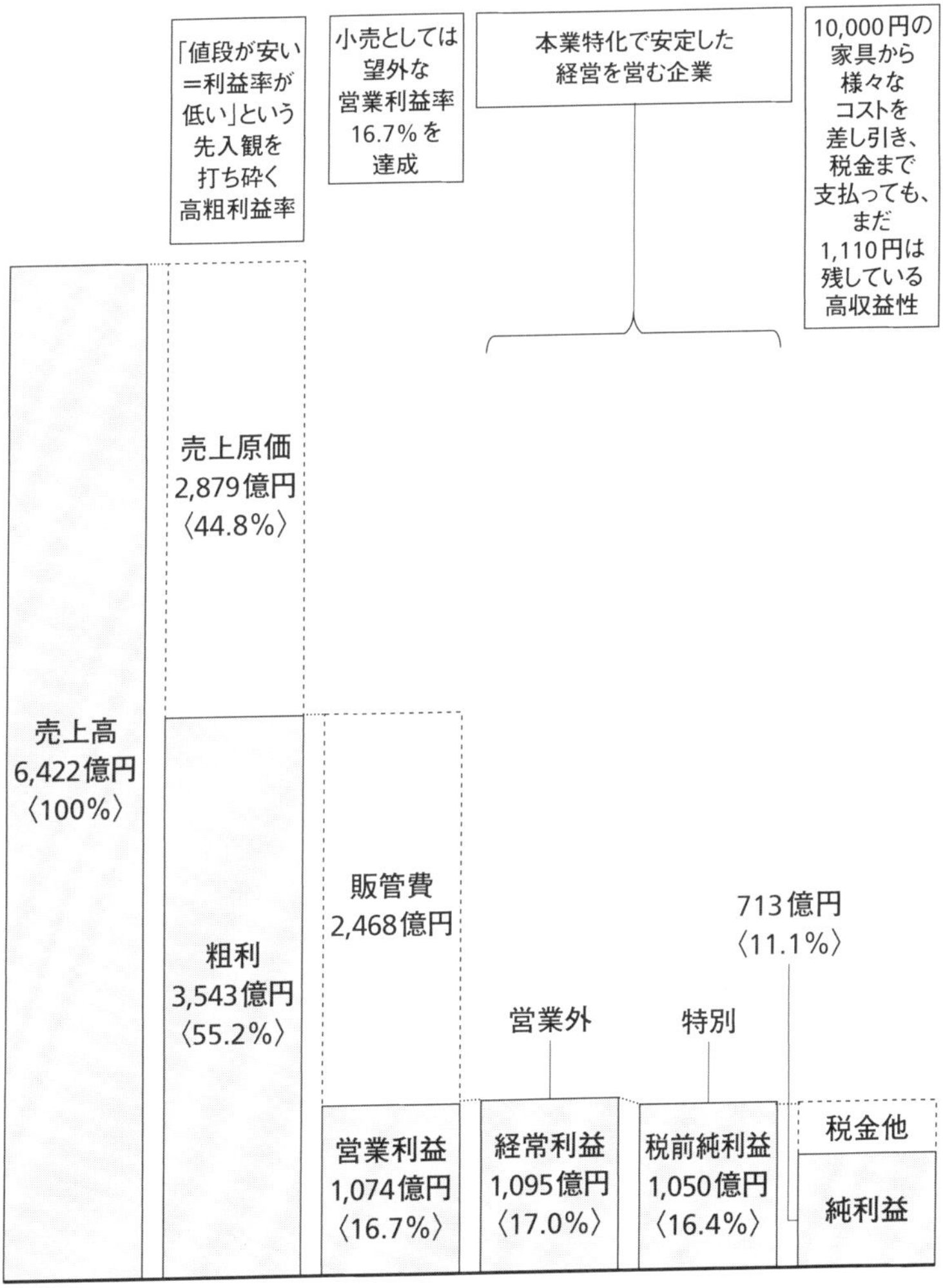

関する今後のアクションについて意思決定を行うのだ。それは第3章以降で、さまざまな企業を事例として使いながら考えていくことにしよう。

以上をまとめると、**図表1－6**となる。

第1章のまとめ

- 損益計算書（PL）の目的は、その名のとおり、1年間の企業活動が利益（Profit）を生んだのか、損失（Loss）を生んだのかを明らかにすること
- PLは「本業か」「本業でないか」と、「経常的か」「特別か」という2つの軸によって、マトリクス構造に分解できる
- 売上原価の定義は、「今の売上高に個別的かつ直接的に対応しているもの」。今の売上に直接結びつかない研究開発費は、売上原価ではなく販管費として計上する
- 特に製造業では、売上高営業利益率10％を優良企業のベンチマークとしてよく用いる。売上原価と販管費に分解しながら、達成の可否を評価しよう
- ニトリホールディングスの例を通してPLを概観した。ニトリのビジネスを想像しながら、1つひとつの金額と売上比率を納得しながら読んでいこう

第2章

貸借対照表（BS）を読み解く3つの基本法則

1 損益計算書（PL）はビデオテープ、貸借対照表（BS）は写真

売上目標やコスト予算を抱えて日々業務を行っている多くの読者にとって、損益計算書（PL）に記載される売上や費用は、貸借対照表（BS）に比べればまだ身近な話だ。貸借対照表は、日常の業務と照らしても距離を感じることが多い。

よくよく考えれば、貸借対照表上に現れる売掛金、棚卸資産（製造業は「原材料⇒仕掛品〈製造中のもの〉⇒製品」のプロセスにあるものすべて。小売業や商社では仕入れた商品）や、工場の建物、土地など、個別の資産は確かに業務に密接したものだ。しかし貸借対照表を全体像で見る機会を持つ人は、会社の中でも意外に限定されている。PLと同様に、貸借対照表もまずはニトリホールディングスを示すことから始めよう。

貸借対照表は英語では「Balance Sheet」と呼ばれる。一般には頭文字をとってBSと呼ぶことが多いので、本書でもこの呼び名に統一していく。先に見た**図表1−1**のニトリのPLと**図表2−1**のBSでまず注目したいのは、PLでは**期間**（2019年2月21日〜2020年2月20日）が冒頭に記載されているのに対して、BSでは**日付**（2020年2月20日）が、記載されていることだ。ちなみに決算月は企業ごとに定めるものだが、多くの日本企業は3月決算を

図表2-1 ニトリホールディングス　2020年2月期連結貸借対照表

(2020年2月20日)

区　分	金額(百万円)	構成比(%)
(資産の部)		
Ⅰ　流動資産		
1　現金及び預金	159,190	
2　受取手形及び売掛金	27,880	
3　商品及び製品	61,203	
4　仕掛品	182	
5　原材料及び貯蔵品	4,127	
6　その他	11,010	
7　貸倒引当金	△4	
流動資産合計	263,589	38.6
Ⅱ　固定資産		
1　有形固定資産		
(1) 建物及び構築物	111,548	
(2) 機械装置及び運搬具	3,713	
(3) 工具、器具及び備品	9,071	
(4) 土地	173,010	
(5) リース資産	2,023	
(6) 使用権資産	4,529	
(7) 建設仮勘定	3,489	
有形固定資産合計	307,387	45.0
2　無形固定資産		
(1) ソフトウエア	11,391	
(2) ソフトウエア仮勘定	5,984	
(3) 借地権	7,160	
(4) その他	64	
無形固定資産合計	24,599	3.6
3　投資その他の資産		
(1) 投資有価証券	25,535	
(2) 長期貸付金	732	
(3) 差入保証金	13,987	
(4) 敷金	23,756	
(5) 繰延税金資産	13,246	
(6) その他	10,429	
(7) 貸倒引当金	△18	
投資その他の資産合計	87,670	12.8
固定資産合計	419,657	61.4
資産合計	683,247	100.0

(2020年2月20日)

区　分	金額(百万円)	構成比(%)
(負債の部)		
Ⅰ　流動負債		
1　支払手形及び買掛金	19,774	
2　短期借入金	2,787	
3　リース債務	1,554	
4　未払金	22,923	
5　未払法人税等	20,224	
6　賞与引当金	4,020	
7　ポイント引当金	2,076	
8　株主優待費用引当金	282	
9　その他	23,420	
流動負債合計	97,063	14.2
Ⅱ　固定負債		
1　長期借入金	4,000	
2　リース債務	6,714	
3　役員退職慰労引当金	228	
4　退職給付に係る負債	1,343	
5　資産除去債務	5,673	
6　その他	7,361	
固定負債合計	25,322	3.7
負債合計	122,385	17.9
(純資産の部)		
Ⅰ　株主資本		
1　資本金	13,370	2.0
2　資本剰余金	25,074	3.7
3　利益剰余金	532,471	77.9
4　自己株式	△10,875	△1.6
株主資本合計	560,042	82.0
Ⅱ　その他の包括利益累計額		
1　その他有価証券評価差額金	750	
2　為替換算調整勘定	161	
3　退職給付に係る調整累計額	△382	
その他の包括利益累計額合計	529	0.08
Ⅲ　新株予約権	289	0.04
純資産合計	560,861	82.1
負債純資産合計	683,247	100.0

図表2-2　PLはビデオ、BSは写真

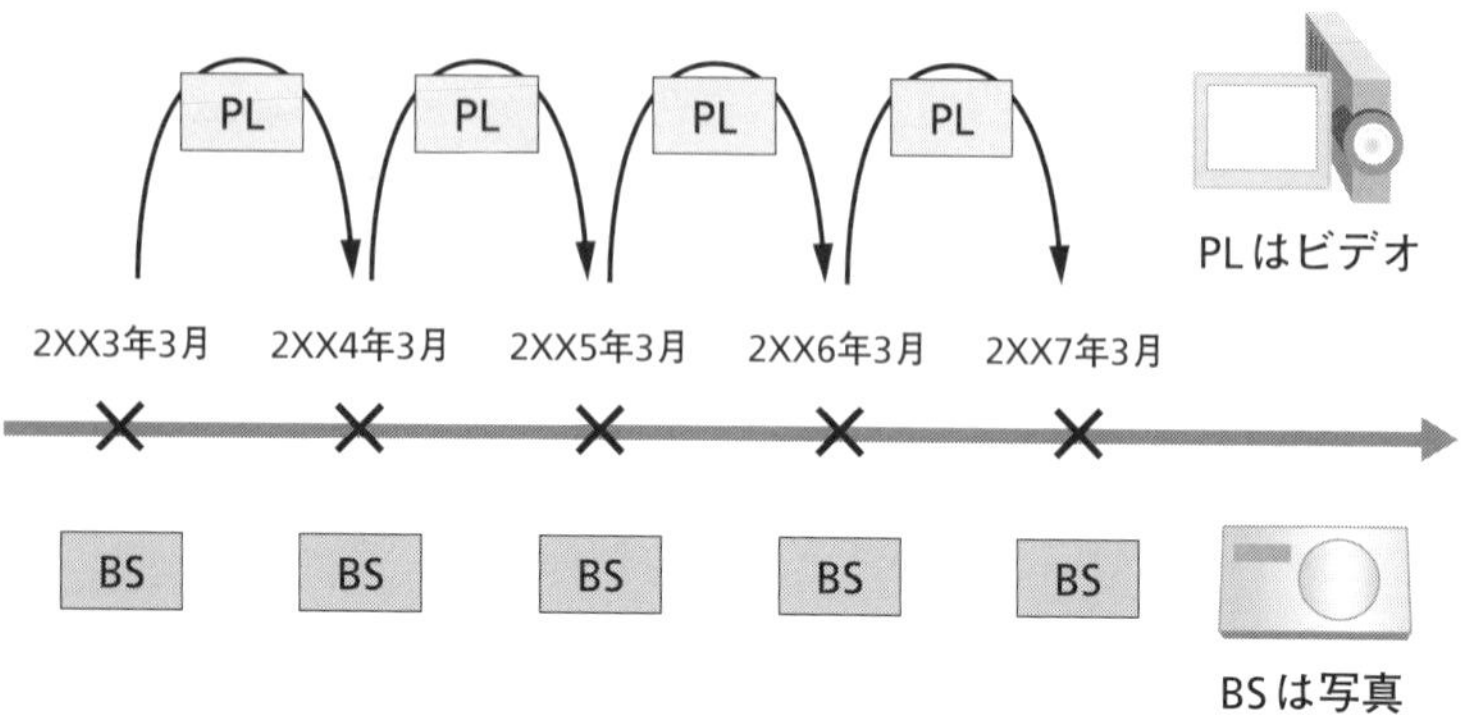

採用している。ニトリが2月決算を採用しているのは、日本国内ではビジネスが比較的スローになる「にっぱち」（2月と8月）に合わせているためだ。在庫を物理的に数える実地棚卸も、ビジネスがスローな時期であれば人出に余裕もあって楽に済む。小売業界では、セブン‐イレブン・ジャパンやイトーヨーカ堂を傘下に持つセブン&アイ・ホールディングスやイオンをはじめとして、2月決算期の企業が実に多い。

図表2－2に示すように、PLは1年間の企業活動における「入」と「出」を順番に並べたものだ。いわば企業の1年間の活動をビデオカメラで撮影したものである。撮影の終わったビデオテープやビデオファイルを保管する際に、「○月□日～△月×日」と撮影した期間を書くのと同様に、PLの冒頭には必ず期間が記載されている。

一方のBSは、3月決算の企業であれば、3月31日真夜中24時の瞬間に企業を撮影した写真である。写真や写真ファイルには、「△月×日」と日付が記載されているのと同様に、BSの冒頭には必ず日付が記載されている。何よりもまず、この日付をしっかりと確認することから始めよう。

では、BSは何を撮影した写真なのだろうか。

2 右側はお金の入りどころの明細、左側はそのお金の投資・運用状態

企業の活動をざっくりとしたイメージで表したものを図表2－3に示す。

企業活動は、株主や金融機関からお金を調達することから、すべてが始まる（図表2－3の①）。

その調達したお金を自分が得意とする事業活動へと投資する（②）。原材料を購入し製造すること、工場の建設のために建物や機械、土地を購入すること、あるいはM&Aのために相手の会社の株式を購入することなどが投資の例として挙げられる。株主や金融機関からすれば、自分でそうした事業活動をするより、その企業にお金を託したほうが上手に活用し、結果を出してくれると思うからお金を預けている。

図表2-3 右側はお金の入りどころの明細、左側はそのお金の運用状態

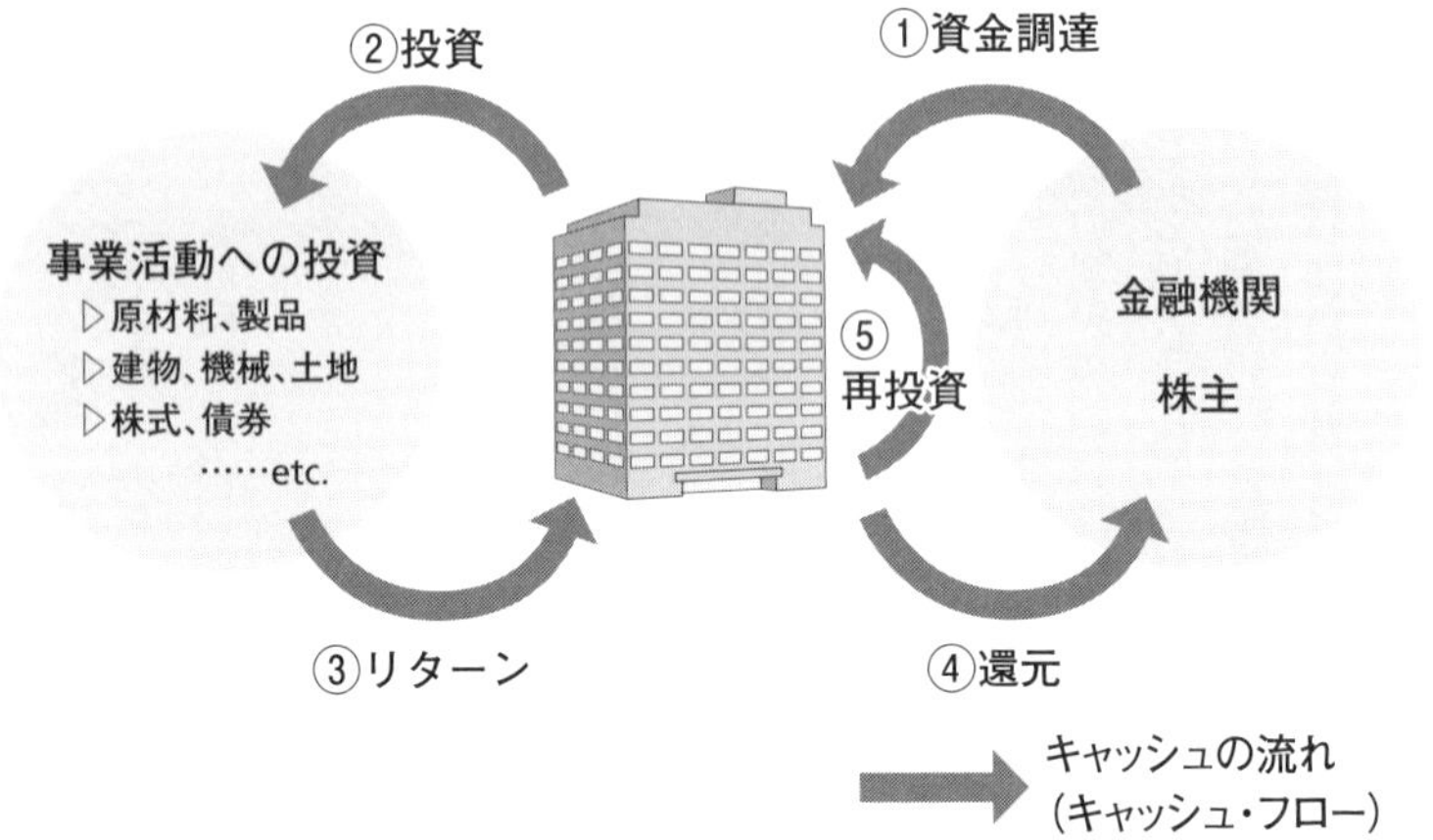

必然的に、投資からリターンを出すことが、企業に求められている（③）。

得られたリターンはお金を出してくれた株主への配当や、金融機関への支払利息、元本返済といった形式で、適切に還元していく必要がある（④）。

しかし、企業はたった1年のために活動しているわけではない。継続企業（ゴーイング・コンサーン）として、次年度以降のためにもリターンの一部は持続的に次の投資に振り向けていかなくてはならない（⑤）。

企業活動をざっくり言えば、このような活動の繰り返しであり、その中心を企業活動の血液となるキャッシュが流れている。キャッシュの流れだから、キャッシュ・フローというわけだ。

血液の流れが止まれば人の命が絶たれるのと同じように、企業もキャッシュという血液の流れ

図表2-4　資金の調達先合計と投資先合計は、必ずバランスする

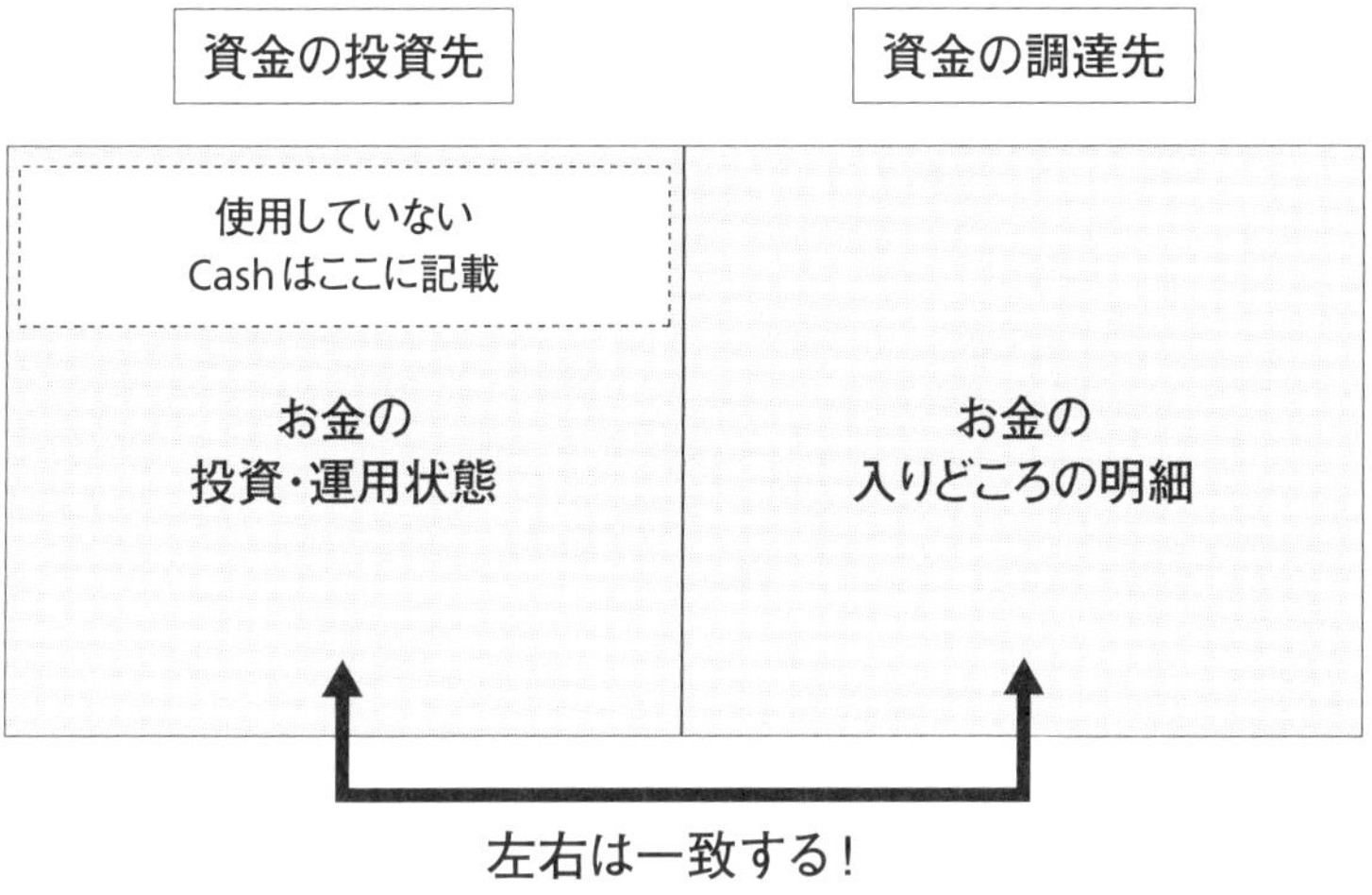

が止まった瞬間に倒産に至ってしまう。

そんな中、3月31日の決算日がやってくると、記念撮影である。図表2－3の活動をそのまま写真に撮ったものがBSとなる。よって、写真の右側にはお金の入りどころの明細、つまりどこからどのようにお金を調達したのかが写し出される。一方の左側には、そのお金の投資・運用状態、つまりどのような資産に現在投資しているかが写し出されることとなる。

このように、BSの左と右はまったく別の情報が記載されているので、それぞれから有用な情報を読み取ることが大切となる。左右の情報の意味はまったく異なるが、左右それぞれの合計金額は必ず一致する。英語では、この表をバランスシートと呼ぶ（図表2－4）。

日本語もよく見ると貸借対照表、つまり「貸方（右側）と借方（左側）が対照している表」

図表2-5 BSを読み解く3つの基本法則

	あるべき読み方		ダメな見方
法則1	『大局観を持つ』 BSは固まりで読む	←	いきなり 各論から入る
法則2	『優先順位をつける』 BSは大きな数値から読む	←	上から順番に 眺める
法則3	『仮説思考を貫く』 BSは考えてから読む	←	見てから考える

という名称になっている。

3 BSを読み解く3つの基本法則

これから解説していくのは、BSのあるべき読み方だ。私はBSを効率的かつ効果的に読むために、日頃から3つの基本法則が大切であると、ビジネススクールの場で伝えている。会計に限定されず、いかなる数字を見るときにも大切なアプローチと信じている。この3つを守ると、数値の羅列にしか見えなかったBSが、生きた企業活動と結びついた、血の通った表であることを実感できるはずだ。この読み方がなぜ優れているかを明確にするため、BSのダメな見方と対比してみよう（**図表2－5**）。

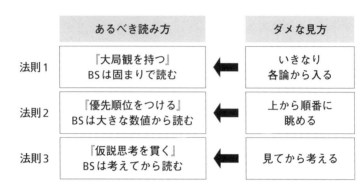

読み方1――「大局観を持つ」BSは固まりで読む

「木を見て森を見ず」という言葉がある。細かいこと、つまり各論ばかりに目が行ってしまい、全体像がなかなかつかめないことだ。細かいことに目が行き届くのは決して悪い話ではない。ただし、それは全体像をつかんだ後であり、また何よりもその各論が大事なことだと確認できてからの話である。全体からすれば必ずしも重要性の高くはないことに多くの時間を費やすのは、決して効率が良いとは言えない。

できるだけ固まりで見る、つまり森をとらえ、徐々に林に見入り、最後にそれが大事だと思えば、1本1本の木々、幹、そして枝葉を見ていくべきということ。これはBSを読む上でもまったく同様である。

大局観を持つこと。BSは固まりで読む、これが第一に大切な法則となる。このアプローチを意識しながら、BSの全体像を見ていくこととしよう（**図表2－6**）。

まずはBSを右側から大きく見ていこう。右側の資金の調達先は、大きな2つの固まりに分かれている。これは一言でいうと、「自分の持ち分か、他人の持ち分か」という切り口だ。自分の持ち分を「純資産」、他人の持ち分を「負債」と呼ぶ。他人の持ち分には返済義務がある。債務を負っているから、負債と呼ぶ訳だ。これに対して、自分の持ち分は自分にとっての純粋な資産だから、純資産と呼ぶ。

図表2-6 貸借対照表の構造

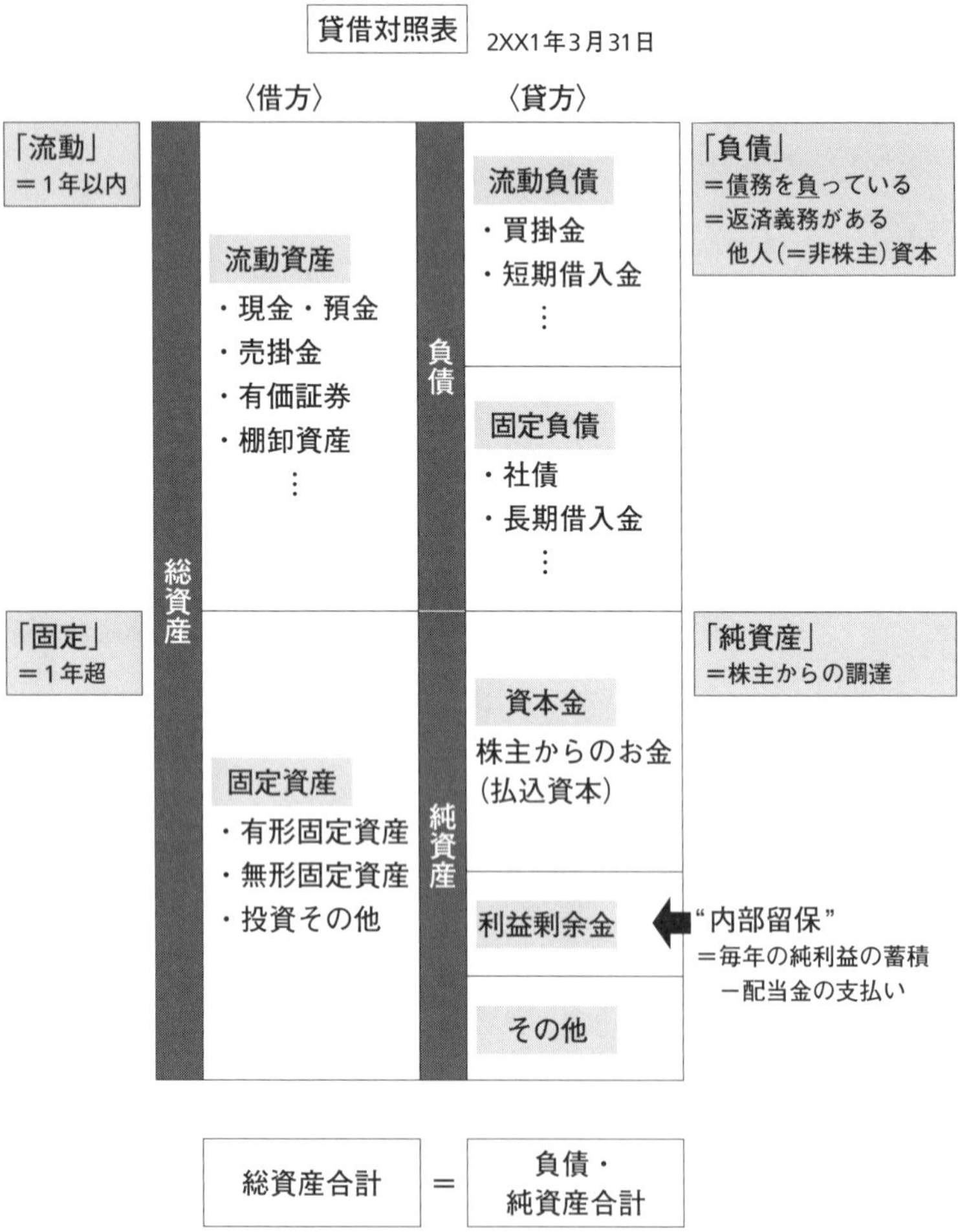

ここでいう「自分」とは、あくまで株主だ。「企業は誰のものか」という議論が昨今盛んだが、法律上、つまりBS上ではあくまで企業は株主のものなのである。

左側に目を転じると、これも大きな2つの固まりに分かれている。左側全体を「総資産」と呼び、その区分けは「流動資産」と「固定資産」となる。勘定科目は日本語で見ると、難解に映りやすいが、幸い漢字である。漢字を見れば意味が判ることも多いので、最後まであきらめないでほしい。ここは、流動的なもの、つまりすぐに消えてなくなるものと、固定的、つまり暫くは固定していて消えないものという区分けだ。具体的には1年間という切り分けで、1年以内に動くものは流動資産、1年超動かないものは固定資産となる。たとえば、企業が保有する他社の債券でも、1年以内に満期がくるものは「有価証券」として流動資産に計上されるが、1年超満期のこないものは「投資有価証券」として固定資産に計上される。

再び右側に目を戻すと、負債も総資産と同様に、流動と固定という表記で区分けされている。同じ銀行から借入れをしても、1年以内に満期のくるものは「短期借入金」として流動負債に計上され、1年超満期のこないものは「長期借入金」として固定負債に計上される。

最後に「純資産」だ。左側の総資産から、返済義務のある負債を差し引いた純粋な資産なので、純資産と呼ぶ。前述のように、純資産の所有者は株主だ。純資産は**図表2－6**に示したよ

図表2-7　毎年の純利益（PL）は利益剰余金（BS）として蓄積される

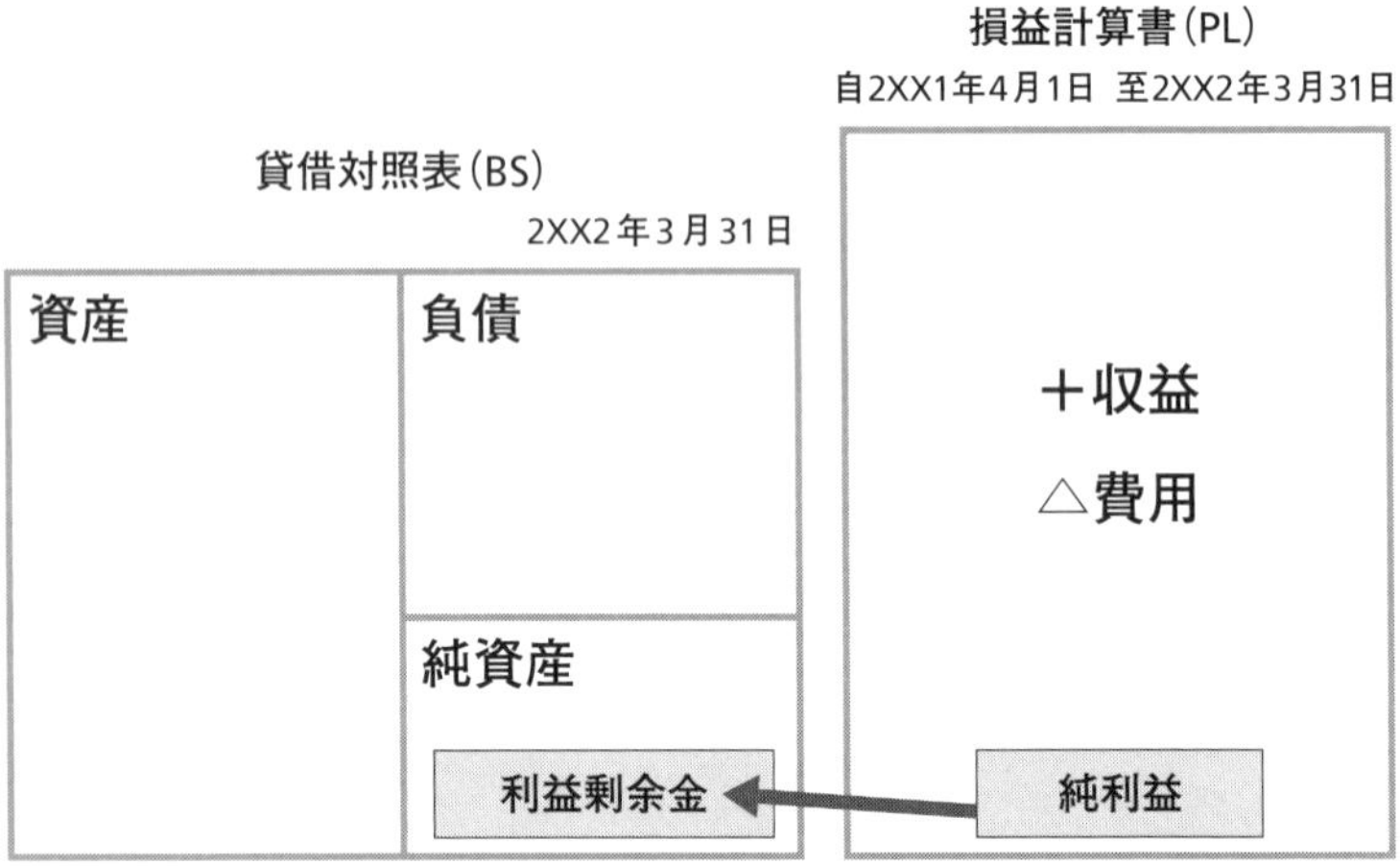

りも実際は細かく表記されるが、詳細は、ニトリのBS（**図表2－1**）を参照してほしい。

　純資産の中身で最初に確認したいのは、「資本金」ではなく「利益剰余金」である。少々難しい言葉だが、この利益剰余金は企業が稼いだ毎年の純利益が蓄積されていくところとなる。いわゆる内部留保とは、ここを指す。ここから配当が支払われるなど、利益剰余金は貯まっていくばかりではないが、しっかりと利益を稼いできた企業は、この利益剰余金を潤沢に保有していることが通常だ。BSは年度末の瞬間写真だと述べたが、写真ではあっても、過去の利益の蓄積という、企業活動の歴史を利益剰余金から垣間見ることができる。PLとBSは、この利益剰余金を通して有機的につながっている（**図表2－7**）。

　毎年しっかりと利益を計上し、利益剰余金を増加させているような企業は、資本金の額は意外と

図表2-8 「利益剰余金」と「資本金・借入金」の関係

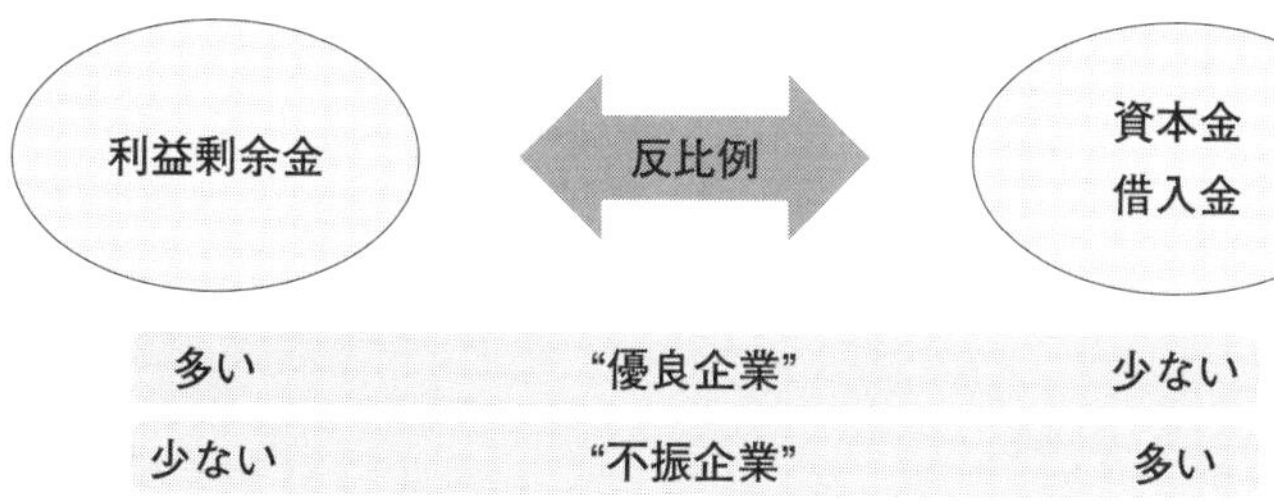

少ない。企業のホームページやパンフレットの会社概要欄で資本金が表記されるなど、ついつい資本金には目が行きがちだ。しかし、企業分析という視点では資本金はそれほど重要ではない。少なくとも利益剰余金の額を最初に確認し、それとの見合いで資本金がどの程度の額かを評価するべきだ。

資本金は、企業が株式の発行（増資）によって投資家から新たな資金を直接調達したときに増加するものだ。日々の株価の動きは直接的には影響しない。自社の事業から十分な利益を計上し続け、それを原資として、在庫や設備、M&Aなどへの投資が機能している企業は、新たな資本を株主から受け取る必要もない。よって、優良企業であるほど、資本金の額は利益剰余金に比べて少ないことが多い。もちろん、こうした企業は借金も必要ない。つまり、利益剰余金の金額に対して、資本金や借金には反比例の関係が存在しているケースが多い（**図表2－8**）。その最たる例は、資本金わずか133億円、借金（短期借入金＋長期借入金）わずか67億円に対して、利益剰余金5324億円を保有するニトリであろう。資本金の実に40倍に相当する利益剰余金である。

その逆もしかり。毎年の利益が十分に稼げていない企業は、利益剰余金の額が乏しい。さらには、毎年赤字を計上しているような企業では、利益剰余金の額がマイナスになっている場合もある。自社の事業から十分な利益が計上できていない企業は、借金が多かったり、あるいは増資を繰り返すことで資本金が膨れ上がったりしているケースが多い。ここでもまた、少ない利益剰余金に対して、増加する借金や資本金といった、反比例の関係が存在している。

その最たる例は、経営不振に陥り最終的には当時もっとも利益を稼いでいた子会社（東芝メモリ）を売却することよって、存続を維持した東芝だ。直前の２０１７年3月期の東芝は、利益剰余金がマイナスの５８０３億円に対して、資本金２０００億円、借金は実に1兆２０３９億円にまで膨らんでいた。

大局観を持つこと。いきなり各論に入るのではなく、ＢＳは固まりで読む、これが1つ目に大切な法則である。

読み方2――「優先順位をつける」ＢＳは大きな数値から読む

ＢＳを見る際にもっとも多いアプローチは、左の上、つまり現預金から順番に眺めていくことだ。しかし、上から見るということは、その企業の貸借対照表を見る目的が明確でないことを表している。仕事である以上、意味なく企業の決算書を見たいと思うことはないはずだ。であれば、目的を明確にしてみることだ。

「あの競合先が最近海外に大きな工場を設立した。気になる」→　設備投資に表れる、有形固定資産の推移をチェックすることから始めよう！

「あのクライアント先は最近良い噂を聞かない。きっと借金で困っているのだろう。気になる」→　借金の推移をチェックすることから始めよう！

また、この上から順番に見るアプローチがよくないのは、知らない言葉があったりすると、どうしてもそこに気を取られ、結果として実は重要性の乏しい各論にムダな時間を割いてしまうことにある。

そこまで目的が明確でない場合は、大きな数値から読むことだ。企業の特徴は、大きな数値に表れている。よって、まずは大きな数値に着目し、その意味を読み解くことから企業の実態をとらえるクセをつけていこう。**優先順位をつけること。上から順番に眺めるのではなく、ＢＳは大きな数値から読む**、これが２つ目に大切な法則である。

読み方3――「仮説思考を貫く」ＢＳは仮説を立ててから読む（考えてから読む）

ある企業の分析をしようという以上は、その企業に関する一定の知識は持っているはずだ。何らかの利害があって決算書を見ようとしている企業なのだから、その企業や業界についてまったく何も知らないということはまずない。であれば、それらを言葉にして、それがどのように決算書に現れているかを考えることから始めてみよう。

「この業界は典型的な装置産業だから、有形固定資産、中でも建物と機械が多いはずだ。売上の半分相当くらいの金額が出てくるのではないだろうか」

「あの会社は最近同業他社への多額の出資を行ったので、きっと投資有価証券の額が500億円程度増えているだろう」

「最近業績好調で2ケタ成長が続く会社だから、きっと売掛金や在庫も一気に2ケタ成長しているに違いないはず」

仮説思考を貫くこと。見てから考えるのではなく、考えてから読む、これが3つ目に大切な法則である。

こうして決算書を実際に読む前にその企業の決算書を想像する作業を以降、**仮説を立てる**と呼ぶことにする。3つの法則のうち、最初に行うのはこの第3の法則、仮説を立てることだ。これはBSだけでなく、PLでも同様のスタートとなる。そして実際の決算書を見る際には、第1の法則「大局観を持つ」、すなわち固まりで読むことと、第2の法則「優先順位をつける」、すなわち大きな数値から読むことを意識しながら、仮説を検証するようにして読み進めることとなる。

実際の試みは次の第3章に委ねるが、仮説を立てる上でもっとも大切なことをここで記しておきたい。

それは、**仮説を立てる際には、決して間違いを恐れないこと**。仮説とは言葉のとおり、仮の説である。現時点で自分ができる精一杯の結論であることが大事で、正しい、間違っているは二の次だ。後で検証して、正しければハッピー、間違っていても一度間違えれば次からはまず間違えないだろうからハッピーなはずだ。仮説を立てないで、単に見て納得しているだけでは、分析力という点で何の進歩も生まれない。

では間違いを恐れずに、仮説はどのように立てたらよいのだろうか。間違いを恐れないといっても、行き当たりばったりの当てずっぽうではほめられない。どのようなロジックで結論に至ったのかが常に問われる。その際にキーとなる質問はやはり、「WHY?」、つまり「なぜその数値なのか?」と、「SO WHAT?」、つまり「その数値から何が言えるのか?」である。こうした論理的思考力を啓発する質問を問い続けることがとても重要となる。

間違いを恐れないこと、そして論理的思考力を啓発する質問を問い続けることは、先述した稲盛氏の姿勢に他ならない。そしてそれらの問いかけを活用していく上で、武器として備えておくべき経営戦略のフレームワークがある。これについては第2部「戦略思考力」で理解を深めてほしい。

4　ニトリホールディングスのBSを読む

BSの解説の最後に、ニトリホールディングスのBSを図に表しながら、簡単に眺めてみることにしよう。

図表2－9は、BSのあるべき読み方として先に述べた3つの法則のうち、法則1（BSは固まりで読む）と法則2（BSは大きな数値から読む）を意識して図に表したものだ。法則3（仮説を立ててから読む）は次の第3章で詳しく見ていくので、ここではカットする。

BSの右側から見ていこう。負債と純資産という2つの大きな固まりのうち、ざっくり2：8で純資産が大きいことが分かる。大きな数値から読むのだから、純資産から読んでいく。純資産の中でもっとも大きいのは、利益剰余金（5324億円）だ。PLで見た優れた収益力は過去からずっと継続してきたもので、それが潤沢な利益剰余金として内部留保されていることが分かる。先に紹介したように資本金は利益剰余金の40分の1にすぎない133億円だ。

負債の中では、未払金と支払手形・買掛金がそれぞれ200億円前後あって多額である。未

図表2-9　ニトリホールディングスの貸借対照表（2020年2月期）
（イメージ図）

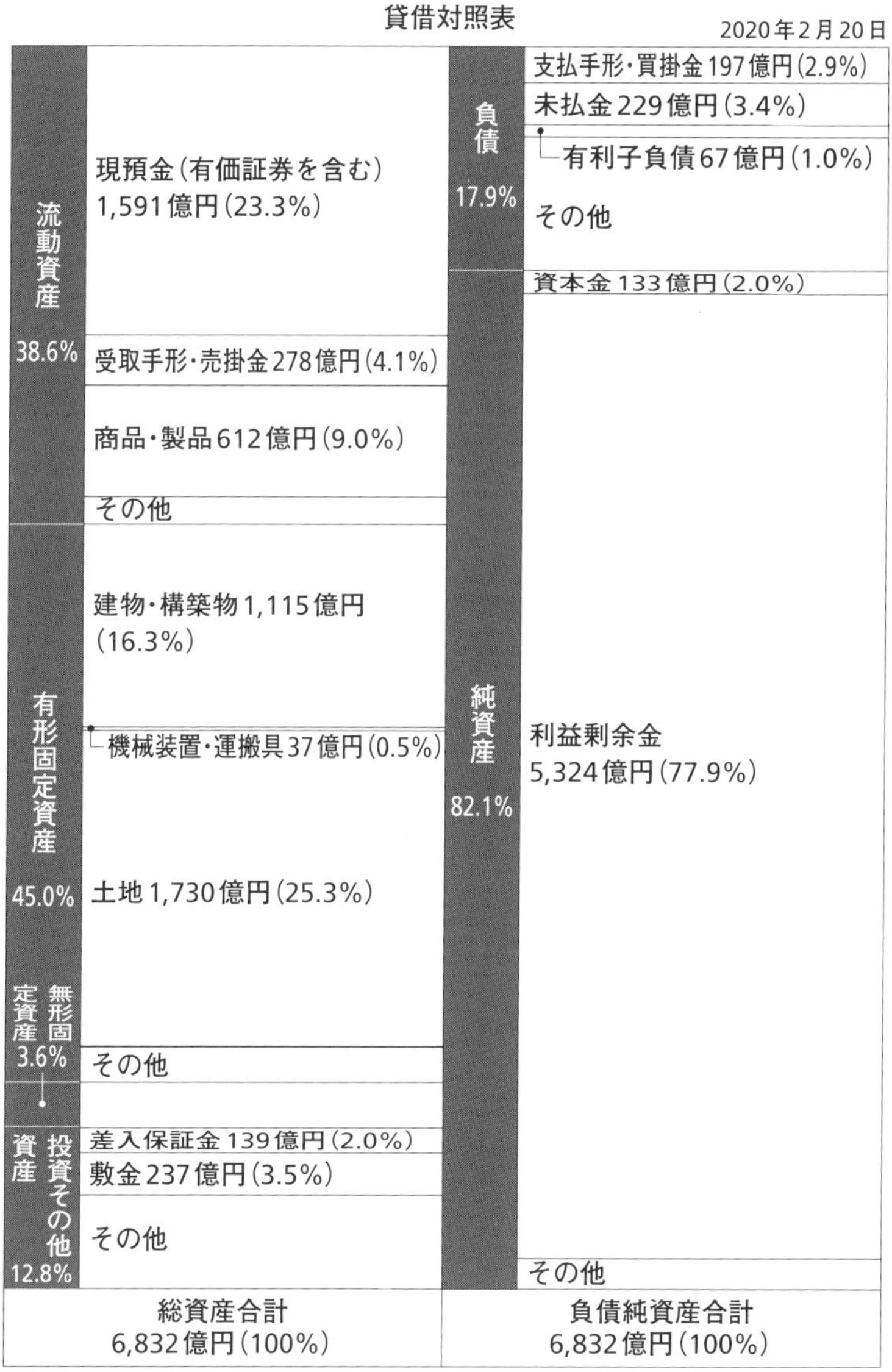

払金は広告宣伝費や店舗構築費用などの未払い分が中心と思われる。これに対して支払手形・買掛金は、ニトリがメーカーから商品を購入したものの、まだその対価を相手に支払っていない、つまり掛けで購入してきた金額に相当する。ニトリといえば、一部を除いて自らは工場を所有しないものの、製造小売業として家具・インテリア用品の企画段階から始まり、製造委託、販売までの機能を垂直統合した企業として有名だ。支払手形・買掛金の相手は、そうした製造委託先が中心となろう。

一方の資産に目を転じると、大きな固まりである流動資産と固定資産では、ざっくり4：6で固定資産が大きい。よって大きな固定資産から読んでいくと、固定資産の8割弱を占めている大きな金額は、有形固定資産となっている。有形固定資産の中で比較的金額が膨らみやすいものには、建物・構築物、機械装置・運搬具、土地の3つがある。ニトリは建物・構築物と土地は極端に膨らんでいるが、機械装置・運搬具はかなり少ないことが観察できる。機械装置を保有しなければ、あれだけ大量の家具のすべてを自社で製造することは不可能だ。こんなところからも、ニトリの商品の大部分は、自社の工場で製造するのではなく、第三者への製造委託が中心であろうことを垣間見ることができるのだ。建物・構築物と土地の大部分は、ニトリが所有する店舗や物流センターに伴う不動産である。小売業は一般にそうだが、すべての店舗の不動産を自社で所有するわけではなく、むしろ賃借するケースが多い。一方で、巨大店舗を郊外中心に展開するニトリは、賃借できる物件の少なさから、自社で所有する不動産の比率は高くなる。それでも賃借物件が一定量あることは、投資その他の資産の中に、差入保証金139億円や、敷金237億円が存在することから確認できよう。これらは店舗を賃借する際に、不動産オーナーに預ける科目である。

保有資産の4割に満たない流動資産だが、その中で金額が大きなものは、現金・預金1591億円と、商品・製品612億円だ。会計の世界では自社が製造するものは製品、他社が製造して、これを仕入れたものは商品と呼ぶ。内訳は開示されていないが、製造の多くを外部委託するニトリは、製品在庫よりも商品在庫が多いことが類推される。ニトリが製造委託した商品であるため、在庫はすべて引き取る義務を負うことも、ニトリの在庫が膨らむ要因として影響している。

商品・製品612億円に対して、支払手形・買掛金197億円はわずか3割相当である。これは在庫を保有している期間よりも、仕入先に対する支払いをかなり早く行っていることを示している。ニトリの資金繰りだけを考えればネガティブだが、これによって仕入れ先との長期的な信頼関係も構築できるし、あわよくば「早く払うから安くして」といった、仕入コストの削減にもつながっていく。資金力と交渉力のあるニトリだからこそできる、在庫と買掛金の関係性と言えよう。

売掛金・受取手形、すなわち顧客へ掛けで販売し、現金の入金を待っている金額が278億円と売上高（6422億円）に比べて非常に少ない（売上比4・3％）のは、現金商売を主体とする小売業界の特徴だ。若干の売掛金・受取手形はクレジットやICといったカード会社とのやりとりが中心であろう。

このように、これまで稼いだ利益が潤沢に蓄積された利益剰余金5000億円超によって、有形固定資産や棚卸資産、受取手形・売掛金は十分にカバーされている。その結果、総資産の23％に相当する1591億円もの現預金が手元に滞留する姿となっている。先に見た借金67億円を優に超える現預金を保有しており、返そうと思えばいつでも余裕で返せる借金の水準だ。こうした企業は「実質無借金」と呼ばれる。ニトリの場合は、実質1500億円以上のキャッシュを保有する、「超キャッシュリッチ・カンパニー」と呼ぶべきであろう。

ここまでの一連の背景の結果、ニトリのBSの右側に現れる資金調達の78％は利益剰余金で、左側に現れる資産の45％は有形固定資産、23％は現預金、9％は商品・製品という、とてもシンプルなBSとなっている。小売業の業界特性とニトリの基本戦略である製造小売、そして、それが歴史的に成功してきた結果としてできあがったニトリのBSである。

なお、本来であればPL、BSの次に3つ目の決算書としてキャッシュ・フロー計算書（CF）を分析するところだが、本書ではPLとBSに分析を絞り込み、その分この2つを深く、より多くの角度から読んでいくこととする。キャッシュ・フローは経営戦略を遂行するために不可欠なバックボーンであるが、キャッシュ・フローそのものから戦略やビジネスモデルを語るのには限界があるためだ。

もちろん、貸借対照表を読むための3つの法則（大局観、優先順位、仮説思考）などは、そのままキャッシュ・フロー計算書にも活用できる。キャッシュ・フロー計算書の構造については**発展編第13章**で簡単に触れているので参照してほしい。

第2章のまとめ

- PLが1年間の企業活動の「入」と「出」を並べたビデオテープなら、貸借対照表（BS）は年度末の真夜中24時の瞬間写真。このため、PLの冒頭には期間、BSの冒頭には日付が記載される
- BSの右側にはお金の入りどころの明細、左側にはそのお金の運用状態が映し出される。左右の情報の意味は異なるが、左右それぞれの合計金額は必ず一致する
- BSを読み解く3つの基本法則は、①〈大局観〉BSは固まりで読む、②〈優先順位〉BSは大きな数値から読む、③〈仮説思考〉BSは仮説を立ててから読む（考えてから読む）
- BSの右側で最初に確認したいのは、資本金ではなく利益剰余金。利益剰余金の金額に

対して、資本金や借金には反比例の関係が存在しているケースが多い

■間違いを恐れずに論理的な仮説を構築するためのキーとなる質問は、「WHY?」、つまり「なぜその数値なのか?」と、「SO WHAT?」、つまり「その数値から何が言えるのか?」。こうした論理的思考力を啓発する質問を問い続けることが、会計を読み解く上で重要

■ニトリホールディングスの例を通してBSを概観した。ニトリのビジネスを想像しながら、3つの基本法則をいつも意識して、1つひとつの金額と比率を納得しながら読んでいこう

BSを読み解く3つの基本法則

	あるべき読み方		ダメな見方
法則1	『大局観を持つ』 BSは固まりで読む	←	いきなり 各論から入る
法則2	『優先順位をつける』 BSは大きな数値から読む	←	上から順番に 眺める
法則3	『仮説思考を貫く』 BSは考えてから読む	←	見てから考える

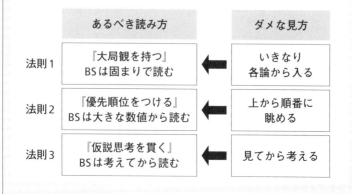

第3章

企業名のみから
決算書を読み解く
仮説・検証のプロセス

STEP1 企業を想像する → STEP2 仮説を立てる（決算書をイメージする） → STEP3 仮説を検証する（決算書を読む）

1 STEP1 企業を想像する

あなたの目の前に今、ある企業の決算書があるとしよう。とある理由があって、その企業の決算書を「読み解く」必要があるのだ。さて、あなたはその決算書のどこから見始めるだろうか……？

ある企業の決算書を読み解こうとしているのであれば、多かれ少なかれ、その企業や業界に関する知識、もっと言えば何らかの利害を持っている、あるいは持つ可能性があるのが通常だ。知識も利害もまったくない企業の分析をすることは、少なくとも仕事の上ではそうはないはずである。であれば、いきなり決算書を上から順番に眺めるのではなく、まずはその企業や業界に関する知識を言葉にすることから始めてみよう。これが、「見てから考えるのではなく、考えてから読む」ことのスタートとなる。ここでは、日本人であれば誰もが比較的容易に想像できるトヨタ自動車を題材にして、「考えてから読む」を一緒に行ってみることとする。

知っていることを言葉にしてみる

ここに、仲間くんという人がいる。ある電機メーカーに入社して以来、一貫して人事畑を歩んでいる仲間くんはトヨタの株主でもある。1年前に友人から株式投資の面白さを聞いた仲間くんは、さしあたってあれこれと考えずに、日本を代表する企業だからという理由でトヨタの株を購入した。このたび仲間くんの勤める会社で行われた会計研修で学んだことをさっそく活かそうと、トヨタのホームページから決算書を引っ張り出してみた。研修では講師から「見てから考えるのではなく、考えてから読む」と何度も言われたことを思い出し、さっそく実践してみることにした。最初のステップはトヨタ自動車という企業を想像することだ

読者の皆さんも仲間くんになったつもりで、トヨタのイメージを書き出してみよう。あなたが知っているトヨタを言葉にしてみるのだ。なお、2020年に拡大した新型コロナウィルス感染症の影響を排除した平穏時のトヨタ自動車を考察するため、2019年3月期のトヨタの決算書を想像していくこととしよう。

QUIZ①

例にならって、トヨタ自動車について知っていることを何でもよいので5個以上書き出してみてください。できれば、それが決算書にどのように現れるのかをイメージしてみてください。ここで大切なのは、質や正確性ではなく量です。(制限時間　15分)

（例）「トヨタっていうと『カンバン方式』だよな。製造プロセスがどこよりも効率化されているのだな」

仲間くんは、以下のような点をノートに走り書きした。

①「トヨタのグループ力って強大だろうな」
②「シェアはもちろん日本一。たしか、グループ全体の国内シェアは40％を軽く超えているはず」
③「〝トヨタ銀行〟なんていうくらいだから、きっと現金をたくさん持っているんだろう」
④「顧客との関係を考えてみると、自動車って普通みんな長期のローンで買うよな。ということは、あれ、そういうのは決算書のどこに出てくるんだっけ」
⑤「トヨタっていうと『カンバン方式』だよな。製造プロセスがどこよりも効率化されているのだな」
⑥「製造業だから、やっぱり設備投資の額はすごいのだろう」
⑦「原材料を作っている会社との力関係からいったら、トヨタのほうがきっと強いだろうから、仕入れ代金の支払いは遅いのかな」
⑧「長年儲かっている会社なんだけど、それってどこで見られるのかな」

⑨「儲かっているということは、銀行とか株主からの新たなお金の調達なんて必要ないのだろう」

⑩「CASEと呼ばれる、Connected（コネクティッド）、Autonomous（自動運転）、Shared&Services（シェアリング&サービス）、Electric（電気自動車）への移行が急速に進行して、環境変化の激しい自動車業界。豊田章男社長は『勝つか負けるかではなく、まさに生きるか死ぬかという瀬戸際の戦いが始まっている』と危機感を語っていたな。危機感って、決算書のどこで読み取れるんだろう」

⑪「そういえばこの間の日本経済新聞に、独フォルクスワーゲン、日産・仏ルノー連合、そしてトヨタグループの3つが、年間の世界販売台数で1000万台超えてるって書いてあったな」

さて、あなたはトヨタ自動車に関して、いくつのイメージを具体的な言葉にできただろうか。

ここで大事なことは、正解を追求することではない。次につながる仮説構築のステップのために、企業や業界に関して自分が知っている情報やイメージを言葉にしているにすぎない。新聞・雑誌や企業のホームページから、最近のトヨタや自動車業界の動向に関する情報を収集するのも有効だろう。企業の想像（STEP1）が終わったあなたは、もっとも重要となる仮説構築のSTEP2に進む。

STEP1	STEP2	STEP3
企業を想像する	仮説を立てる（決算書をイメージする）	仮説を検証する（決算書を読む）

2 STEP2 仮説を立てる（決算書をイメージする）

決算書を見る前に決算書をイメージする

「仮説」とは、STEP1で抽出した企業の特性が、具体的にどのように決算書に現れているのか、その仮の結論（＝仮説）を立てることだ。

ちょっと回りくどいアプローチに思えるかもしれない。では、なぜ仮説を立てることが大切なのだろうか。それはたとえてみると、顧客先に訪問してから何を話そうか思案している営業担当者と、事前に顧客のニーズを予測し、どういった会話になるかの仮説を踏まえ、どのようなアプローチで提案するかを考えてから顧客との打ち合わせに臨む営業担当者との違いといえる。

後者のほうがアウトプットの質、つまり契約の成約率が高いのは明らかだ。なぜなら、前者の営業担当者が顧客先でしていることを、後者の営業は、仮説ベースではあっても事前にじっくりとシミュレーションできているからだ。当日の打ち合わせがシミュレーションどおりに運べばOK。うまく運ばない場合でも、自分の仮説と顧客の実際のニーズのどこにズレがあったのかが明確に認識できるため、その後の軌道修正も早い。行き当たりばったりの前者の営業では、御用聞きにはなれても、要求の厳しい顧客であれば、提案力のない営業として門前払いだろう。スタート地点が異なれば、ゴール地点も大きく異なるのが競争のルールだ。

決算書を読む前に仮説を立てることは、決算書の数値を実際に見る時点で数値の姿がある程度予測できていることを意味する。数値を見てから慌てふためくのではなく、決算書を見る際には、既に決算書の姿がイメージされており、これを検証していくプロセスが理想的な姿となる。慣れるまでの訓練は必要だが、慣れていけば快適なプロセスとなる。どんな仕事でも頭ではなく訓練によって学んでいくように、決算書を読む力もまた、場数をこなす訓練は不可欠だ。

さて、トヨタに関するイメージをSTEP1で構築した仲間くんは、会計研修の場で講師から矢継ぎ早に質問された問答を思い出してみた。仲間くんが立てたトヨタのイメージについて、講師はおそらくこんなことを突っ込んでくるのではないかな、と想像しながら仮説を立ててみることにした。なお、ここではトヨタの自動車事業にフォーカスして分析する目的から、トヨタの連結ではなく単体決算書に関する分析を進めていく。金融事業もある子会社を連結した姿ではなく、自動車事業中心の単体ということだ。

また、「WHY?」と「SO WHAT?」について、講師である私が問いかけたり、仲間くんがそれについて考えたり答えたりしている様子を明確にするため、白抜き文字で挿入している。決算書を読む際にどのような質問を自身に問いかけながら読み進めるのがよいかの参考にしてほしい。

①「トヨタのグループ力って強大だろうな」

大津　グループ力って何だい？　抽象的な言葉はなるべく具体的な言葉にすると、物事がもっとはっきり見えてくるよ。グループ力があると何がいいの？ SO WHAT?

仲間くん　えーっと、たとえばグループの他の自動車会社と部品が共通化されていれば一緒に調達できるから、大量購入の分だけ仕入コストが抑えられるはず。仕入先の中にはトヨタのグループ企業も多いので、取引上での便益も多いはずです。

大津　なるほど。では、その便益は決算書にどうやって現れるんだろう？ SO WHAT?

仲間くん　原材料の仕入コストが抑えられれば原価が下がるから、売上高総利益率が高く〈仮説1〉なります。

大津　高いというと、具体的にどれくらいかな？

仲間くん　製造業の平均値がおおむね20～30%ということでしたよね。トヨタは原価低減で有名だし、それにレクサスのような粗利の高そうな高級車もあるので、その上限を取って、売上高総利益率が30%〈仮説1〉くらいはあるんじゃないでしょうか。

大津　了解。ただし、利益率がそれほど高くなさそうな小型車もトヨタには多いけどね。ところで、そのグループ力って、いったいどうやって維持するものなの？　口約束？

仲間くん　いえ、きっとトヨタはグループ企業の株式を多数保有していて、資本関係があるはずです。ああそうか、ということはトヨタの貸借対照表（ＢＳ）には、そうしたグループ企業の株式がたくさんある〈仮説２〉はずですね。

大津　そういうことになるね。ところでトヨタの子会社の株式が、トヨタのＢＳに計上されることは問題ないの？

仲間くん　今回は単体で見るんだから、えーっと……。

大津　連結ＢＳを見ているのであれば、親会社と子会社は合体されるので、親会社が保有する子会社の株は資産として計上されないね。今回は単体ＢＳを見ているので、親会社の持ち物として、子会社の株式もＢＳ上に計上されることになるよ。

②「シェアはもちろん日本一。たしか、グループ全体の国内シェアは40%を軽く超えているはず」

大津　シェアが高いと、何かいいことがあるの？　SO WHAT?　世の中にはシェアは小さくても、良い会社はたくさんあるよね。

仲間くん　「規模の経済」じゃないでしょうか。たとえば自動車を１台作るためには、プレス加工から始まって製品になるまで、一通りの設備は持たなくてはいけないでしょう。せっかく設備があっても生産台数が少なければ宝の持ち腐れになってしまうから。

大津　仮に同じ設備を持っている2つの会社があれば、確かに生産台数の多いほうが設備の稼働率は高いね。設備の稼働率が高いということは……？ SO WHAT?

仲間くん　やっぱり、売上高総利益率の高さ〈仮説1〉に結びつきます。なぜなら、工場の設備の費用は売上原価に組み入れられますから。

大津　その費用は何というんだっけ？

仲間くん　減価償却費です。建物や機械への設備投資は、決められた年数で割って毎年の減価償却費という費用になって売上原価に計上されるんですね。

大津　そう、そして毎年の減価償却費は生産台数で割って1台当たりの費用として割り振られるから、生産台数が多いほうが1台当たりの減価償却費の負担が抑えられる、つまり原価率が下がって総利益率が上がるというわけだ。他にも規模の経済が効いてくるところってあるのかな？ SO WHAT?

仲間くん　設備と一緒で規模の大小にかかわらず一定の水準で持たなくてはいけないものであれば、規模の経済のメリットを受けられると思います。たとえば営業の人件費、販売チャネル、広告宣伝費、物流費……。販管費に出てくる多くの費用がそうかもしれません。ということは、売上に対する販管費の比率が低くなる〈仮説3〉ということでしょうか。

③「〝トヨタ銀行〟なんていうくらいだから、きっと現金をたくさん持っているんだろう」

大津　じゃあ、現金をたくさん持っているか、後で見てみましょう。ところで、多い・少ないという判断は「何に対して」という対象がはっきりしないと判断を誤ることになります。業界他社と比べるのもひとつだけど、自社の決算書の中だったら何と比べる？

仲間くん　うーん、難しいなあ。現金はBSの資産の部の最初に出てくるものだから、さしずめ資産合計の数値に比較してでしょうか。

大津　それも間違いではないけど、資産合計に対してだと、たとえば設備が多いか少ないかという別の要素にも影響されてしまうよね。儲かった結果としての現金の保有、あるいは売上を上げるための原資となる現金なのだから、売上高と比較して現金が多いかどうかを見てみるのもひとつだよ。それから、この場合、現金と実質的に同等と考えられる短期保有目的の有価証券も含めて考えると、トヨタの現預金が多いかどうかが、よりクリアに見えてくる。つまり、手元の現金・預金と有価証券の合計額が、売上に対して大きな割合を占めている〈仮説4〉ということだね。

④「顧客との関係を考えてみると、自動車って普通みんな長期のローンで買うよな。ということは、あれ、そういうのは決算書のどこに出てくるんだっけ」

大津　つまり、顧客に掛けで売っているということ？ SO WHAT?

仲間くん　あっ、そうか。掛けということは売掛金として出てくるのですね。ということは、売掛金が多いと。

大津　車を販売した日から数えて、だいたい何年くらいですべての現金が回収できていると思う？

仲間くん　実は私、去年トヨタ車を買ったのですが、6年のローンを組みました。6年にわたってトヨタの売掛金がゆっくり減っていくんですよね。ということは平均値はその半分の3年間。私が世の中の平均だと信じて、「3年」に相当する莫大な売掛金がある〈仮説5〉としてみます。

⑤「トヨタっていうと『カンバン方式』だよな。製造プロセスがどこよりも効率化されているのだな」

仲間くん　つまり在庫が少ないということ。SO WHAT? 原材料を仕入れてから製造して販売するまでのリードタイムが短いはずです。ジャスト・イン・タイムで、どれくらいだろう……。それでも車を作るのには、それなりの時間がかかるだろうから……。原材料から製品まで1カ月以内〈仮説6〉かな？

大津　その調子。そうやって具体的な仮説を自ら立てることが大事なんだ。後で実際の決算書を見る際、その仮説と異なる数値が出てくれば、そのズレはどこからくるのだろうと、すでに一歩先の思考が始まるからね。

⑥「製造業だから、やっぱり設備投資の額はすごいのだろう」

大津 これはどう決算書に現れるの？ SO WHAT?

仲間くん ストレートに設備が多いということではないでしょうか。

大津 主な設備を具体的に言うと？

仲間くん 建物、機械、それに土地ですね。そうした設備への投資が大きな金額〈仮説7〉として現れているはずです。

大津 多い・少ないは何と比べて？

仲間くん ああ、さっきの現金と一緒ですね。すべての資産は売上を上げるために持つのだから、売上と比べるのがよいと思います。

⑦「原材料を作っている会社との力関係からいったら、トヨタのほうがきっと強いだろうから、仕入れ代金の支払いは遅いのかな」

仲間くん 買掛金や支払手形といった仕入債務がけっこう多いのではないでしょうか。

大津 多いというと、具体的にどれくらい？

仲間くん たとえば毎月の仕入高を月末で締めて、3カ月後くらいにようやく支払っているとすると、支払いまでの期間が90日くらい〈仮説8〉ですね。

大津　確かにそうだけど、3カ月っていうのはどこから持ってきた数値？ WHY?

仲間くん　ウチの業界もやっぱり我々の力が強いので、慣例でどの会社も原料メーカーに対して、だいたい末締めの3カ月後の月末払いなんですよ。トヨタの力からしたら、それくらいの期間は最低でも支払わないんじゃないかと。

大津　そうそう、自分の会社を例にとって考えてみるのは、とてもいいアプローチだよ。何てったって、それ以上よく知っている会社はないんだから。

⑧「長年儲かっている会社なんだけど、それってどこで見られるのかな」

大津　トヨタの2019年3月期単体決算の最終純利益は、実は1兆8968億円なのだけど、その利益は翌年度に入ると、いったいどこへ行ってしまうの？

仲間くん　そこから配当などが支払われて、残りは利益剰余金に貯まっていきます。ああそうか、つまり利益はどんどん利益剰余金に積まれていくわけだから、利益剰余金が大きい〈仮説9〉のかどうかを見ればよいです。

⑨「儲かっているということは、銀行とか株主からの新たなお金の調達なんて必要ないのだろう」

大津　この仮説の意味はどういうこと？　SO WHAT?

仲間くん　儲かっていて、かつ、その儲けの使い道となりそうな大きな投資がなければ、必然的に現金が貯まっていくことになりますよね。ということは銀行とか株主から新たなお金をもらうまでもなく、自分で稼いだ利益を事業活動の元手にして十分に会社が回っていると考えたわけです。

大津　では、トヨタはもうそんなには投資をしていないと？　なぜそう考えるの？　WHY?

仲間くん　実はそこは悩んだんですよ。投資しても使いきれないくらい儲かっているのか、儲かっていても、やっぱり投資規模はそれを上回るくらい大きいのか。ただ、さっきも言った〝トヨタ銀行〟という言葉を思い出して、使いきれないほどに儲かった結果の莫大な現金保有と考え、前者にしました。つまり、借金は少なく〈仮説10〉、株式による新規の資金調達も少ない、つまり利益剰余金に比べれば資本金の額が少ない〈仮説11〉と。

⑩「ＣＡＳＥと呼ばれる、Connected（コネクティッド）、Autonomous（自動運転）、Shared&Services（シェアリング&サービス）、Electric（電気自動車）への移行が急速に進行して、環境変化の激しい自動車業界。豊田章男社長は『勝つか負けるかではなく、まさに生きるか死ぬかという瀬戸際の戦いが始まっている』と危機感を語っていたな。危機感って、決算書のどこで読み取れるんだろう」

大津　危機感が募ると、有能な経営者はどんな行動を取るんだろう？ SO WHAT?

仲間くん　業績が順風満帆な時こそ、将来のためにしっかりと準備をしておくと思います。CASEという新たな環境変化が起きつつあるのだから、そのための研究投資を。そっか、研究開発費が膨らむわけですね。

大津　これはそのまま、研究開発費用が多い、そして増えているということになるのかな？ SO WHAT?

仲間くん　はい、そう思います。設備投資も大変そうだけど、研究開発もそれなりの金額……。例えば売上の1割くらいは使っている〈仮説12〉のではないでしょうか？

大津　研究開発費が膨らめば、その分だけ利益率は悪化しているのかな？　いったいどれくらいなのだろう？ SO WHAT?

仲間くん　確か、国内でのメーカーの優良企業のベンチマークは、売上高営業利益率や売上高経常利益率が10％ということでしたよね。

大津　業種によって一概には言えないけど、国内ではひとつの目標数値だね。ただし欧米では、大手の優良企業で20％という数値も決して珍しくはないよ。

仲間くん　自動車業界は競争も激しいし、研究開発費も膨らんでるとすれば、せいぜい売上高営業利益率は5％〈仮説13〉くらいなんじゃないでしょうか。

⑪「そういえばこの間の日本経済新聞に、独フォルクスワーゲン、日産・仏ルノー連合、そしてトヨタグループの3つが、年間の世界販売台数で1000万台超えてるって書いてあったな」

大津　ここから言えることは？ SO WHAT?

仲間くん　トヨタの株を今後も持ち続けるかどうかを判断するにあたって、トヨタの成長力も見たいと思っていました。1000万台を超えるというのは、トヨタが順調に成長しているからなのか、しっかり見極めたいと思います。トヨタの売上や利益は順調に回復、そして成長している〈仮説14〉という仮説を立ててみます。

仲間くんは、自分が持っているトヨタのイメージが正しければ、決算書にはどのように数値として現れるかを具体的に考え、14の仮説を打ち立てた。今あなたが関心のある企業について、決算書に関する14もの仮説をそう簡単に立てることは容易でないかもしれない。しかし、まず考えること、そして現時点でできる最善の結論（＝仮説）を打ち立てることを放棄しては、何ら進歩は生まれない。仲間くんを見習って、事業を大いに想像し、間違いを恐れずに決算書の仮説を立てていって欲しい。

お気づきのように、このSTEP2まで決算書そのものは一切見ないで進めてきた。決算書はまったく見なくても、トヨタの決算書があなたの目の前に少しずつイメージとして浮かび上がってきているだろうか。**決算書分析において、決算書を入手して実際に見るのは後半のプロセスである。決算書を見るまでにどこまで決算書をイメージできているかが、分析の深さにも結び付いていく。**仲間くんが打ち立てた14の仮説を読んで、早くトヨタの決算書から解読したというワクワク感が読者に湧いていることを期待したい。

ここで、仲間くんが立てた14の仮説を決算書に当てはめながら、あらためてイメージしてみよう。すると、**図表3－1**（損益計算書）、**図表3－2**（貸借対照表）のような姿が浮かび上がってくる。ちなみに、この14のポイント（**図表3－3**）はどのような企業を分析する上でも、最低限考察しなくてはいけない事項となる。慣れるまでは14のポイントを、仮説を構築するための問いかけのフレームワークとして活用しながら、STEP1～STEP2を行うのもよいだろう。

図表3-1　仲間くんが立てたトヨタ自動車の損益計算書に関する仮説

Ⅰ　売上高
Ⅱ　売上原価（△）
　　売上総利益
Ⅲ　販売費及び一般管理費（△）
　　営業利益
Ⅳ　営業外収益
Ⅴ　営業外費用（△）
　　経常利益
Ⅵ　特別利益
Ⅶ　特別損失（△）
　　税引前当期純利益
　　法人税、住民税及び事業税（△）
　　当期純利益

①売上・利益は回復・成長しているか？〈仮説14〉
➡ 売上、利益ともに順調に回復・成長

②粗利は高いか？〈仮説1〉
➡ 原価低減、規模の経済、高級車などによって、総利益率30％を確保

③販管費は多いか？〈仮説3〉
➡ 規模の経済によって、相対的に低い

④研究開発費は多いか？〈仮説12〉
➡ CASEへの投資を中心に売上の1割を投下

⑤利益率は良好か？〈仮説13〉
➡ 競争率は激しく研究費も膨らみ、5％程度の営業利益率

（注）仲間くんの仮説であるため、誤りも含む

図表3-2 仲間くんが立てた トヨタ自動車の貸借対照表に関する仮説

流動資産	⑥現金は多いか？ 〈仮説4〉 ➡「トヨタ銀行」だから多額に保有 ⑦売掛の回収は早いか？ 〈仮説5〉 ➡自動車はローン販売だから、売上の3年相当分を保有 ⑧在庫の量は多いか？〈仮説6〉 ➡「カンバン方式」だから製造から販売まで1カ月以内	負債	⑪買掛の支払いは早いか？ 〈仮説8〉 ➡トヨタの強さから、購買から支払いまでの期間は3カ月 ⑫借金は多いか？ 〈仮説10〉 ➡自分が稼ぐ利益で十分に事業が回っているから、借金は少ない
固定資産	⑨設備の規模は大きいか？ 〈仮説7〉 ➡製造業だから、多額に保有 ⑩株式や債券の保有は多いか？ 〈仮説2〉 ➡グループ企業の株式を多額に保有	純資産	⑬資本金は多いか？〈仮説11〉 ➡自分が稼ぐ利益で十分に事業が回っているから、資本金は少ない ⑭利益剰余金は多いか？ 〈仮説9〉 ➡過去にずっと稼いできた企業なので、利益の蓄積は莫大

（注）仲間くんの仮説であるため、誤りも含む

図表3-3　仮説構築のための14のフレームワーク

①売上・利益は成長しているか？

②粗利は高いか？

③販管費は多いか？

④研究開発費は多いか？

⑤利益率は良好か？

⑥現金は多いか？

⑦売掛の回収は早いか？

⑧在庫の量は多いか？

⑨設備の規模は大きいか？

⑩株式や債券の保有は多いか？

⑪買掛の支払いは早いか？

⑫借金は多いか？

⑬資本金は多いか？

⑭利益剰余金は多いか？

STEP1	STEP2	STEP3
企業を想像する	仮説を立てる（決算書をイメージする）	仮説を検証する（決算書を読む）

3 STEP3 仮説を検証する（決算書を読む）

いよいよここから、実際のトヨタ自動車の決算書（図表3－4、図表3－5）を見ていくこととしよう。仲間くんが立てた14の仮説について、あなたは自分の力でどこまで検証することができるだろうか。よく見ると、仲間くんがすばらしい仮説を立てたところもあれば、まったく見当はずれの箇所もあるようだ。仲間くんになったつもりで仮説を検証してみよう。

QUIZ②

仲間くんがトヨタ自動車の決算書について立てた14の仮説を検証してください。もし仮説が正しくなかった場合、仲間くんのロジックにはどのような誤りがあったのかまで考えてください。（制限時間は仮説1つにつき2分＝28分）

図表3-4 トヨタ自動車の2019年3月期単体貸借対照表

（2019年3月31日）

区　分	金額（百万円）	構成比（%）
（資産の部）		
Ⅰ　流動資産		
現金及び預金	1,532,026	
売掛金	1,169,395	
有価証券	2,067,947	
商品及び製品	187,526	
仕掛品	86,559	
原材料及び貯蔵品	155,428	
短期貸付金	1,089,951	
その他	790,425	
貸倒引当金	△1,000	
流動資産合計	7,078,259	40.0
Ⅱ　固定資産		
(1) 有形固定資産		
建物及び構築物	434,151	
機械及び装置	308,483	
車両運搬具	21,101	
工具、器具及び備品	88,878	
土地	412,736	
建設仮勘定	157,334	
有形固定資産合計	1,422,686	8.0
(2) 投資その他の資産		
投資有価証券	6,181,091	
関係会社株式・出資金	2,317,559	
長期貸付金	219,445	
繰延税金資産	344,728	
その他	197,823	
貸倒引当金	△44,600	
投資その他の資産合計	9,216,047	52.0
固定資産合計	10,638,734	60.0
資産合計	17,716,993	100.0

（2019年3月31日）

区　分	金額（百万円）	構成比（%）
（負債の部）		
Ⅰ　流動負債		
支払手形	37	
電子記録債務	309,929	
買掛金	905,859	
短期借入金	20,000	
1年内償還予定の社債	70,000	
未払金	445,550	
未払法人税等	140,322	
未払費用	683,695	
預り金	872,006	
製品保証引当金	824,960	
役員賞与引当金	1,200	
その他	38,213	
流動負債合計	4,311,774	24.3
Ⅱ　固定負債		
社債	441,980	
退職給付引当金	348,540	
その他	164,423	
固定負債合計	954,944	5.4
負債合計	5,266,718	29.7
（純資産の部）		
株主資本		
資本金	635,401	3.6
資本剰余金	657,217	3.7
利益剰余金	12,668,370	71.5
自己株式	△2,612,230	△14.7
株主資本合計	11,348,759	64.1
評価・換算差額等	1,101,515	6.2
純資産合計	12,450,274	70.3
負債純資産合計	17,716,993	100.0

図表3-5 トヨタ自動車の2019年3月期単体損益計算書

（自 2018年4月1日　至 2019年3月31日）

区　分	金額 （百万円）	百分比 （%）
Ⅰ　売上高	12,634,439	100.0
Ⅱ　売上原価	9,991,345	79.1
売上総利益	2,643,093	20.9
Ⅲ　販売費及び一般管理費	1,316,956	10.4
運賃諸掛	242,111	
給与及び手当	210,952	
無償修理費	381,051	
営業利益	1,326,137	10.5
Ⅳ　営業外収益		
受取利息	97,595	
受取配当金	796,372	
その他	152,073	
営業外収益合計	1,046,041	8.3
Ⅴ　営業外費用		
支払利息	9,320	
その他	39,735	
営業外費用合計	49,056	0.4
経常利益	2,323,121	18.4
税引前当期純利益	2,323,121	18.4
法人税、住民税及び事業税	444,000	
法人税等調整額	△17,702	
法人税等合計	426,297	3.4
当期純利益	1,896,824	15.0

ここから、実際に14の仮説の検証に入っていくことになるが、その前に3つの準備作業がある。料理を食べ始める前には手を洗い、席に着き、ナプキンをかけ、箸やフォークを手に取り、「いただきます」を言ってから食事に手をつけるのと一緒で、これらは決算書の分析を始める前に必ずしてほしい基本動作だ。

①日付を確認する――PLは決算の期間、BSは決算日の日付が記されている。熱心に分析した後で、実は5年も前の決算書だったなどということのないように、日付を最初に確認しよう。また、年度決算、半期決算、あるいは四半期決算なのかも、しっかりとチェックすることをお忘れなく。

②単体決算書か連結決算書か――単体決算書はトヨタ自動車のみを表す一方、連結決算書はトヨタ自動車とそのグループ企業を合体したものだ。連結の仕方は**図表3―6**に整理したルールに従う。実際には、これより細かな取り決めや例外も多いので、興味のある読者は関連書籍やネットで調べてみよう。

企業はグループ全体として評価されるべきであり、新聞記事での売上や利益も大部分が連結決算書について記述されている。株式市場における企業の評価も、あくまで連結決算書に対するものだ。

ただし、本章ではトヨタの自動車事業にフォーカスして分析を進めるため、あえて単体決算

図表3-6　親会社による株式保有パターンは、大きく3つに分けて考える

対象会社の議決権株式に対する株式保有比率	対象会社の名称	連結時の処理	処理の概要	トヨタ自動車の主な対象会社（カッコ内は議決権所有割合、2020年3月末現在）
1. 50% ＜ 株式保有 2. 40% ≤ 株式保有 ≤ 50%で、財務及び事業の方針の決定を支配していると認められる一定の事実がある	子会社	連結法	親子間の取引を除いて、PL、BS、CFのすべてを合算する	・日野自動車（50.28） ・ダイハツ工業（100） ・トヨタファイナンス（100） ・トヨタ車体（100）
1. 20% ≤ 株式保有 ≤ 50% 2. 15% ≤ 株式保有 ＜ 20%で、財務及び事業の方針の決定に対して重要な影響を与えることができると認められる一定の事実がある	関連会社	持分法	関連会社に対する持分比率に応じた利益（損失）を営業外に持分法投資利益（持分法投資損失）として計上⇒「1行連結」	・デンソー（24.57） ・アイシン精機（24.96） ・豊田自動織機（24.92） ・豊田通商（22.05） ・SUBARU（20.04）
1. 株式保有 ＜ 20% 2. 財務及び事業の方針の決定に対して特に重要な影響を与えない	なし	なし	年度末にBS上で時価評価	・KDDI（12.95） ・マツダ（5.07） ・スズキ（4.94） ・ルネサスエレクトロニクス（2.92）

書を用いている。連結決算書のトヨタは、自動車ローンの実行、車両リースやディーラーへの貸し付け業務を行う金融事業が大きく合算されるため、ここで分析するトヨタとはかなり異なる姿となる。連結決算書を**発展編第12章**に掲載するので、本章を読んだ後で単体と連結の違いを比較してみてほしい。もちろん、「見てから考える」のではなく、「考えてから読む」ことを忘れずに。

③単位はいくらか——決算書により、千円、百万円、億円といったように単位は異なるので注意が必要だ。ビジネスパーソンであれば、数百億円や数億円といった単位を聞けば、それぞれのおおよその土地勘を持っているのが通常だろう。その土地勘をそのまま活かして企業の規模感をつかんでいこう。もちろん海外の決算書なら、ドル、ユーロ、元……となることは言うまでもない。

では、仲間くんが立てた14の仮説の検証に入っていく。ここも、私とのインタラクティブなやりとりを通して、仲間くんが仮説を検証するプロセスを示すことにしよう。読者の皆さんも仲間くんになったつもりで、トヨタのBSとPLのページを適宜振り返りながら、1つひとつの論点をしっかり納得して読み進めてほしい。なお、①~⑭までの仮説検証の際に参照する数値を指し示した決算書を**図表3－7**、**図表3－8**に示す。

（2019年3月31日）

区　分	金額（百万円）	構成比（%）
（負債の部）		
Ⅰ流動負債		
支払手形	37	
電子記録債務	309,929	
買掛金	905,859	
短期借入金	20,000	
1年内償還予定の社債	70,000	
未払金	445,550	
未払法人税等	140,322	
未払費用	683,695	
預り金	872,006	
製品保証引当金	824,960	
役員賞与引当金	1,200	
その他	38,213	
流動負債合計	4,311,774	24.3
Ⅱ　固定負債		
社債	441,980	
退職給付引当金	348,540	
その他	164,423	
固定負債合計	954,944	5.4
負債合計	5,266,718	29.7
（純資産の部）		
株主資本		
資本金	635,401	3.6
資本剰余金	657,217	3.7
利益剰余金	12,668,370	71.5
自己株式	△2,612,230	△14.7
株主資本合計	11,348,759	64.0
評価・換算差額等	1,101,515	6.2
純資産合計	12,450,274	70.3
負債純資産合計	17,716,993	100.0

⑧買掛金は
売上の7.2%

⑩借金合計は
約5,300億円強

⑪資本金
6,354億円は
利益剰余金の
5.0%

⑨利益剰余金は
負債純資産合計の
71.5%

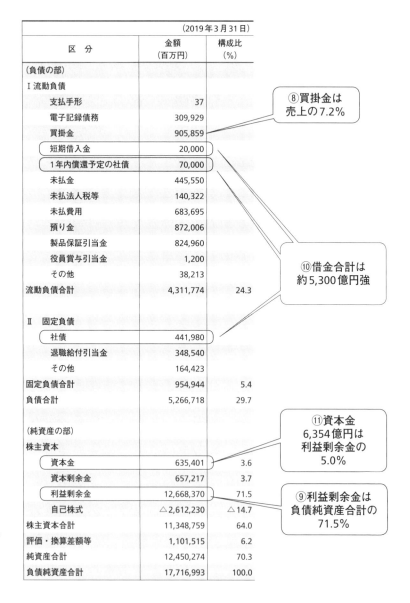

図表3-7 仮説検証時の参照箇所（BS）

【トヨタ自動車　単体貸借対照表】

（2019年3月31日）

区　分	金額（百万円）	構成比（%）
（資産の部）		
Ⅰ　流動資産		
現金及び預金	1,532,026	
売掛金	1,169,395	
有価証券	2,067,947	
商品及び製品	187,526	
仕掛品	86,559	
原材料及び貯蔵品	155,428	
短期貸付金	1,089,951	
その他	790,425	
貸倒引当金	△1,000	
流動資産合計	7,078,259	40.0
Ⅱ　固定資産		
（1）有形固定資産		
建物及び構築物	434,151	
機械及び装置	308,483	
車両運搬具	21,101	
工具、器具及び備品	88,878	
土地	412,736	
建設仮勘定	157,334	
有形固定資産合計	1,422,686	8.0
（2）投資その他の資産		
投資有価証券	6,181,091	
関係会社株式・出資金	2,317,559	13.1
長期貸付金	219,445	
繰延税金資産	344,728	
その他	197,823	
貸倒引当金	△44,600	
投資その他の資産合計	9,216,047	52.0
固定資産合計	10,638,734	60.0
資産合計	17,716,993	100.0

⑤売掛金は売上の9%弱

⑥在庫の合計は売上の3.4%

④実質的な現金は10兆円近く

⑦有形固定資産は売上の10%強

②グループ企業への投資は2兆円超え

図表3-8　仮説検証時の参照箇所（PL）

【トヨタ自動車　損益計算書】

（自 2018年4月1日　至 2019年3月31日）

区　分	金額（百万円）	百分比（%）
Ⅰ　売上高	12,634,439	100.0
Ⅱ　売上原価	9,991,345	79.1
売上総利益	2,643,093	20.9
Ⅲ　販売費及び一般管理費	1,316,956	10.4
運賃諸掛	242,111	
給与及び手当	210,952	
無償修理費	381,051	
営業利益	1,326,137	10.5
Ⅳ　営業外収益		
受取利息	97,595	
受取配当金	796,372	
その他	152,073	
営業外収益合計	1,046,041	8.3
Ⅴ　営業外費用		
支払利息	9,320	
その他	39,735	
営業外費用合計	49,056	0.4
経常利益	2,323,121	18.4
税引前当期純利益	2,323,121	18.4
法人税、住民税及び事業税	444,000	
法人税等調整額	△17,702	
法人税等合計	426,297	3.4
当期純利益	1,896,824	15.0

①粗利は20.9%

③販管費率は10.4%

⑬営業利益率は10.5%で、経常利益率は18.4%

〈仮説①〉売上高総利益率は30％

大津　トヨタの粗利は20・9％。のっけから仮説が外れたね。考えが及ばなかったのは、一体どこなんだろう？

仲間くん　すみません。

大津　いやいや、謝らなくていいんだよ。「間違いを恐れずに」と言っている張本人は私ですから。グループ調達、原価低減、規模の経済、高級車による利益率の押し上げなど、仲間くんが出した理由は、どれも粗利が大きくなるロジックとしては立派なものだったしね。

仲間くん　それでも総利益率20・9％というのは、どう解釈したらよいのでしょう？

WHY?　製造業の平均となる20～30％と比較すれば、低い水準ですよね。

大津　製造にかかるコストの上に、20・9％の利益を乗せた値段で車を販売しているということ。単純な話だけど、それだけ自動車業界は競争が激しいということでしょう。国内だけでもホンダ、日産、ＳＵＢＡＲＵ、スズキ、マツダ、三菱自動車と、日本を代表する大企業がたくさんいるわけだし、海外に行けば欧米勢やアジア勢とも競争が激化している。輸出比率の高いトヨタだから、為替の影響も受けやすいね。

仲間くん　円高になると、通貨の高い日本で作って、安くなった現地通貨建てで海外に売るわけだから、確かに粗利が押しつぶされますね。

大津　そういうこと。それでも粗利で2兆6430億円という金額を見ると、やっぱりトヨタの稼ぐ力はすごい！の一言に尽きるね。粗利が2兆円を超える企業自体、世界でも数はかなり限られているのだから。パーセントも大事だけど、金額も必ず見ることを忘れないように。それ以外にも粗利率が意外と低く見える理由はあるのだけど、この後の仮説をクリアにしながら触れていくことにしよう。

〈仮説②〉　グループ企業の株式を多額に保有

仲間くん　これは当たりでしたね。関係会社株式・出資金が2兆3175億円と、2兆円を超える巨額です。子会社と関連会社を合わせて関係会社と呼ぶんでしたよね。総資産の13・1％と、実に大きな保有額です。

大津　そうだね。現在の会計制度では、保有する株式は時価評価するのが原則なのだけど、グループ企業の株式は時価評価しないんだ。売却を前提としないから、時価で評価する必要はないという考え方。だから、トヨタが保有するグループ企業の株式の価値は、実際ははるかに大きいだろうね。

仲間くん　トヨタはデンソー株の約25％を保有しているということでしたから、デンソー株だけを時価評価しても、大変な金額になりそうですね。

〈仮説③〉 売上高販管費率が低い SO WHAT?

大津 これはどうだろう？

仲間くん 売上のたった10・4％ということだから、やはり低いといえるのではないでしょうか。

大津 そうだね。製造業の粗利の一般的な水準が20〜30％とすると、優良企業のベンチマークとなる売上高営業利益率10％を達成するためには、販管費は売上の10〜20％しか使えないからね。その下限の10％は特にトヨタのような一般消費者を相手にした会社としては、低いといっていいだろうね。

仲間くん はい、ただ販管費の中身を見て驚きました。運搬に２４２１億円、製造や研究に関与しない社員への給与及び手当に２１０９億円、無償修理費に３８１０億円。どれもがケタ違いの数字です。２０００億円を超える額を運搬に使っている企業なんて、国内に他にあるのでしょうか。

大津 率の話をしているときに金額の大小も考えることは良い着眼点。率ばかりに目を奪われると、規模感を失って考えが縮小均衡に陥りやすいから要注意だね。２０００億円超の運搬費はもちろん国内随一だろうね。ただ売上が12兆円を超えるトヨタにとっては、売上のわずか２％のインパクト。まさしくトヨタの規模の経済だね。

〈仮説④〉 現金を多額に保有

仲間くん 現預金は1兆5320億円です。売上の1割を超えるので、やはりキャッシュ・リッチと言って良いのではないでしょうか。

大津 現金を見るときは、現預金だけを見ていてはダメだったよね?

仲間くん あっ、そうか。流動資産の3番目にある有価証券は実質現金と考えていいのでしたね。そうすると有価証券が2兆6779億円あるから、現預金と合わせて約3兆6000億円になります。

大津 そうそう。短期保有の有価証券といっても、リスクの少ない公社債やコマーシャルペーパーなどの短期の債券で運用しているにすぎないから、実質現金として考えるのが一般的なんだ。

仲間くん 3兆6000億円とは、もはや想像を絶する金額です。

大津 もっと言うと、グループ企業を中心に貸し付けていると思われる短期貸付金1兆899億円。さらに固定資産にある投資有価証券6兆1810億円。後者にはグループ企業以外の株式に加えて、1年超の間満期の来ない日本国債などの債券もかなり入っているはず。これらの多くは単に長期で運用しているだけだから、トヨタの実質現金として考えてもいいだろうね。多額の国債を保有するトヨタは、日本国家の有数のサポーターだね。

仲間くん 単純にすべて合算すると、トヨタの実質的なキャッシュは10兆円を超えてきますね。売上約12兆円に匹敵する実質キャッシュか。やっぱりトヨタ銀行は健在ですね。

〈仮説⑤〉売掛金は売上の3年相当分を保有

大津　売掛金の金額はそんなに莫大かな？　SO WHAT?

仲間くん　1兆1693億円って、やっぱりすごくないですか？

大津　確かにそうだけど。でもトヨタの売上と比べると、何日分くらいだろう？

仲間くん　売上12兆6334億円の9％強です。とても3年分、つまり300％どころではなかったです。

大津　そうだね。売上の9％ということは、1年365日の9％、つまり33日分の売上相当の売掛金しか保有していないことになるよね。トヨタがおおむねいつもこの規模の売掛金を保有しているとすれば、販売から現金の回収まで、平均して33日しか要していないことになる。「末締めの翌月末受け取り」といったところじゃないかな。

仲間くん　そうですよね。でも自動車ローンはいったいどこに行っちゃったんでしょう。

WHY?

大津　売掛金を考える際に大切なことは、売っている相手は誰かということ。仲間くんはたしか去年トヨタ車を買ったと言ったけど、仲間くんに車を売った相手はトヨタ自動車だったの？　それからもうひとつ大切なのは、私たちはトヨタの単体決算書を読んでいるということ。

仲間くん　私がトヨタ車を買ったのは、近所にあるトヨタのディーラーでした。ああそうか、謎が解けました。トヨタが車を売っている相手は、私のような個人ではなく、ディーラーなのですね。それに、私が6年のローンを組んでいる相手は金融会社であって、トヨタ自動車ではないですよね。今は単体決算書を見ているから、トヨタグループの金融会社が抱えているローン債権も出てこないんだ。ただー、それにしてもトヨタが末締めの翌月末受け取りとは、ディーラーは約1カ月で代金を払っているということですよね。苦しくないんでしょうか？

大津　ディーラーは現金商売だから、苦しくはないでしょう。

仲間くん　現金商売⁉　WHY?

大津　そう。だって、仲間くんが払った頭金は先払いだし、残額は仲間くんに代わって、その金融会社が全額即金でディーラーに現金を支払っているはずだから。金融会社というのは、たとえばトヨタグループならトヨタファイナンスとか。もちろん一般の銀行とか信販会社でも同じこと。図にするとこんな感じかな（**図表3－9**）。

仲間くん　もう一つ謎が解けました。さっきトヨタの粗利率が20・9％といまひとつ低いという話がありましたが、トヨタの販売価格はディーラーに対する卸値だから、ということなんですね。仮に私がトヨタ車を200万円で買ったとしても、ディーラーにたとえば

図表3-9　トヨタ自動車、ディーラー、金融会社、仲間くんの関係

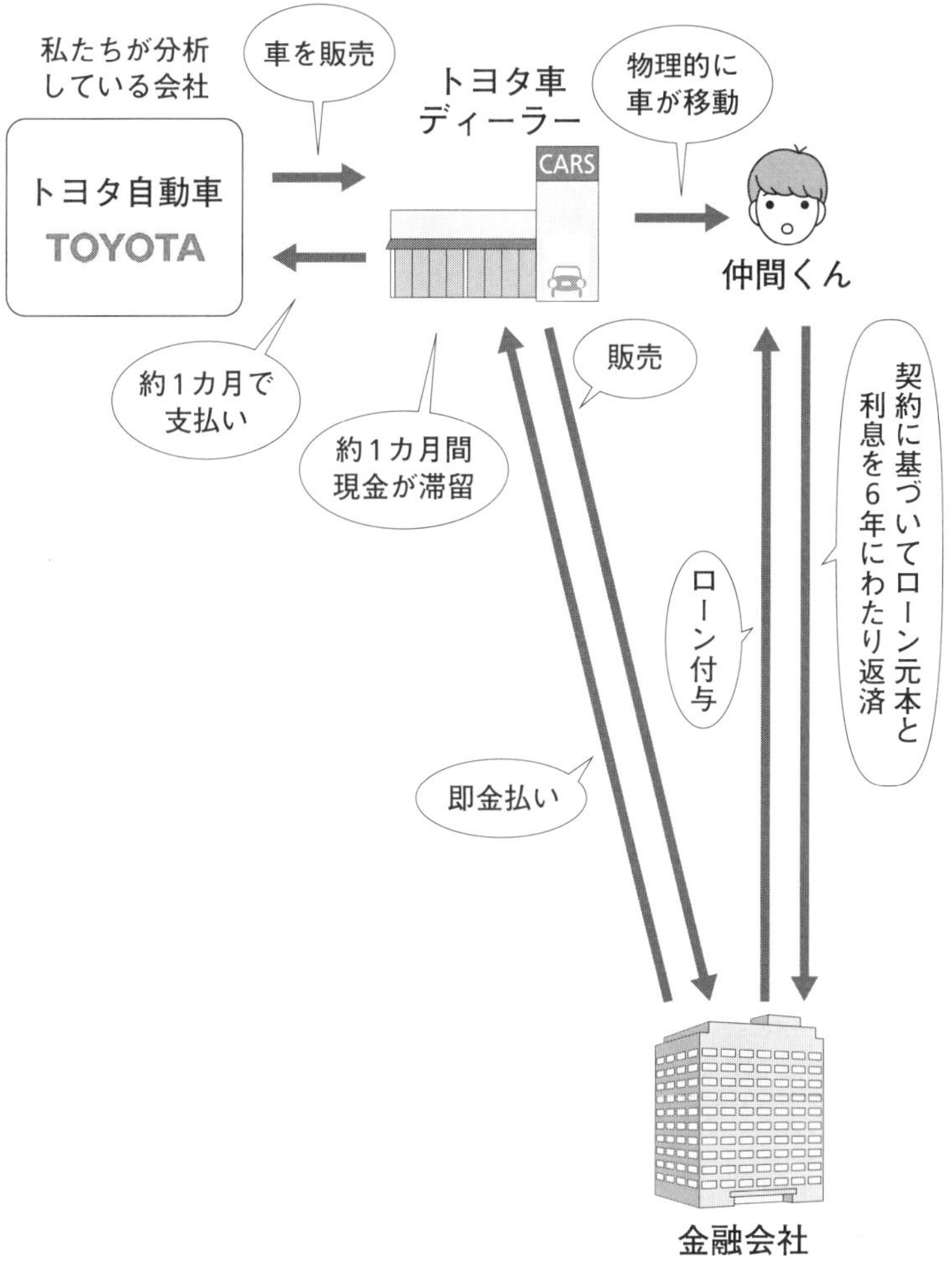

20%のマージンを渡しているとすれば、トヨタの卸値は160万円。この160万円がトヨタの売上になるから、粗利率も低く見えてしまうということかと。

大津　ご名答！　そうやって、いくつかの数値が有機的に結びついていることを発見するのも、決算書分析の醍醐味だね。所詮はひとつの会社を見ているにすぎないのだから、結びついていかないとおかしいわけです。エンドユーザーへの販売はディーラーに任せるのだから、自ら販売店や販売員を多数抱える訳でもない。これがトヨタの販管費率が10・4%と意外に低かったことにも結び付いていくんだね。

仲間くん　何だか決算書を見ることの楽しさが、少しずつ分かってきました。

大津　その調子でさらに続けていこう。そうそう、そうしたディーラーや金融会社を介した取引の仕組みは、トヨタの社員であれば「今後もこのままで良いのか、トヨタグループと取引先に係る組織体系に改善の余地はないのか？」と考えてみる。トヨタの社員でない仲間くんなら、例えば「こうした仕組みは、自社のビジネスモデルにどうあてはめて考えられるか？」「自社の商流やお金の流れについて、今後の打ち手のヒントになることは何か」と次の問いかけをするのを忘れないことが大切だよ。 SO WHAT?

〈仮説⑥〉製造から販売まで1カ月内

仲間くん　想像した以上にトヨタの在庫は少ないですね。在庫に含まれる商品・製品、仕掛品、原材料・貯蔵品をすべて合わせて4295億円ですが、売上の3・4％しかありません。365日×3・4％で、約12日分の売上相当の在庫ですか。さすが「カンバン方式」ですね。

大津 確かに「カンバン方式」の効果もあるだろうけど、それにしても短すぎないかい？自動車を作るのに12日しかかかっていないって。WHY? 出てきた数字をうのみにしないで、現実と照らし合わせて妥当かどうか考えてみよう。

仲間くん 在庫の中身を見ていると、原材料も仕掛品も商品・製品もすべてが少ないです。そこで思ったのですが、これも単体決算書を見ていることが影響しているのではないでしょうか。つまり、トヨタ自動車が原材料として認識する多くの自動車部品は、グループ企業を含む、同社以外の会社で製造されているはずです。その結果、トヨタが原材料として保有するものは少なくなるし、製造の多くが他社でされている以上、トヨタの中での仕掛品も少なくなるはずです。

大津 いい点に気づいたね。だから、単体か連結かを最初にしっかり確認することの大切さを説いたんだ。では、原材料と仕掛品が少ない理由は解明したとして、商品・製品が少ない理由は？ WHY?

仲間くん 今度は、販売サイドの話です。製造が終わった自動車は、これもまたグループ企業を含む、販売会社に速やかに移動するはずです。製造も販売もジャスト・イン・タイ

図表3-10 トヨタ自動車と原材料メーカー、ディーラーとの関係

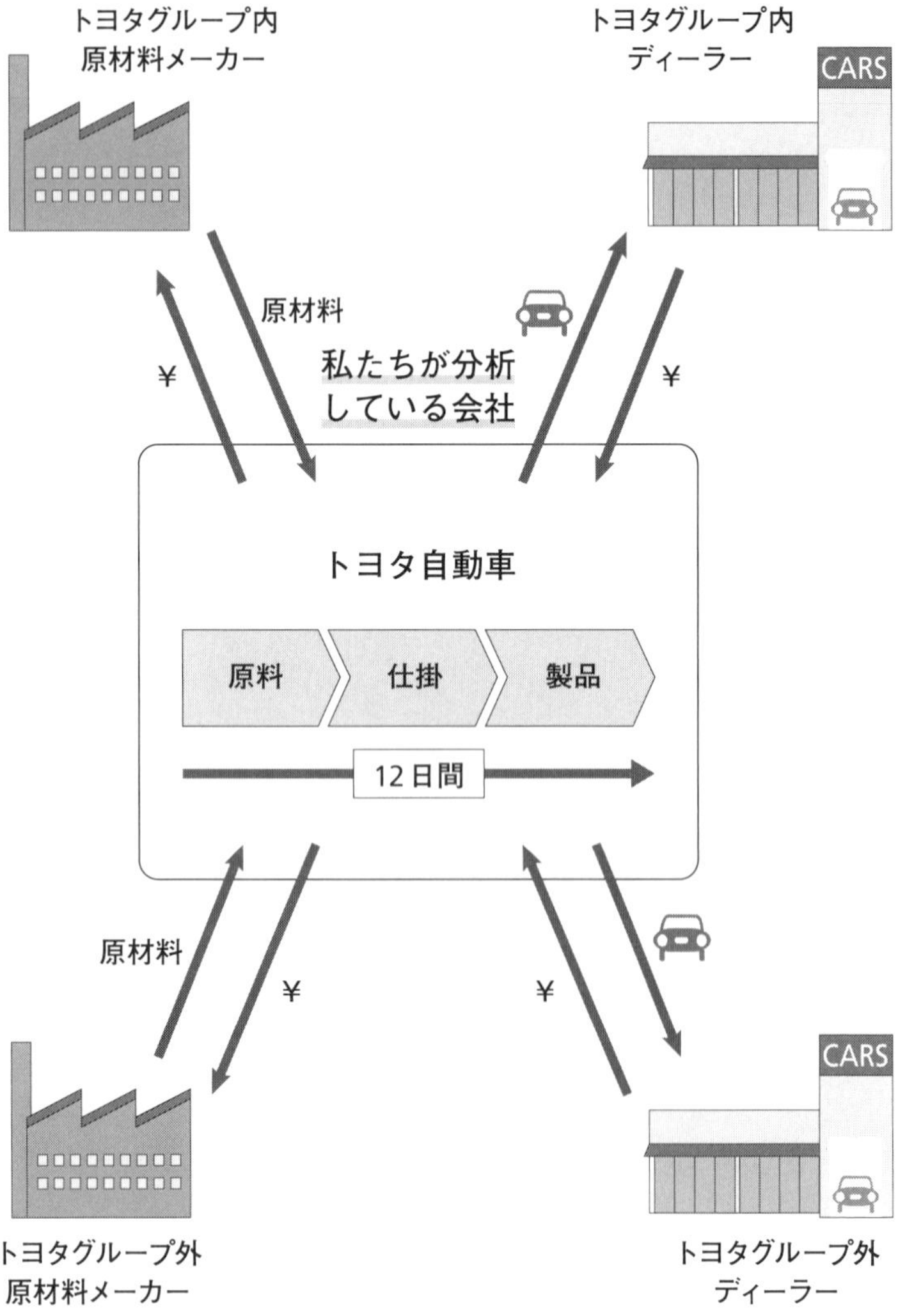

ムであればあるほど、トヨタの在庫は原材料、仕掛品、商品・製品のどれもが少なくなっているのだと思います。

大津　図にすると、こんな感じだね（**図表3－10**）。

〈仮説⑦〉有形固定資産を多額に保有

大津　これはどうだろう？ SO WHAT?

仲間くん　建物・構築物が4341億円、機械・装置が3084億円、土地が4127億円と、どれもが大きな額になっています。仮説は正しかったと言ってよいと思います。

大津　確かにね。でも今の3つを含めた有形固定資産の合計1兆4226億円は、売上の10％強だね。さっき少ないという結論に至った売掛金とあまり変わらないよ。実は製造業は売上高の3分の1から5分の1の数字が有形固定資産となっているのが平均なんだ。トヨタはおおよそ10分の1しか持っていないというのだから、製造業にしてはむしろかなり少ないとも言えるんじゃないだろうか。 SO WHAT?

仲間くん　そういう見方もできるんですね。トヨタの規模の経済がここでも効いているんだなー。でもやっぱり単体しか見ていないので、グループ企業全体の有形固定資産がまったく入っていないことも影響しているんでしょうね。

〈仮説⑧〉 原材料の購買から支払いまで90日

大津　これは少し複雑なところ。どう判断しようか？　SO WHAT?

仲間くん　はい、支払手形と買掛金の合計金額は９０５８億円なので、売上高の７・２％です。３６５日×７・２％で、売掛金よりも短い26日ですね。

大津　うん、アプローチとしてはいいんだけど、２つ気を付けたいことがある。１つは、買掛金のすぐ上にある電子記録債務３０９９億円は、電子化された仕入れの取引処理によるものなので、これも含めて考えること。もう１つは、支払手形・買掛金は、原材料の仕入先や製造の委託先に対するものだから、売上高ではなく売上原価に対して比較した方が良いということ。

仲間くん　そうなんですねー。確かに複雑です。そうすると支払手形・買掛金９０５８億円と、電子記録債務３０９９億円の合計は１兆２１５７億円になります。売上原価９兆９９１３億円の12・１％ですね。あっ、それでも３６５日×12・１％＝44日なので、末締めの翌月末払いといった感じでしょうか。

大津　そうするとトヨタは力があるから仕入先に対する支払いは遅い、という仮説は間違っていたことになるね。で、外れた理由は？　WHY?

仲間くん　はい、これはここまでのプロセスで解明できました。私は自動車業界はローンが絡むので、お金の流れが非常にゆったりした業界だと先入観を持っていました。でも金融会社が絡むことで、実は典型的な現金商売の業界であることが分かりました。トヨタ自動車は売掛金を約1カ月で回収していますが、それとほぼ同じ条件、つまり「末締めの翌月末払い」で原材料を購買しているのですね。

大津　売掛金と買掛金の金額や受取・支払期間の条件がほぼ等しいことは、確かに多くの会社に見られるひとつの傾向なんだ。でもトヨタくらいの規模と実力のある企業であれば、原材料メーカーに対する支払いをもう少し渋ったりしないのかね？ WHY?

仲間くん　それは先ほど見たような潤沢な現金を持っている企業なので、あえて渋る必要はないのだと思います。それに部品メーカーの中には、資金繰りがそれほど芳しくないところもあるでしょうから。

大津　部品メーカーからすれば嬉しい限りだけど、トヨタにとってのメリットはあるの？ SO WHAT?

仲間くん　トヨタからすれば「早く払うからその分安くして」とすることで、さらなる原価低減に貢献するはずです。

大津　オーケー、そこまでで十分でしょう。最後にもう1つだけ付け加えておくと、支払手形・買掛金は、原材料費や製造委託費に対するものだから、厳密にはこれらの年間費用と比べるのがベスト。でもこの情報は外部からは入手できないので、売上原価を使って便宜上計算しています。

仲間くん　そういうことなんですね。うちの会社は売上原価の中で原料費と製造外注費はだいたい7割くらいです。もしうちの会社だとすれば、さっきの44日を0・7で割れば良いのだから……、63日後払いくらいですね。ということは、平均して2か月後に払っているということだから、受け取る方の1カ月よりは支払う方が遅いみたいです。

大津　そのようだね。トヨタ自動車がキャッシュ・リッチである理由が、また一つ見つかったようだね。

〈仮説⑨〉　利益剰余金は莫大

仲間くん　利益剰余金の額は12兆6683億円に達しています。トヨタのBS上のすべての数値の中でも、ダントツで大きい数値です。負債純資産合計の71・5%ですから。BSの右側全体の7割強がたった1行で説明出来てしまうとは。大きい数値から見なくてはいけないことの大切さを実感します。

大津　2019年3月期の純利益1兆8968億円と比べても、約7年分ということだね。利益剰余金の中から配当などの株主還元をたくさんしてきたトヨタなのに、まだこれだけの内部留保がある。トヨタの稼ぎの歴史にはあらためて敬服しますね。

〈仮説⑩〉 借金は少ない

大津 トヨタは無借金会社？

仲間くん いえ、流動負債に短期借入金２００億円、１年内償還予定の社債７００億円、固定負債に社債４４１９億円と、合計で約５３００億円強の借金がありますので、無借金会社ではないです。ただ、さっき現金は実質10兆円保有しているということだったので、返そうと思えばすぐに返せる金額ですね。こういう姿を、「実質無借金企業」と言うのでしたよね。

大津 確かに。どこかのタイミングで何らかの理由があって借金したのだろうけど、返そうと思えば、今すぐ返せない金額ではないね。それから、ＰＬの営業外費用で支払利息が93億円とある。５３００億円の借金をしていて93億円の利息を支払っているのだから、金利はだいたい１・８％だということが読み取れるよ。

仲間くん 93億円の利息の支払いなどと聞くと、ますますムダな借金に思えてしまいます。いったいどんな理由があって、キャッシュ・リッチなトヨタが借金をしなくてはいけないのでしょう？ WHY？

大津 会社の目的って、いったい何だろう？ 借金を早く完済すること……？ ではないよね。会社の目的は一言でいえば、存続すること。存続して、経営理念を実現し、従業員、社会や、株主、債権者などあらゆるステークホルダーに貢献していくこと。そのためには金融機関とはお付き合いしておいた方が良い、社債の発行実績は作っておいた方が良い、次の投資のための準備資金は持っていた方が良い、新型コロナ感染症のような不測の事態に備えて、手元に余裕資金は置いておいた方が良い……。今回は単体決算書で見てるから、たまたまどこかのグループ会社から短期で資金を融通してもらっているだけかもしれない。

仲間くん　なるほどー。ゼロ借金にできる企業であっても、敢えて借金をして手元に現金を持っておくメリットも多数あるということなのですね。

大津　それでも営業利益で1兆3261億円稼いでいるトヨタにとっては、利息の93億円は、営業利益の0・7％にすぎない。稼いでない企業の借金は、たった1億円でも大問題。でもトヨタのように十分稼いでいる企業であれば、金利コストも安い今こそ、借金を有効活用しない手はないということだね。

〈仮説⑪〉資本金は少ない

大津　トヨタの資本金は6354億円だけど、これは多いの、少ないの？ SO WHAT?

仲間くん　普通の企業からすればとてつもなく多いんでしょうけど、ここまで話したようにケタ違いなトヨタですから。利益の蓄積である利益剰余金12兆6683億円と比べれば、その5・0％にすぎない資本金の額は、やはり少ないと評価すべきではないでしょうか。株主から出資してもらった金額とは比較にならないくらいに稼いできた会社ということですね。

大津　そうだね。ただ、利益剰余金が多い優良企業は、資本金が必ずしも少ないわけではないんだ。十分稼いできていても、それ以上の投資が必要で、そのために増資を繰り返せば資本金の額は膨らんでいくはず。ここまで見てきたように、トヨタの場合は本業周りの売掛金も在庫も設備も意外と少なかった。一番多い資産が株式や債券であり、現金であった。潤沢な現金が手元にあるくらいだから、利益剰余金を上回るような投資は必要ない会社。結果として、資本金は小さな額にあるということだろうね。

〈仮説⑫〉　売上高研究開発比率は10％

大津　あいにく、単体ベースでの研究開発費をトヨタは開示していないのだけど、トヨタグループの連結全体では、1兆4888億円。連結の売上高は30兆2256億円だから、売上比でざっと3・5％くらいかな。

仲間くん　10％どころでは、なかったですね。意外と少ないのでしょうか？ WHY?

大津　1兆円の研究予算が……？　製造業の研究開発費は、1～3％くらいが通常だよ。医薬品のように巨額の研究予算を必要としたり、半導体や電子部品のような技術革新のスピードが速い業界だと、1ケタ後半～2ケタいってもおかしくない。

仲間くん　設備投資や研究、物流や広告宣伝など、その他にもいろいろ費用のかかる自動車業界ですから、研究だけに2ケタも使えない、ということなんですね。

大津 そういうことだろうね。ただ、これまではそれが参入障壁だったわけだけど、米国のネット産業が身軽な事業モデルで自動車業界に進出しようとしている昨今は、こうした費用構造も根底から考え直さないといけないのかもしれないね。

〈仮説⑬〉 営業利益率、経常利益率で5%を達成

仲間くん 営業利益率は10・5%、経常利益率では18・4%です。営業利益率より経常利益率が格段に高いのは、優良グループ企業や取引先などを中心とした保有株式からの配当金が大きいからですね。

大津 受取配当金だけで7963億円。売上比でも6%を超えてくるのだから、これもケタ違いだね。

仲間くん ザックリとみて、総利益率20%、販管費率10%、営業利益率10%、そして多額の配当金が加わって経常利益率18%と、トヨタのPLはとても分かりやすい構造だということが分かりました。

大津 売上高営業利益率10%を目標にする企業が多いことを考えると、一つの理想形と言ってよいかもしれないね。この時期は為替も過度な円高から落ち着いてきて、かつ販売台数も安定して成長していたので、粗利の改善⇒営業利益率の向上に結び付いていたのだね。

〈仮説⑭〉売上、利益ともに回復・成長している

大津　これは過年度からの成長を追ってみる必要があるね。過去7年間の単体売上高と各利益をグラフにしたのが**図表3－11**だ。

仲間くん　グラフを見ると、売上は東日本大震災発生直後の２０１２年3月期を底にして、以降はおおむね右肩上がりで成長していることが分かります。

大津　連結ベースの数値になるけど、この期間のトヨタグループの世界販売台数は、２０１２年3月期の８３３万台から２０１９年3月期の１０６０万台まで、実に２２７万台増えているんだ。率にして27％。トヨタの単体の売上高は、同時期に53％成長と倍近いことも分かる。車種構成のシフトや円安の影響もあって、売上も利益も相当に成長してきた姿が理解できるね。

仲間くん　その間に営業利益は４０００億円超の赤字から1兆３０００億円の黒字、経常利益は2兆３０００億円という大きな利益を生み出しています。新型コロナ感染症の影響で売上が減る局面では利益が急減するのは致し方ないと思いますが、私はまたその後に来る未来のトヨタのアップサイドに期待してみたいと思います。

仲間くんと私のやりとりの中でさまざまな数値計算が出てきたが、これらがいわゆる会計指標の分析となる。言葉を平易にするために文中ではあえて指標名を使わなかったが、**発展編11**

図表3-11　トヨタ自動車（単体）の売上高と各利益の経年推移

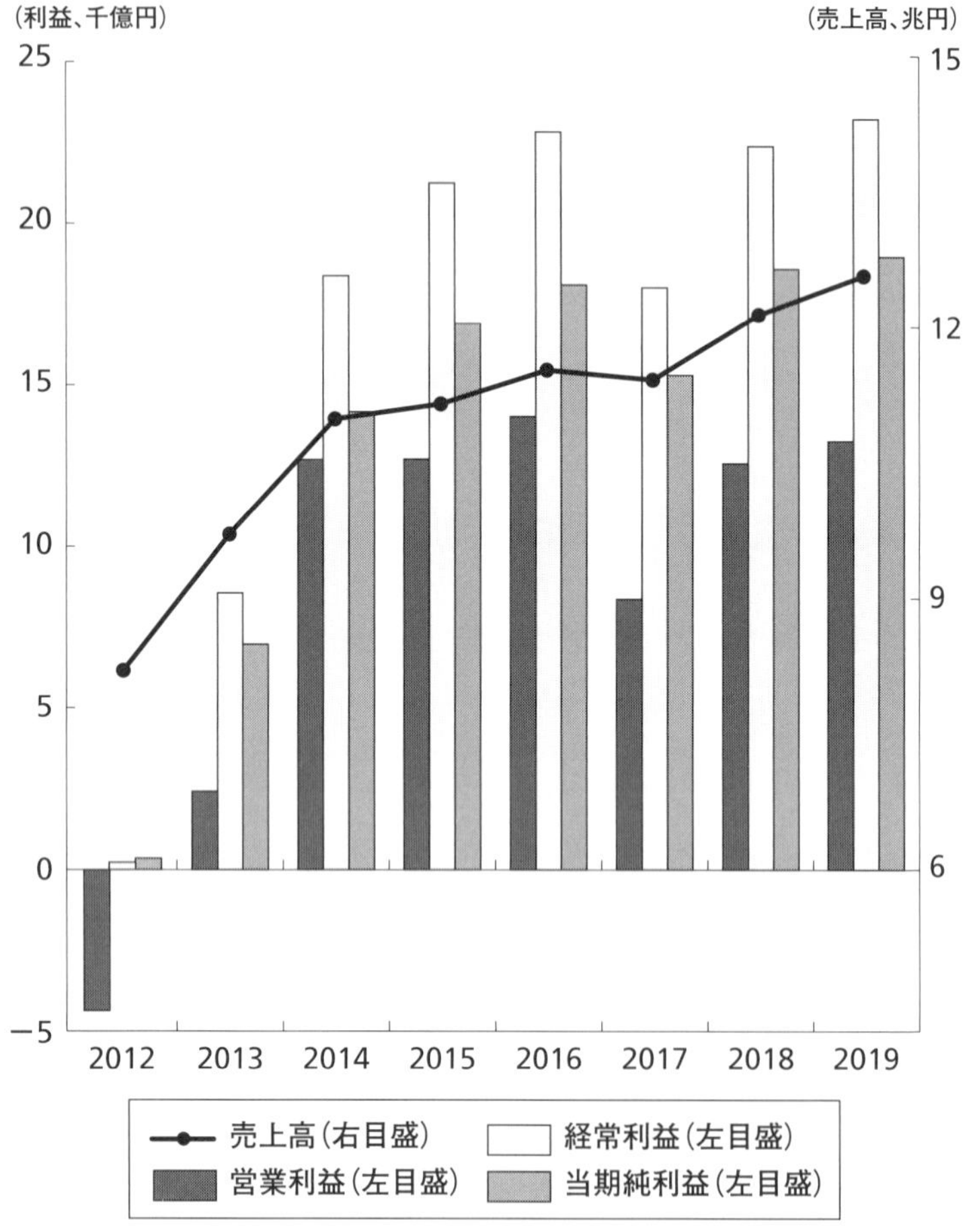

（3月期、百万円）

	2012年	2013年	2014年	2015年	2016年	2017年	2018年	2019年
売上高	8,241,176	9,755,964	11,042,163	11,209,414	11,585,822	11,476,343	12,201,443	12,634,439
営業利益	△439,805	242,133	1,269,004	1,270,664	1,402,126	837,204	1,257,543	1,326,137
経常利益	23,098	856,185	1,838,450	2,125,104	2,284,091	1,801,736	2,238,140	2,323,121
当期純利益	35,844	697,760	1,416,810	1,690,679	1,810,370	1,529,911	1,859,312	1,896,824

章でトヨタに関するコメントや数値とともにまとめている。さらなる発展学習として、ぜひ活用してほしい。

ここまでの仲間くんによる仮説⇒検証のプロセスを通して理解を深めたトヨタの決算書をあらためて図にまとめよう（**図表3－12**、**図表3－13**）。

トヨタのBSのイメージをよりはっきりつかむために、縮尺図を描いてみるのもひとつのやり方だ。縮尺図とは、資産合計を100として、それぞれの項目の大きさを面積で表したものだ。**図表3－14**に示したように、トヨタ自動車は、莫大な利益を蓄積しているが、その用途の過半数は、グループ会社や取引先の株式、債券を含む投資有価証券となっている。また現預金、有価証券と短期貸付金とを合わせた実質キャッシュは資産の約26％を占めている。

このBSだけ見ていると、トヨタという企業の実態は、持株会社の要素が強いという姿が浮き彫りになる。持株会社とは、株式の保有によって傘下に多数のグループ企業を束ねる中枢的な役割を担う組織のことだ。トヨタの場合は、純粋持株会社と呼ばれる自らは事業を行わない組織ではなく、事業持株会社と呼ばれる自らも事業を行う組織だ。よって、売掛金、在庫、設備といった事業周りの資産も保有しているが、その規模はすべて合わせても全社資産の3割に満たない。

図表3-12 トヨタ自動車の損益計算書（単体）の要点

Ⅰ　売上高

Ⅱ　売上原価（△）

　　売上総利益

Ⅲ　販売費及び一般管理費（△）

　　営業利益

Ⅳ　営業外収益

Ⅴ　営業外費用（△）

　　経常利益

Ⅵ　特別利益

Ⅶ　特別損失（△）

　　税引前当期純利益

　　法人税、住民税及び

　　　事業税（△）

　　当期純利益

売上・利益は回復・成長しているか？

➡ **東日本大震災後、急速な回復・成長を遂げ、売上は53％成長し、経常利益は2.3兆円に到達**

粗利は高いか？

➡ **グループ調達、原価低減、規模の経済、高級車が粗利を押し上げるが、ディーラー販売、競争環境が粗利を押し下げて20.9％と高くはない**

販管費は多いか？

➡ **規模の経済とディーラー販売によって、相対的に低い10.4％**

利益率は良好か？

➡ **営業利益率は10.5％で、単体ベースで注目したい経常利益率は18.4％と良好**

図表3-13 トヨタ自動車の貸借対照表（単体）の要点

流動資産	現金は多いか？ ➡ 実質現金は10兆円近く 売掛の回収は早いか？ ➡ 約1カ月でディーラーから早期回収 在庫の量は多いか？ ➡ 単体ベースのみの在庫なので、売上の12日分程度	負債	買掛の支払いは早いか？ ➡ 売掛金より長いと思われる2カ月程度で支払い 借金は多いか？ ➡ 自分が稼ぐ利益で十分に事業が回っているから、借金は少ない
固定資産	設備の規模は大きいか？ ➡ 単体ベースのみの有形固定資産なので、売上の10%程度に効率化 株式や債券の保有は多いか？ ➡ グループ企業の株式を多額に保有	純資産	資本金は多いか？ ➡ 自分が稼ぐ利益で十分に事業が回っているから、資本金は少ない 利益剰余金は多いか？ ➡ 過去にずっと稼いできた企業なので、利益の蓄積は莫大（負債・純資産合計の7割強！）

図表3-14 トヨタ自動車の貸借対照表の縮尺図

ここまで、「企業を想像する」→「仮説を立てる（決算書をイメージする）」→「仮説を検証する（決算書を読む）」という3つのステップに沿って、トヨタ自動車という企業名から仮説・検証のプロセスで決算書を読み解いてきた。

仮説⇒検証のプロセス、どこまで読者のみなさんは楽しめただろうか。思考することは楽しいことだ。これまで5万人を超えるビジネスパーソンに対して、ビジネススクールの教員や企業内会計研修の講師を務めてきたが、思考するときの受講者の目は好奇心で実に輝いている。そしてその目の輝きに共通して言えることは、決して間違いを恐れてはいないということだ。

考えよう、そして、その時点で自分としてのベストとなる論理的な仮説を立てていくのだ。間違いを恐れない仮説⇒検証のプロセスでたくさんの決算書を読み解くことで、あなたの決算書を読む力は、確実に上達していくのである。

第3章のまとめ

■企業名から仮説⇒検証のプロセスで決算書を読み解くアプローチは、①企業を想像する、②仮説を立てる（決算書をイメージする）、③仮説を検証する（決算書を読む）の順序

■いきなり決算書を上から順番に眺めるのではなく、まずはその企業や業界に関する知識を言葉にしてみることから始める。これが、「見てから考えるのではなく、考えてから読む」ことのスタート

■なぜ仮説を立てることが大切か。仮説を立てれば、決算書を見る時点で、既に決算書の姿がイメージされている。仮説を検証していくプロセスが決算書を読む姿となる。スタート地点が異なれば、ゴール地点も大きく異なる。仮説構築した上での分析の到達点は、そうでない場合と比べて数段質の高いものとなる

■仮説構築の際の14の主要なポイントは以下のとおり。すべての問いかけについて、「WHY?」（なぜそう思うのか?）、「SO WHAT?」（そこから導き出せる経営上の意味合いは何か?）を考えること。慣れるまでは14のポイントを仮説を構築するための問いかけのフレームワークとして活用するのもよい

1 売上・利益は成長しているか?
2 粗利は高いか?

3 販管費は多いか？
4 研究開発費は多いか？
5 利益率は良好か？
6 現金は多いか？
7 売掛の回収は早いか？
8 在庫の量は多いか？
9 設備の規模は大きいか？
10 株式や債券の保有は多いか？
11 買掛の支払いは早いか？
12 借金は多いか？
13 資本金は多いか？
14 利益剰余金は多いか？

■決算書の分析を始める前の基本動作は、①期間と日付、②単体決算書か連結決算書か、③単位はいくらか、の3つを確認すること

■企業のBSのイメージをよりはっきりつかむには、縮尺図を描いてみるのもひとつの方法

第4章

決算書の数値から
企業活動を読み解く
仮説・検証のプロセス

第3章では、トヨタ自動車の単体決算書を用いて上の3つのSTEPにより企業名から仮説⇒検証のプロセスを通して決算書を実際に読み解いた。

今度はその反対、つまり決算書の数値から仮説⇒検証のプロセスを通して企業名まで当てていこうというものだ。実際の仕事の場では企業名をブランクにした状態で、決算書から企業名を当てるような作業はないだろう。しかし、この訓練を通じて決算書は企業の活動をダイナミックに表したものであること、つまり本書の冒頭で示した会計の数値と企業活動（経営）のつながりを実感してもらえるはずである。

この訓練を積むことで、今度は新たな事業計画を立てる際にも、どういった収益や利益構造を目指し、そしてどのような投資や費用、資金調達が必要になるかへと発展することも可能となる。

QUIZ③

とある企業X社の2019年3月期の決算書（**図表4―1**、**図表4―2**）から、ずばり企業名を当ててください。企業名を当てることは難しくても、決算書の各数値の特徴から、事業に関する仮説を、例にならってできるだけたくさん立ててください。一般的に貸借対照表

（BS）の資産の部に事業の特徴が現れるもので、X社も同様です。（制限時間　15分）
（例）事実「○○○が多い／少ない」⇓仮説「製造業 or 小売業 or サービス業である」
「売っている相手は△△である」「××が投資の中心である」

1　再現　グループ討議で貸借対照表（BS）を読み解く

私が年間40社ほどの企業で行っている企業内研修の場には、さまざまなバックグラウンドの方々が参加する。決算書を見ることに慣れている経理・財務や経営企画担当の方はもちろん、営業、製造、研究開発、マーケティング、人事・総務など、どちらかというと会計に苦手意識を持っている方々も集う。企業内で選抜された人材や、公募型研修に自ら手を挙げて参加した方たちなので、必然的にこのような状況となる。

グループ討議をする際の彼らの議論を聞いていると、興味深いことが起こる。それは同じ企業であっても、各人のバックグラウンドによって、着眼点や物の考え方が異なることだ。ここでは、企業内研修の雰囲気を少しでも味わってもらうため、ある化学会社で、バックグラウン

図表4-1 X社の2019年3月期連結損益計算書

連結損益計算書

（自2018年4月1日　至2019年3月31日）

区　分	金額（百万円）	百分比（%）
Ⅰ　売上高	525,622	100.0
Ⅱ　売上原価	326,283	62.1
売上総利益	199,339	37.9
Ⅲ　販売費及び一般管理費	70,061	13.3
営業利益	129,278	24.6
Ⅳ　営業外収益	2,198	0.4
Ⅴ　営業外費用	2,037	0.4
支払利息	222	0.0
経常利益	129,439	24.6
Ⅵ　特別利益	—	—
Ⅶ　特別損失	—	—
税金等調整前当期利益	129,439	24.6
法人税・住民税及び事業税	39,193	7.5
法人税等調整額	△40	—
当期純利益	90,286	17.2
親会社株主に帰属する当期純利益	90,286	17.2

図表4-2 X社の2019年3月期連結貸借対照表

連結貸借対照表

〈2019年3月31日〉

区　分	金額（百万円）	構成比（%）
（資産の部）		
Ⅰ　流動資産		
現金及び預金	377,551	
受取手形及び売掛金	22,083	
有価証券	20,999	
棚卸資産	17,323	
流動資産合計	441,835	42.0
Ⅱ　固定資産		
建物及び構築物	686,623	
減価償却累計額	△415,651	
建物及び構築物（純額）	270,901	
機械装置及び運搬具	270,947	
減価償却累計額	△242,821	
機械装置及び運搬具（純額）	28,125	
土地	117,653	
有形固定資産合計	514,322	48.9
無形固定資産合計	13,770	1.3
投資有価証券	60,810	
投資その他の資産合計	81,527	7.8
固定資産合計	609,619	58.0
資産合計	1,051,455	100.0

〈2019年3月31日〉

区　分	金額（百万円）	構成比（%）
（負債の部）		
Ⅰ　流動負債		
支払手形及び買掛金	19,907	
1年内返済予定の社債	20,000	
1年内返済予定の長期借入金	6,119	
流動負債合計	154,652	14.7
Ⅱ　固定負債		
社債	80,000	
長期借入金	2,304	
固定負債合計	93,601	8.9
負債合計	248,253	23.6
（純資産の部）		
Ⅰ　株主資本		
資本金	63,201	
資本剰余金	111,938	
利益剰余金	696,718	
自己株式	△89,183	
株主資本合計	782,674	74.4
Ⅱ　その他の包括利益累計額合計	20,526	2.0
純資産合計	803,201	76.3
負債純資産合計	1,051,455	100.0

（注）主要な項目のみを記載しているので、大項目とその内訳の合計は一致しません。

ドの異なる3人が、この設問をグループ討議した状況を再現してみることにしよう。
なお、3人の発言内容に関する詳しい情報や正確な数値は章末に整理してあるので、参照してほしい。

《登場人物紹介》

売野くん（男性）　入社以来12年間営業一筋。名古屋→福岡→埼玉と、これまで3支店を経験してきた。福岡支店では支店での月間営業記録を塗り替えて支店長賞を受賞する活躍もあり、直属の上司の推薦によって今回の選抜研修に選ばれた。

巧田さん（女性）　大阪府にある同社最大規模の工場で製造工程の品質管理と管理業務を担当している。大学で専攻した化学の専門性を活かし、次世代を担う技術を活かした新たな製品を開発したいと考えている。

数山くん（男性）　大学では工学専攻であったものの、なぜか入社時は営業担当。ここ5年間は経理部門に配属されるなど、いまだ自分の専門性が活かしきれていないと嘆いている。ただ今回の選抜研修に選ばれたことから、実は会社の自分に対する期待は強いのだと考えを改めつつある。

大津　制限時間は15分。では、Ｘ社はズバリどこの企業なのか、当ててください。もちろん皆さんがよく知っている会社です。間違いを恐れずに、アウトプット思考でいきましょう。ただし、単なる思いつきはダメです。論理的に考えて仮説を立てていくこと。そのためには大事なキーワードはここではＳＯ　ＷＨＡＴ？、つまりその数値から何が言えるのか？　決算書の数値から、想定される仮説をどんどん立てていってください。

売野くん　えー、今日初めて決算書を勉強したのに、いきなり企業名を当てろかー。

巧田さん　さっき教わった「ＢＳのあるべき読み方」に従ってやってみようよ。まずは大きな数値から読むんでしょう。

ＢＳは大きな数値から読む

数山くん　まず、この総資産の金額にびっくりするね。だって、売上は５２５６億円なのに、総資産は１兆５１４億円だよ。売上の２倍もの資産。で、どんな資産が多いか探すと、有形固定資産、なかでも建物及び構築物[1]が２７０９億円。３０００億円近い建物の額は、さっきのトヨタに迫る勢いの規模感だよ。 SO WHAT?

売野くん　あっ、分かった。これ、きっと製造業だよ。だって製造業は工場をたくさん持ってるじゃん。工場の建物がたくさん表れているんじゃないの？

巧田さん　そうねー。でも、それにしても売上の半分の額を超える建物ってすごくない[2]？

化学メーカーのウチの会社だって、建物の金額に対してなら売上はその10倍くらいあるんじゃないかしら。

数山くん　そうだよなー。売上の半分の額を超える建物を持った製造業なんて、ありえないんじゃない。これだけ大きな建物を持っているとすると、電力会社とか、どうかな？

巧田さん　電力会社にしちゃ、売上５２５６億円って少なくない？[3]　それに電力会社も、建物よりもその中にある電力設備にお金を使うんじゃないの？[4]

売野くん　そうだよなー。あっ、不動産会社なんかどう？　たとえば六本木ヒルズを持ってる森ビルとか？　ほら、不動産会社だから建物が多い！　きっとそうだよ。

数山くん　森ビルみたいに自分でビルを所有して賃貸しているビジネスだったら、確かに固定資産として所有する建物が多くなるのは納得だね。ああ、それできっと当たりだな。

巧田さん　ちょっと待って。森ビルって六本木とか一等地に土地を持っているんでしょう？　建物の金額に比べて土地の金額が１１７６億円って、少なすぎない？

SO WHAT?

売野くん　そうだなー。土地のほうが多くてもいいくらいかもね。[5]

数山くん　土地は減価償却も時価評価もしないから、大昔に買った安い金額のままってこともあるけどね。[6]

巧田さん　なるほどねー。でも、そうじゃないとすると、単純に考えて土地の安いところに何だかものすごく豪勢な建物が立ってるってことでしょ。

数山くん　鉄道かなーって思ったんだけど、やっぱりレールを敷く土地が少ないよな。[7] あっ、ホテルなんてどう？　建物大きいし。

巧田さん　そうねー。ホテルにもよるけど、一等地にあるようなホテルだとすれば、やっぱり土地が少なくない？　土地は誰かから借りてるのかもしれないけど。というか、私はどうしても売上の半分の額を超える建物が普通じゃないって気がするのよね。２７０９億円の建物っていう数字も、もともとは６８６６億円の建物を買っていて、そのうち４１５６億円の減価償却が済んで、それで２７０９億円ってことよ。いくらホテルでも、そこまで建物にお金使って会社は回るの？[8]

売掛金を読むことで売っている相手を知る

数山くん　有形固定資産があまりに大きすぎて、固定資産の固まりに比べると目立たないんだけど、流動資産も見ておこうか。この会社、売掛金がすごく少ないんだよねー。

SO WHAT?

巧田さん　あれー、売掛金って何だったっけー？　すぐに頭がこんがらがってくる。

売野くん　モノを売った経験のない人はしょうがないよな。売掛金は、売ったけどまだお金をもらっていないという金額だよ。ウチの会社はお客さんへの納品時点で売上が立つけど、お金が入ってくるのは大体その３カ月後だよ。月末締めの３カ月後の月末受け取りが基本条件だから。

数山くん　売掛金の220億円って、売上5256億円の4%強だよ。つまり、365日×4%＝15日くらいでお金を回収していることになる。この会社には「末で締めて……」なんて言葉がないことになるよ。

売野くん　分かった、売っている相手は個人だな。個人相手だったら、末で締めてなんてやらないもんなー。

巧田さん　なるほどー、そういうことね。さすが支店長賞の売野くん。

数山くん　これで電力会社の線も消えたな。電力会社は個人も大きなお客さんだけど、我々電気代って後払いだよね。今月の使用分を来月に払うとか。だから電力会社ってけっこう売掛金を持ってんだよね。[9]

在庫を読むことで業態を知る

売野くん　個人が相手っていうんなら、小売とかレストランとかじゃない？

巧田さん　確かにレストランだとキッチンの機械も必要だよね。でも、ちょっと待って。建物と機械と土地を合わせた有形固定資産は5143億円！　売上とほぼ一緒じゃない。小売とかレストランが売上並みの固定資産、しかも5000億円を超える額を持ってどうすんのよ？[10]　店舗って、そもそもほとんどが賃借でしょ？[11]　さっきニトリは郊外型で比較的不動産を持っているって話だったけど、それでも有形固定資産は売上の半分くらいだったわよ？

売野くん　あらら。

巧田さん　それにこの会社、在庫が少ないわね。173億円の棚卸資産って、売上5256億円の3％程度でしょ。さっきの数山くんの計算式を使うと、365日×3％＝10日くらいよ。

売野くん　だからー、レストランだったら食材が腐っちゃうから、1週間分の食材って納得じゃない？　ああ、でもレストランがゴージャスな建物2709億円を保有することはあり得ないか。

数山くん　在庫が少ないってことは、単純に在庫商売じゃない、あるいは在庫を売ることが主たる商売じゃないということかなー。ということは製造業と小売業は消えるよね。だって、彼らの商売って在庫を売ることだもん。在庫がなくちゃ、話にならん。

SO WHAT?

複数の仮説を総合して結論に至る

巧田さん　ここまでの議論をちょっとまとめてみない？　まず、建物が多いけど土地が少ないっていうことから、比較的安い土地の上にとんでもなく豪勢な建物が立っているということでしょ。

売野くん　そう、それから売掛金がほとんどないからメインの顧客は法人ではなく個人だと。

数山くん　そして、在庫が少ないから在庫を売ることが主たる商売じゃないっていうこと。

売野くん　いったい何なんだー、この会社!?　でも、けっこうしっかり利益出してんだよなー。

SO WHAT?

巧田さん　製造もしない、小売もしないとあれば、サービス業じゃないの。しかも、とんでもない建物が商売の源泉っていう。

数山くん　土地の安いところに豪勢な建物を建てて、個人相手にしているサービス業。そしてしっかり稼いでいる……。

3人　（一斉に）**東京ディズニーランドだ‼**

2　再現　全体討議で損益計算書（PL）と資金調達を掘り下げる

大津　決算書の数値から仮説の構築、そして結論に至るまで、実に見事だったね。そう、正解は東京ディズニーランドを運営するオリエンタルランドの連結決算書なんだ。

巧田さん　何だか、数値から事業を想像するという意味が少し分かった気がします。

大津　そう、大事なのは論理的に考え、自らの仮説を立てること。みんなで協力して、見事にSO WHATを問い続けた勝利だね。製造業、電力、不動産、鉄道、ホテル、小売業、そしてレストランと、さまざまな業態が出てきたよね。でもその1つひとつを皆の力で見事に否定していった。

売野くん　でも先生、オリエンタルランドは鉄道とホテルは運営してますよ。モノレール走ってますし（笑）。

大津　そうだね。今回は連結決算書を見ているから、そうしたグループ会社の事業もすべて含まれている。イクスピアリのような複合型商業施設や、モノレール（ディズニーリゾートライン）のような鉄道業もね。でも、やっぱりグループの主たる事業はテーマパークの運営。だから決算書もテーマパークの姿を色濃く反映しているんだ。

数山くん　実は私、言わなかったですけど、一瞬テーマパークを考えたんですよ。ただ、PLをチラッと見たときに原価が売上の62・1%もあったので、これは違うなと思ったんです。サービス業なのに、何でこんなに原価が重たいんですか？

大津　良い着眼点だね。製造業は製造コスト、小売業は仕入れコストが売上原価になるけど、サービス業ではサービスコストが売上原価（サービス原価）になるんだ。サービス原価とはサービスに直接関連して発生しているコスト。つまりテーマパークの中で皆さんの目に入るすべてが売上原価に入っていると思っていい。で、一番大きい原価は？

売野くん　そりゃー、人件費でしょう[12]。だって、キャラクターたちの……。

大津　そこから先は夢を壊すのでやめときましょう。いずれにしてもアトラクションで働く人、レストランの従業員、清掃する人……。どの方1人欠けてもあのすばらしいサービスは提供できないのだから、まさに巨額な人件費はサービス原価だね。次に大きいのは？

数山くん　減価償却費だと思います。この巨額な建物・機械はすべて償却対象ですから。テーマパークとかホテルに係る減価償却費はすべて売上原価に入っているはずです。

大津　その通り。こうして見ると売値の約6割がサービス原価ということだから、少々高い入場料も納得しないといけないね。

巧田さん　研修で習った優良企業のベンチマークとなる営業利益率10%どころか20%を軽く超えていますね。

大津　粗利が38%で営業利益が25%だから、販管費はざっくり13%。とにかくサービスを追求してリピート客を増やすことで、余計な販売コストがかからないグッドサイクルを実現している。

売野くん　それってまさしく僕らの持ってるこの会社のイメージだなー。

大津　営業外費用に支払利息が2・2億円あるけど、問題か？と問われれば、支払利息の

580倍にあたる営業利益1292億円を稼いでいるから、まったく問題ないね。

数山くん BSの負債にある社債と長期借入金を全部足して借金の金額を計算すると1084億円です。利息が2・2億円ということは、金利が0・2%くらいということになります。

大津 良い着眼点だね。ただ、1084億円はあくまで年度末時点での借金の残高だから、1年にわたって支払った利息と比較するときは、前年度の借入残高との平均値を使うなど、少し気をつけたほうがいいよ。この会社はこれまでパークやホテルの設備投資を積極的にやってきたけど、利益剰余金は6967億円もあるから、有形固定資産の総額5143億円を上回ってしまっている。そこだけ考えれば、借金1084億円なんて必要ないし、実際に現金・預金を3775億円持ってるから、ニトリ同様「実質無借金」だよね。一見無意味な借金にも見えるけど、オリエンタルランドはパークの大規模開発のために、年間1000億円から1500億円程度の投資を暫く行うことをすでに発表している。金利が低い間に、来るべき大規模設備投資資金の確保に入ったと見ることができるだろうね。

売野くん でも先生、新型コロナ感染症拡大の影響で、2020年度に入ってから、さすがのオリエンタルランドも赤字に陥ったって記事を目にしました。それでも、そうしたパークへの大型投資は変えないスタンスなんですね。

大津 もちろん、パンデミックの行き着く先なんて誰にも分からない。新型コロナが終束しても、またいつか次の感染症は拡大してしまうかもしれない。それでも、オリエンタルランドのスタンスは、アトラクションやキャストと呼ばれる従業員、そして魅力的なキャラクターたちに対して投資を続けていくという信念はまったくゆるがない、という意思を示したんだろうね。好収益企業としての復活劇に期待しましょう。

ここでオリエンタルランドのBSの姿をあらためて縮尺図にしてみよう（**図表4－3**）。

決算書の数値から仮説・検証のプロセスで読み解く経営環境、そして企業名を当てるまで。読者の皆さんの納得度はいかがだろうか。オリエンタルランドを使った企業名当てクイズは、ビジネススクールや会計研修の場で実際に数多く行ってきたものである。ネタを本書で明かしてしまったので、残念ながら今後は使えなくなるが、読者の皆さんの理解の促進には適した決算書の例となろう。

3人のやりとりはスムーズになるように多少脚色してはいるが、実際の研修でも4つのグループがあれば、少なくとも1つのグループで企業名までたどり着くのが通常だった。

数値から経営環境を読み解く力がつくことによって、決算書の着眼点、数値から経営環境に関する仮説構築の力が養われていく。それが発展していけば、顧客や戦略パートナーの決算書の評価、M&Aや新規事業立ち上げ時の決算書の姿のイメージなど、さまざまな方向へと応用

図表4-3 オリエンタルランドの貸借対照表の縮尺図（2019年3月期）

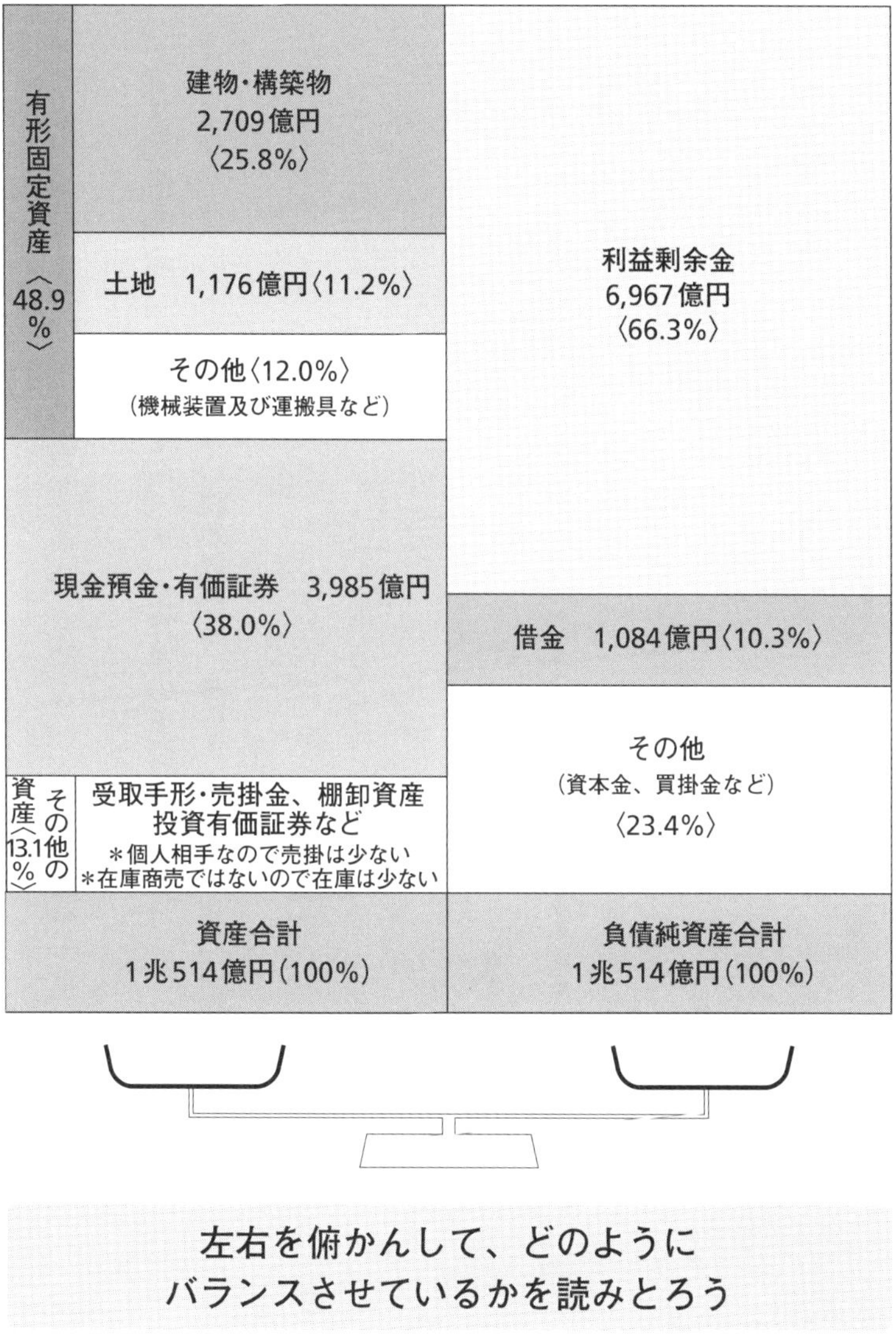

することも可能となる。私が担当する研修では1日10本もの決算書を用いて、**トヨタ自動車で行った、「企業名 ➡ 決算書の仮説」**、**オリエンタルランドで行った、「決算書 ➡ 業態の仮説、企業名の類推」**をインタラクティブに実施することもある。さながらゲーム感覚であるが、学ぶことにはこうしたゲーム感覚も大切であると、実践を通じて痛感している。

第4章のまとめ

- 一般的にBSの資産（左側）に事業の特徴が現れる。BSを読み解く3つの基本法則（大局観、優先順位、仮説思考）を意識して、BSを読み進めることが大切
- 企業名をブランクにして事業を想像することで、数値から経営環境を読み解く力がつく。このことで、決算書の着眼すべきポイント、数値から経営環境に関する仮説構築の力が養われる。さらに、顧客や戦略パートナーの決算書の評価、M&Aや新規事業立ち上げ時の決算書の姿のイメージなど、さまざまな応用へと発展することが可能となる

【注記】

1　構築物とは、舗装道路、土工設備、広告塔、鉄塔など。

2　主な製造業の連結売上高と建物及び構築物（減価償却後の純額）は次の表の通り。どんな製造業であっても、売上高と建物及び構築物の金額には、歴然とした差が存在している。

企業名（2019年度）	（連結）売上高 A	（連結）建物及び構築物 B	A÷B（倍）
本田技研工業	14兆9310億円	1兆7332億円	13.9
ENEOSホールディングス	10兆1117億円	7646億円	13.1
三菱重工業	4兆4113億円	3112億円	13.0
AGC	1兆5180億円	3305億円	4.6
王子ホールディングス	1兆5076億円	1882億円	8.0

3　2020年3月期の東京電力ホールディングスの連結売上高は6兆2414億円、関西電力は3兆1842億円、中部電力は3兆659億円。ただし、沖縄電力（東証一部上場）の連結売上高は2042億円なので、オリエンタルランドの半分に満たない売上高の電力会社も存在している。

4　東京電力ホールディングスは2020年3月期連結決算で、建物（純額）は1365億円に対して、機械装置（純額）はその4倍近い5136億円を保有している。

5　森ビルは2020年3月期連結決算で、建物及び構築物（純額）2413億円に対して、土地はその約2倍に相当する4406億円を計上している。

6　土地の価値は時間の経過に応じて規則的に減るものではないので、減価償却しない。また、土地には株式市場のような客観的な時価が存在しないので、時価評価しない。よって、土地は取得時の値段がそのまま帳簿上の価額として原則計上されている。ただし、将来の収益性が予想以上に大きく低下した場合は、回収可能と考える額まで減損する。

7　主な鉄道業の建物及び構築物（純額）と土地は次の表の通り（連結ベース）。建物及び構築物と土地の大小関係は各社によりマチマチだが、どの企業も両者の数値は比較的近い。土地は原則時価評価しないことから、次の数値は保有する土地の現在の価値をそのまま示すものではない。特に鉄道業界が保有する土地は地価が安い時代に購入された金額のままで計上されていることが多く、実際の市場価値はBS上の数値より大きいことが一般的。

企業名（2019年度）	（連結）建物及び構築物	（連結）土地
東日本旅客鉄道（JR東日本）	3兆5926億円	2兆1218億円
東海旅客鉄道（JR東海）	1兆4168億円	2兆3548億円
東急	1兆1642億円	7322億円
近鉄グループホールディングス	6232億円	7019億円
阪急阪神ホールディングス	5744億円	9501億円

8　主なホテル業の建物及び構築物（純額）と土地は次の表の通り（連結ベース）。建物はホテル業の根幹をなすものだが、それでも各社ともに売上の半分程度の額である。土地は時価評価されないこと（帝国

ホテルは東京都千代田区の本社1万1000平方メートルの土地がわずか200万円で計上されている）、土地は賃借して、その上にホテルの建物を建てる形式も多いことなどが影響して、各社ともに建物及び構築物に比較して土地は小さな額となっている。例外的にロイヤルホテルの土地の金額が大きいのは、2015年にリーガロイヤルホテル大阪の土地を森トラストから買い戻したため。このように直近年度に土地の購入があれば、時価が反映されて土地価額が高くなることもある。

企業名（2019年度）	（連結）売上高	（連結）建物及び構築物	（連結）土地
リゾートトラスト	1591億円	1035億円	448億円
藤田観光	689億円	397億円	122億円
帝国ホテル	545億円	132億円	31億円
ロイヤルホテル	376億円	142億円	270億円

9　2020年3月期の東京電力ホールディングスの連結売上高6兆2414億円に対して、受取手形及び売掛金5598億円（売上の9％）を保有している。365日×9％＝約33日間と算出される。電力会社の顧客は個人だけではないが、私たちが電気代を通常1カ月後の後払いで支払う事実と一致していると同時に、法人顧客も原則1カ月程度の後払いであることが推察できる。

10　主なレストラン業の連結売上高、建物及び構築物と棚卸資産は次の表の通り。5社とも、建物及び構築物、棚卸資産ともに、売上高に比べて1ケタないし2ケタ少ない。なお、契約形態によって異なるが、フランチャイズ方式をとると、棚卸資産を直接保有しなくなる場合もあるので、棚卸資産がさらに少なくなる傾向がある。

企業名（2019年度）	（連結）売上高	（連結）建物及び構築物	（連結）棚卸資産
ゼンショーホールディングス	6304億円	844億円	277億円
すかいらーくホールディングス	3753億円	719億円	48億円
日本マクドナルドホールディングス	2817億円	522億円	11億円
コロワイド	2353億円	306億円	32億円
吉野家ホールディングス	2162億円	287億円	69億円

11　IFRS（国際財務報告基準）、米国会計基準では、店舗の貸借に伴うオペレーティング・リースもすべて資産計上することが原則義務づけられている。詳しくは**発展編第15章**の「9」を参照されたい。

12　連結ベースでは開示されていないので単体ベースの情報ではあるが、オリエンタルランドの2019年3月期の単体売上高4497億円に対して、売上原価に占める人件費（レストラン従業員も含む）は761億円（売上比16・9％）、減価償却費は333億円（同7・4％）となっている。この他にはテーマパーク内での物品の販売にともなう商品の仕入原価650億円（同14・5％）が、実は減価償却費より大きな原価となっている。

第2部　戦略思考力

第5章

「5つの力」で
業界の競争環境を理解する

〈導入編〉

ビジネスを考えるスタート地点は経営の外部・内部環境

ケースメソッドを用いて行うビジネススクールのクラスでは、たとえば3時間のクラスであっても、数値に関する議論はせいぜい1時間程度だ。もっと厳密にいえば、数値のみの計算だか、数値の大小のみを確認するようなことはほとんどないと言ってよい。なぜなら、実際のビジネス現場で意思決定の際に求められるスキルは、そこにはないからである。会計の情報は、意思決定をする上での不可欠な情報ではあるが、それを計算や確認すること自体が目的ではないということだ。

冒頭から機会ごとに触れてきたように、会計の数値は企業活動の結果を表すものだ。数値があったから、企業活動があるのではない。企業活動があった結果としての会計の数値である。あるいは将来の企業活動の計画があっての会計の予測数値となる。よって**ビジネスを考えるスタート地点は会計の数値ではなく、常に経営の外部・内部環境を的確に把握することでなければならない**。分かりやすくいえば、定量的分析ではなく、定性的分析からのスタートだということだ。本書では、この定性的な企業活動を読み取る力を**戦略思考力**と呼んでいる。

1 競争環境の厳しい業界の特徴を考える

第3章で登場した仲間くんの同僚である買原さんに、質問を投げかけてみることにしよう。買原さんは電機メーカーに入社以来、資材全般の購買を担当してきている。実際のビジネススクールの場では多数の受講者と講師、または受講者間でこうしたディスカッションをするところだが、書籍という都合上、ここでは受講者と講師の1対1のやりとりとして記述していく。

大津　競争の厳しい業界には、どんな共通点があるんだろう？　消耗戦、レッドオーシャン…、様々な表現ができるけど、その要因として考えられることは？

買原さん　そうですねー、まずは企業の数が多いってことじゃないでしょうか。

既存業者間の脅威

大津　多いって、何社くらい？

買原さん　何社って言われても困るけどー。市場のパイが大きければ10社いたっていいでしょうし。それから市場が伸びているんだったら、いくら多くてもみんなハッピーですよね。それに同じ10社でもよく見ればそれぞれ個性があるだろうから……。

大津　なるほど、どれも良い指摘だね。つまり供給が需要を上回るほど多いとか、市場が成熟・縮小しているとか、差別化が難しい製品だとかいうほど、競争は厳しくなるということだね。

買原さん　そういうことになりますか。それから新しく参入してくる企業が多い業界もいやですよね。

新規参入の脅威

大津　成長していて魅力があるから参入してくるんだろうけど、いったん成長が止まればたちまち消耗戦だろうね。

買原さん　消耗戦といえば、お客さんとの力関係も大事ですよね。お客さんの力が強いほど、業界は厳しい消耗戦に突入していくはずです。

買い手の脅威

大津　どんな時にお客さんは力を持つのだろう？　そもそもお客さんって、いつも力を持っているもんじゃないの？

買原さん　一言でいえば、業界が作っているものが、そのお客さんにとってどれだけ重要かということじゃないでしょうか。そうでないほど、お客さんから値下げ要求されたり、同業他社に顧客を奪われたり、あるいはそもそも買ってもらえなかったりと。

大津　あるいは、お客さんが自分で川上の業界に進出して、作ってしまうという手もあるよね。例えば、コンビニが川上に進出して、プライベート・ブランド（PB）の製品開発を行っているように。同じことが今度は業界に対するサプライヤーたちにも言えないかな。

売り手の脅威

買原さん　サプライヤーが作っているものが、その顧客である業界にとってどれだけ価値があるのかということですね。サプライヤーの提供するものが、つぶしの利かないものであるほど、それを買わざるを得ない業界は厳しくなっていくと思います。

大津　ところで買原さんは、漫画雑誌って読むの？

買原さん　いやー、そうでもないですけど。ところで何でまた急に、漫画の話なんですか？

大津　古くは「週刊ヤングサンデー」「週刊コミックバンチ」「漫画サンデー」に始まって、2000年代に入ってから実に多くの漫画雑誌が廃刊になってしまったね。要は、漫画雑誌業界は厳しいんだけど、ここまでの4つの脅威で説明できるのかな。

買原さん　廃刊が多いくらいだから新規参入は少ないだろうし、売り手の紙代や印刷代が上がったっていう話でもないですよね。既存雑誌が多すぎるというなら、もっと前から廃刊があったはずだし。やっぱりお客さんの観点でしょうか。

大津　そうだね、漫画を読む時間が少なくなったとするなら、その空いた時間やお金でお客さんは何をしているのだろう？

買原さん　やっぱりスマホじゃないでしょうか。一昔前は電車に乗ればみんな漫画を読んでましたけど、今じゃみんなスマホしてます。もっともスマホで漫画を読んでる人もいるんでしょうけど（笑）。

大津　そう、これが5つ目の脅威、代替品の脅威なんだ。お客さんにとって漫画雑誌を読むことは、余暇の時間の過ごし方のひとつにすぎない。要はエンターテインメントの選択肢のひとつ。漫画雑誌よりもお金や時間を費やすに値するエンタメなら、お客さんは喜んで代替品に乗り換えていくだろうね。

代替品の脅威

買原さん　そういう点では、間違っても自社を〈漫画雑誌業界〉なんて言っちゃダメなんですね。エンターテインメント業界と広くとらえて、スマホよりも面白い漫画雑誌って何だろうって考えないと。

大津　**そういうこと。5つの脅威を考えるときに実は一番大事なのは、自社の業界をどう定義するかということ。**漫画雑誌という商品カテゴリーではなく、エンターテインメントという機能カテゴリーで考えないと、信じられない代替品に足元をすくわれることになるんだ。

「勝ち続けるためのしくみ」をつくる

戦略とは、分かりやすくいえば「勝ち続けるためのしくみ」と定義できる。どんな業界にあっても競争環境の厳しい現在では、次のような表現をよく耳にする。「少子高齢化で成熟する国内市場」「供給過剰で激しい競争環境」「画一的な需要から、多様性を求める顧客嗜好《しこう》への変化」「製品ライフサイクルの短命化」「外資参入による競争の激化」「成長市場である海外へ活路」……。こうした激変する競争環境で、企業はいかに勝ち続けることができるのだろうか。

企業には勝つためのしくみを入念に作り上げることと、時代の変遷に応じてそのしくみを柔軟かつダイナミックに変更していくことが望まれる。時代といっても、製品ライフサイクルの短命化が示すように、その期間は着実に短期化してきている。**時代が変われば顧客の嗜好も変わる。顧客が変われば企業が勝つための条件も変わっていく。必然的に企業が勝つためのしくみを変えていかなければならない**ことになる。

勝ち続けるためのしくみを考える上では、まずは業界としての競争環境を把握することが重要だ。自社の戦略を考えるのだから、つい自社の話にいきなり入ってしまいそうだ。しかし、勝つためのしくみを考える以上、そもそも自社がどのような特性のある業界にいるのか、どのような競争環境にさらされているのか、そして勝つための戦略にはどのような選択肢があるのかを理解することなくして、正しい戦略は作れない。**「勝ち続けるためのしくみ」とは、競合や社会環境の変化、技術革新や新規参入者など、起こりうるすべての競争環境の変化を踏まえた上でのしくみでなければならない。**

考えておくべき5つの要因

具体的に述べていこう。自社がいる業界の分析をしようとした場合、自社と既存の競合を比較しながら強みや弱みを整理することに終始しがちである。

既存業者間の脅威

しかし、そこに巨大な資本やブランドを持った大手企業や外資が参入してきたらどうだろうか。自社と既存の競合分析だけをしていては、突然の新規参入者への対応が後手に回ってしまう。また最近では、しがらみのないスタートアップ企業が、その身軽さを活かした異なるビジネスモデルによって一気に新規参入を実現することもある。

新規参入の脅威

仮に新規参入者のことはしっかり考えてあったとしても、突然の技術革新によって、自社が提供していた製品と同じ機能を、より低価格で提供できる別の製品が出現したらどうだろうか。こうした自社製品の代替品を考慮しておかないと、自社の製品自体が突然否定された事態への対応ができない。

代替品の脅威

既存業者、新規参入者、代替品はしっかり考察済みであっても、原材料のサプライヤー（売り手メーカー）の数社が経営統合した結果、価格交渉力を一気に増した場合はどうだろうか。新規参入者も代替品もない、見かけ上は平穏な業界であっても、調達コストの急激な上昇で利益率は下落の一途をたどる。自社のいる業界での合従連衡が進むきっかけとなるかもしれない。

売り手の脅威

既存業者、新規参入者、代替品、売り手の考察が十分できていても、自社に売上と利益をもたらすのは、あくまでも顧客（買い手）の購買があっての話だ。買い手が巨大化することで自社に対する価格支配権を奪われれば、モノは売れども利益は薄い状況が続いていく。買い手との力関係に影響を与えうる要因を知り、入念に備えておくことが望まれる。

買い手の脅威

業界の競争環境を分析する上では、少なくともこの5つの脅威について入念に分析しておくことが不可欠となる。**「勝ち続けるためのしくみ」を構築するには、勝ち続けることを阻害する可能性を持った5つの要因を深く考察することだ。これがハーバード大学教授のマイケル・ポーターによる5つの力（ファイブ・フォーシース）である（図表5－1）。**

「5つの力」それぞれの脅威を増大させる要因は、決して1つではない。それぞれの脅威を増大させる要因を整理しながら、それが会計の数値にどのような影響を与えうるのか、考えていくこととしよう。

なお、業態は製造業、小売・卸売業、サービス業と大きく3つに分けられるが、ここでは製造業を想定して「製品」という言葉を用いている。5つの力を考える枠組みは、小売業が「商品」を販売することも、サービス業が「サービス」を提供することも、製造業が「製品」を製造して販売することと何ら変わらない。ここでは、「製品」に用語を統一して記述するが、読者の皆さんは、自分の業態に応じて「商品」「サービス」と適宜置き換えて読んでほしい。また、本章導入編で5つの力のフレームワークを概観した後、次章の応用編で、グローバルで厳しい競争環境が継続する鉄鋼業界を5つの力を使って考察する。

図表5-1 5つの力（Five Forces）

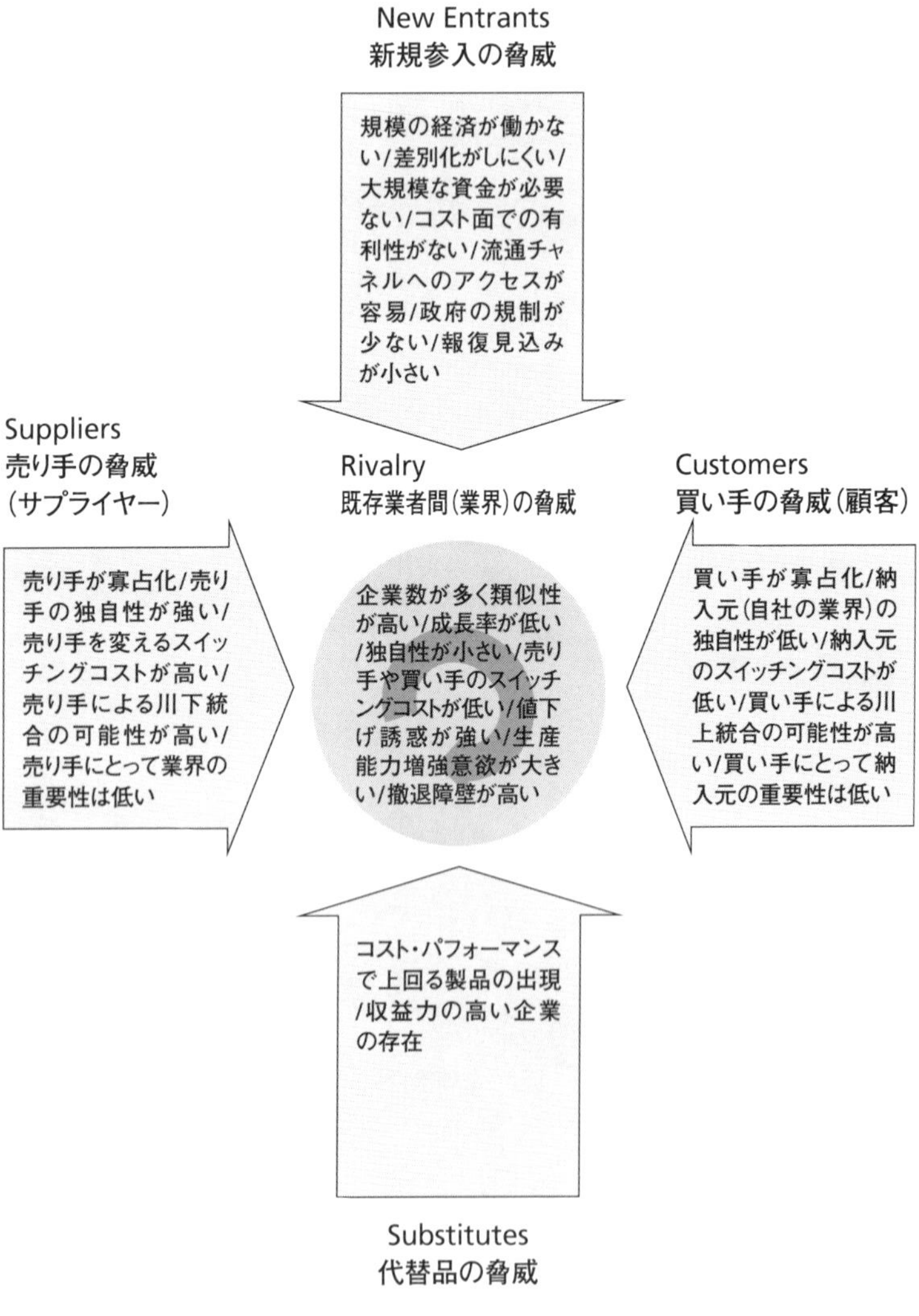
New Entrants
新規参入の脅威
規模の経済が働かない/差別化がしにくい/大規模な資金が必要ない/コスト面での有利性がない/流通チャネルへのアクセスが容易/政府の規制が少ない/報復見込みが小さい
Suppliers
売り手の脅威
（サプライヤー）
売り手が寡占化/売り手の独自性が強い/売り手を変えるスイッチングコストが高い/売り手による川下統合の可能性が高い/売り手にとって業界の重要性は低い
Rivalry
既存業者間（業界）の脅威
企業数が多く類似性が高い/成長率が低い/独自性が小さい/売り手や買い手のスイッチングコストが低い/値下げ誘惑が強い/生産能力増強意欲が大きい/撤退障壁が高い
Customers
買い手の脅威（顧客）
買い手が寡占化/納入元（自社の業界）の独自性が低い/納入元のスイッチングコストが低い/買い手による川上統合の可能性が高い/買い手にとって納入元の重要性は低い
コスト・パフォーマンスで上回る製品の出現/収益力の高い企業の存在
Substitutes
代替品の脅威

2 既存業者間（業界内）の脅威

既存業者間の競争が激しいほど、その恩恵は顧客（買い手）側に移動する。

本節末にまとめたさまざまな要因が既存業者間の脅威を高めるが、それは最終的には売値の下落となって現れていこう。ＰＬでは、**売値の下落によって、売上高総利益率は減少する。また、激しい競争の下で、一層のプロモーションなど営業コストをかければ、売上高販管費率は上昇する。**ＢＳに目を転じれば、**販売機会を逃した不良在庫が滞留したり、稼働率の下がった工場の負担が重くなる。**

既存する企業間の競争の激しい業界のひとつとして、造船業界を挙げてみよう。受注時と完成時に一定の期間を必要とする造船業界では、造船工程での予期せぬ追加費用の発生に始まり、原材料や為替といった不確定要因の変動をもろに受けることもあって、当初の想定通りの利益をねん出するのが簡単ではない。顧客となる船主はほぼグローバルクライアントが占めているため、必然的に造船業界はグローバル企業間での受注合戦となる。既存業者間の競争環境に目を向ければ、韓国や中国を中心とした造船会社が時に政府のバックアップを受けた低価格での入札・受注を行っている。新たに受注した新船の受託製造でさえ、黒字にすることは容易でない。結果として、上場する造船会社でも、総利益の段階で赤字に陥る年が頻繁に見られる企業もある。ドックや作業員といった重たい固定費を回収し、技術力を維持するためにも新船の受注は赤字でも続けられる。定期的な修繕の請け負いによって何とか利益を生み出せるかという厳しい状況が継続している日本の造船業界である。

既存業者間（業界内）の脅威を高くする要因	概　要
▼競合企業の数が多い、または競合間の類似性が高い業界	業界内に規模や力の点で類似する企業が多いほど、業界内の競争は激しくなる
▼業界の成長率が低い業界	業界の成長率が低いなかで、拡大志向を持った企業は他社からのシェアを奪うため、値下げを仕掛ける可能性が高い
▼製品の独自性が小さい業界	独自性の小さい製品は、価格を中心とした競争を誘発する
▼売り手や買い手のスイッチングコストが低い業界	売り手や買い手のスイッチングコスト（業者を変更する際に生じる有形・無形のコスト）が低い場合、彼らの業者選定は価格を中心とした判断となる。結果として、仕入れ価格の高騰（対売り手）や販売価格の下落（対買い手）を招き、業界の競争環境は厳しくなる

▼価格引き下げの誘惑が強い業界	固定費が高い業界では、稼働率を上げて固定費を回収するために、値下げの誘惑が生じやすい。同様に、製品が陳腐化しやすい業界でも、値下げによって廃棄を回避しようとする傾向が生じやすい。利益を度外視するような値下げが継続的に生じる場合には、競争環境は厳しくなる
▼生産能力の増強意欲の大きい業界	大規模な生産能力の増強をするインセンティブの強い環境では、業界の需給バランスを崩し、生産過剰と価格引き下げを招く
▼撤退障壁の高い業界	政府の規制や公共性の高い事業では、不採算だからといって簡単に撤退することができないことも多く、撤退障壁が高い。他にも、資産の特殊性や雇用面の束縛など、撤退障壁を高める要因は数多い。不採算でも事業を継続する企業が多ければ、消耗戦から利益率の下落を招く

3　新規参入の脅威

新規参入者が増えること自体が、利益率に直接的かつすぐに悪影響を与えるわけではない。そもそも新規参入者が増えるということは、それだけ業界に成長や利益の魅力があることの裏づけともいえる。また新規参入によって業界内の競争業者が増えることは、既存企業に成長のためのさらなる努力を促進するし、業界全体として市場を育てることにも寄与していく。

しかし、市場の規模や成長性と比べて新規参入が過剰に続けば、業界内での競争環境は徐々に悪化するだろう。ついには過当競争によって供給が需要を上回る状態に陥れば、顧客は価格による製品の選別を強め、結果として価格競争が進展していく。PLでは、**売値の下落によって売上高総利益率は減少する。また、激しい競争の下で、一層のプロモーションなど営業コストをかければ、売上高販管費率は上昇する。**BSに目を転じれば、**販売機会を逃した不良在庫が滞留したり、稼働率の下がった工場の負担が重くなる。**

新規参入が激しく続いた業界のひとつとして、アパレル小売業界が挙げられる。ひと昔前であれば、ラグジュアリーなブランド専門店を筆頭として、百貨店、GMS（総合スーパー）、食品スーパー、地域密着のパパ・ママ店へと、価格帯やブランド、品質において序列とも言える大きな棲み分けができていた。どのカテゴリーにおいても、トップクラスの企業であれば一定の利益を生み出すことは可能であった。ところが国内ではファーストリテイリング、海外ではZARAやH&Mなどの製造小売業（SPA）の台頭によって、低価格でありながら一定の品質やブランドを保った衣料品を提供する新規参入者が現れた。そうしたアパレル小売業がまとまって出店できるイオンモールやららぽーとに見られる大型商業施設や、アウトレットモールの拡張も競争激化の背景として見逃せない。さらには、ZOZOに代表されるアパレル産業のEC化や、メルカリに代表されるC2C（コンシューマー・トゥー・コンシューマー）の出現もアパレル小売業界の新規参入者と捉えられよう。良質な衣料品を手軽で安価に入手できる時代の到来である。

成熟した国内市場の下でこれだけ多くのアパレル小売のプレイヤーが存在すれば、必然的に価格競争は避けられない。これは2020年の新型コロナ感染症の拡大以前からの問題だが、外出を控える＝衣料品は少なくて良い、といった流れが長期にわたって続くようであれば、同業界に対するさらなる追い打ちをかけることとなろう。

アパレル小売業界には、品質、価格、デザイン、ブランド等に代表される差別化要因を一層研ぎ澄ますことに加えて、入念な店舗の出店・退店の判断と、ECを活用した販売政策の決断がこれまで以上に重要なものとなる。メルカリのようなC2C企業も自社のライバルではなく、自社のブランドに貢献するためのパートナー企業のひとつとして捉えた方が賢明かもしれない。新規参入者による競争激化はつらいものだが、新たなビジネスモデルを生み出すための絶好の機会として捉えられれば、次の成長に向けた異なる景色も見えてくるはずである。

新規参入の脅威を高くする要因	概要
▼規模の経済が働きにくい業界	規模の経済とは、企業規模が大きくなるに従って、固定費の単位あたりコストが小さくなり、結果として利益率が高まる現象。規模の経済のメリットが大きいほど、新規参入者は既存業者と当面は対等な立場で競争することが困難となる。そのため新規参入の脅威は低くなる。逆に規模の経済のメリットが小さいほど、新規参入の脅威は高まる。規模の経済は製造のみならず、研究開発、物流、マーケティング、販売、間接部門など、あらゆる局面で生じる可能性がある
▼製品の差別化がしにくい業界	業界内の既存業者の製品の品質やブランドの差別化が強いほど、新規参入者は顧客獲得に苦労することが予測され、新規参入に躊躇する。逆に既存製品の差別化ができていないほど、新規参入者は容易に既存業者と同じ立場で競争することが可能なため、参入の脅威は高まる
▼参入時の大規模な資金の必要性が低い業界	設備投資のみならず、先行キャンペーンや研究開発などの回収不能な支出、顧客への信用供与や在庫保持、事業立ち上げ時の損失の吸収など、参入時に巨額の資金を投資する必要がある場合、新規参入者の参入への意欲は減退する。逆に参入時に大きな資金を必要としない場合は、小規模業者でも容易に新規参入できることを意味する

▼規模に関係のないコスト面での有利性が既存業者間で低い業界	長年の事業経験から得られるコスト削減などの経験曲線効果や、独占的な技術、最高品質の原材料へのアクセス、値上がり前の価格で取得した資産、政府からの補助金、有利な土地、特許などを既存業者が保有している場合、新規参入の障壁が高まるため、参入の脅威は低くなる。逆にこうしたコスト面での有利性を既存業者が築けていないと、新規参入は容易となる
▼流通チャネルへのアクセスが困難でない業界	流通チャネルが限定されていたり、業界内の既存業者による流通チャネルの締めつけが厳しいほど、新規参入者は販売ルートの確保で苦労する。結果として新規参入の脅威は低くなる。逆に、新規参入者でも販売チャネルの獲得が容易であれば、参入の脅威は高くなる
▼政府の規制が少ない業界	特定の業界への新規参入を政府が制限または禁止している場合、参入そのものが難しくなる。逆に、そうした規制が少ないと、新規参入の脅威は高まる
▼既存業者の報復見込みが小さい業界	業界の既存業者が、新規参入者に対して価格の切り下げや流通チャネルの制約などによって激しい反撃に出る可能性が高い場合、新規参入者の参入への意欲は減退する。逆に、そうした報復が予測されない場合は、参入のための障壁は低くなり、新規参入の脅威が高まる

4 代替品の脅威

コニカミノルタは、統合前のコニカとミノルタの創業事業である写真フィルムもカメラも、もはや製造していない。コニカとミノルタが経営統合したのは2003年のことだが、その後2006年にカメラ事業から、2007年には写真フィルム事業から完全に撤退している。

オリンパスは顕微鏡の製造からスタートした企業だが、創業間もない頃に進出した代名詞とも言えるカメラ事業からの完全撤退を2020年に発表した。こうした動きは、銀塩カメラの代替品として登場したデジタルカメラへと時代が移り変わる過程での、デジタルカメラ市場の成長性と、競合やソニー、パナソニックなどの新規参入者の生産・技術対応を見誤った結果ともいえる。

代替品を考察する上では、自社の業界をどのように定義するかが特に重要だ。自社の業界を「銀塩カメラ・銀塩写真業界」とした場合、デジタルカメラのようなまったく異なる技術による代替品への対応が遅れがちになる。なぜなら「銀塩カメラ・銀塩写真業界」にとって、デジタルカメラのような、分野の異なる製品は直接的な競合にはならないからだ。これまでの成功体験の強い企業ほど、そうした落とし穴に陥りやすい。ソニーが平面ブラウン管テレビでの大成功から、液晶テレビへの対応が遅れたことや、アサヒビールがスーパードライの大成功から発泡酒への参入に出遅れたことなどとも共通する。

自社の業界の定義を「銀塩カメラ・銀塩写真業界」ではなく、「大切な瞬間を媒体に残すための機能を提供する企業」としてあれば、どうだろうか。銀塩に固執することなく、より大きな見地に立って業界が直面する変化をとらえ、自社に求められる行動を的確に見出す糸口となるだろう。

これには、ファーストリテイリングの柳井正代表取締役会長兼社長のことばがたいへん参考になる。まさに、自分たちの事業を製品やサービスではなく、機能として捉えている経営者の言葉であろう。

「衣料品小売業界内の人と僕の考え方が一番違うのは、ぼくはチャンスというのは既存の業界内には無い、と考えているということだ。

業界内の一般的な考え方によれば、服の需要がこれだけあるとしたら、それを業界内の人たちでいかに奪い合うか、その限られた市場を中心にして考える。洋服に敵対する商品は洋服しか思い浮かばない。それでは同じ狭い市場の中の同じ財布の奪い合いになってしまう。

ぼくはそんなことではなくて、例えば携帯電話を敵と捉えれば、それよりもっと魅力があって買いたくなるような洋服とはどんな商品なのかを考える。市場をもっと幅広く見ているので、そこのところの違いだと思う」

『成功は一日で捨て去れ』（新潮社、柳井正著）

いかがだろう。確かに私たち消費者は、「今月はスマホのゲームにお金を使い過ぎたから、洋服は買わないでおこう」「買いたい服があるから、今月のスマホ代は節約しなくちゃ」といったことを平気で口にする。私たちが普通にそう思うのだから、企業側が「携帯電話よりも魅力のある自社の商品は何か？」と考えておくのは、不可欠なことに思えてくる。

代替品を考察する時は、自社の業界を製品やサービスではなく提供する機能で定義することの大切さである。

製品機能の優位性を顧客に提示できない限り、代替品の出現に対抗するには、価格を下げることで顧客にとってのコスト・パフォーマンスを高める以外に選択肢がなくなる。**ＰＬでは、売値の下落や販売数量の減少によって売上高総利益率は減少する。また、激しい競争の下で、一層のプロモーションなど営業コストをかければ、売上高販管費率は上昇する。**ＢＳに目を転じれば、**販売機会を逃した不良在庫が滞留したり、稼働率の下がった工場の負担が重くなる。**

しかし、デジタルカメラと銀塩カメラのように製品自体が完全に交代する事態に発展すれば、もはや単なる「代替品」ではなく、片方が完全に消滅してしまう「交代品」といえる。この場合、利益や利益率の減少のみでは済まされない。事業撤退によって売上や利益がなくなるだけでなく、撤退のための巨額のリストラ費用が発生する事態に陥る。次の主力製品がそれまでに育っていなければ、最悪の場合は経営破綻だ。２０１２年１月に会社更生法の適用を申請した米イーストマン・コダックは、その典型的な事例と言えるだろう。銀塩写真フィルムの終焉とともに倒産した同社は、その後2013年に小規模な企業として再生に至っている。

代替品の脅威を高くする要因	概要
▼業界の製品をコスト・パフォーマンスの点で上回る製品の出現	業界の既存製品と同様または類似の機能をもたらす製品を、より低価格や便利に提供できる（顧客にとってコスト・パフォーマンスのよい）代替品の出現は、既存製品の価格の急落はおろか、既存製品の市場そのものを消滅させる可能性を秘めている
▼収益力の高い企業の存在	収益力に優れた企業や業界は、類似性能の製品を低価格で提供したり、費用投下によって性能を高めた製品を同一価格で販売してくる脅威が高い。当面は利益が確保できなくても、それを十分に吸収できるだけの全社としての強い収益力を保持しているためである

5 売り手の脅威

本節末では製造業にとっての主要な売り手として、原材料の調達先メーカー（サプライヤー）を想定して記述した。他にも、製造を外部委託している場合の委託先企業や、工場建設に必要なプラントメーカー、機械メーカーなどとの関係も必要に応じて考察しなくてはならない。ただし、いずれの売り手の脅威であっても、決定する要因は、大きく変わらない。

節末にまとめた売り手の脅威を高める要因が強いほど、条件交渉における主導権を売り手が握る。すべてが価格に転嫁されるわけではないが、双方にとって価格が主導権の重要な発揮の場であることは間違いない。**調達コストの上昇によって、業界の製造コストは上昇し、売上高総利益率は下落する。**

同じように販管費に属する費用の調達先となる、広告宣伝費に関するマスメディア媒体や広告会社、運搬費に関する運輸会社など、その重要性に応じた売り手を個々に検討することも望まれる。**こうした機能の売り手の脅威が高まるほど、販管費は上昇し、売上高販管費率が高まる。**

売り手や、次の節の買い手との力関係を考察するために、卸業界を取り上げてみよう。医薬品、日用雑貨、化粧品などのメーカー（卸業界に対する商品の売り手）と、ドラッグストアやスーパーなどの小売店（卸業界が商品を販売する買い手）の間を仲介する卸業界での企業統合が、急速に進んでいる。最大手のメディパルホールディングスは、メディセオやPaltacに代表される傘下の企業によって、医薬品、日用雑貨、化粧品のすべてを扱う一大卸企業グループを形成している。2020年3月期の売上高は3兆2000億円を超え、売上高だけを見れば、売り手となるいかなる医薬品や食品、日用品メーカーをも上回る規模にある。

医薬品業界は国内市場が成熟して久しい。日用雑貨や化粧品市場は、少子高齢化の影響から今後の国内市場の成長余力に欠ける。卸業界にとっての売り手となるメーカー側は、こうした厳しい経営環境から一層のコスト削減への意識が高い。それは、メーカーが卸業界を飛ばして小売と直接取引をすることで、中間コストの削減を目指すことにもつながる。メーカー側はこの意向を柱として卸と交渉することで、卸に対して価格を中心とした交渉もしやすくなる。

卸業界としては、顧客動向の情報提供や提案、一層の物流コストの低減などで対抗せざるをえないが、その一方で自社の企業規模や取扱商品を拡大することで、コスト低減効果を増大し、価格抵抗力を高めている。同時にメーカー側に対して卸の選択肢を狭めることで、価格交渉力を維持する効果にもつながっていく。

売り手（サプライヤー）の脅威を高くする要因	概　要
▼売り手の業界で少数企業による寡占化が進んでいる場合	自社の業界よりも売り手側が寡占化していれば、売り手は価格などの条件設定での主導権を握る。結果として原材料などの調達コストが高騰し、収益が圧迫される脅威が高まる

▼売り手の製品の独自性が強い業界	売り手の製品の独自性が強い場合、顧客である業界側はそれを必要とする限り、その売り手から購入せざるをえない。結果として業界は価格を基準にした売り手選別をすることができず、調達コストが増大し利益が減少する
▼売り手を変えるスイッチングコストが高い業界	製品の仕様が自社に合致していてその変更が困難であったり、売り手を変更することが地理的に難しかったりする場合、売り手の交渉力は強まり、脅威は高まる
▼売り手による川下統合の可能性が高い業界	売り手が川下統合によって自社の業界を侵食するだけの動機と力を保有している場合、業界側は売り手を過度に刺激する行動は取りにくい。結果として売り手の主導権は強くなり、脅威が高まる
▼顧客としての重要性が売り手にとって低い業界	売り手にとって顧客となる自社あるいはその業界があまり重要でない場合、価格設定などにおいて売り手は強気の姿勢をとる可能性が高い。結果として、業界の収益力が圧迫される脅威が高まる

6 買い手の脅威

業界にとって買い手（カスタマー）の脅威が高まる背景は、前節で見た業界にとっての売り手の脅威が高まる背景の裏返しといえる。さまざまな要因によって顧客である買い手の脅威が高まるほど、業界は条件交渉における主導権を買い手に譲ることとなる。これもすべてが売値に転嫁されるわけではないが、双方にとって売値が主導権の重要な発揮の場であることは間違いない。ＰＬでは、**売値の下落によって売上高総利益率は減少する。**また、**激しい競争の下で、一層のプロモーションなど営業コストをかければ、売上高販管費率は上昇する。**ＢＳに目を転じれば、**販売機会を逃した不良在庫が滞留したり、稼働率の下がった工場の負担が重くなる。**

メーカーであれば、エンドユーザーに製品を直接販売することは稀で、卸・小売店・販売代理店などの販売チャネルを介して、自社の製品を販売することが通常だ（図表５―２）。この場合には、買い手はエンドユーザーだけではなく、販売チャネルも重要な買い手として、同様に考察しなくてはならない。販売チャネルが強い力を持つ業界であるほど、**多額の販売促進費を投下する必要性が生じてくる。この場合は、売上高販管費率が上昇する。**

ドラッグストアやスーパーといった主要な買い手が巨大化するなか、卸業界も巨大化によって一定の規模を確保しない限り、買い手が期待する機能や価格を提供することが難しくなる。弱小卸会社であっては、メーカーのみならず小売側にも、足元を見た交渉をするインセンティブが働いてしまう。

また、ドラッグストアは、もはや医薬品だけではなく、日用雑貨や化粧品、食品などの主要な販売チャネルとなっている。よって、こうした商品を多数のメーカーから総合的に仕入れて、売り手である小売店に一括供給できる卸であれば、小売店にとっても業務の効率化や物流コストの低減で、魅力を感じる相手となる。

最後に、医薬品、日用雑貨、化粧品などのメーカー（卸業界に対する商品の売り手）と、ドラッグストアやスーパーなどの小売店（卸業界が商品を販売する買い手）に挟まれた卸業界の決算書を概観しておこう。食品卸業界の最大手である三菱食品は、２０２０年３月期の連結売上高が２兆６５００億円に達している。成熟する国内市場に対してスケールメリットを追求するため、２０１１年に菱食、明治屋商事、サンエス、フードサービスネットワークなどが経営統合して誕生した企業であり、三菱商事の子会社でもある。しかしそこは卸業界、２０２０年３月期の総利益率は６・７％、経常利益率に至っては、わずか０・６％と薄利多売のＰＬ構造だ。しかし、ＢＳに目を転じると異なる景色も見えてくる。受取手形及び売掛金３１７５億円と棚卸資産６５３億円の合計額３８２８億円より、買掛金４０６７億円の方が大きな数値となっている。この意味するところは、現金が滞留してしまう棚卸資産分の資金に加えて、顧客からの入金待ちである売掛金が資金化されるまで、サプライヤーへの買掛金は払わないことに他ならない。要は、「カスタマーからお金をもらうまで、サプライヤーにお金は払わない」ということだ。これは最高の資金繰りとも言えよう。この結果、２兆６５００億円を超える超巨大企業で、経常利益率わずか０・６％の薄利な企業でありながら、三菱食品は未だ無借金経営を貫くことに成功している（**図表5－3**）。ＰＬしか見ない人には、薄利な卸にしか見えない三菱

図表5-2　卸業界を取り巻く売り手と買い手

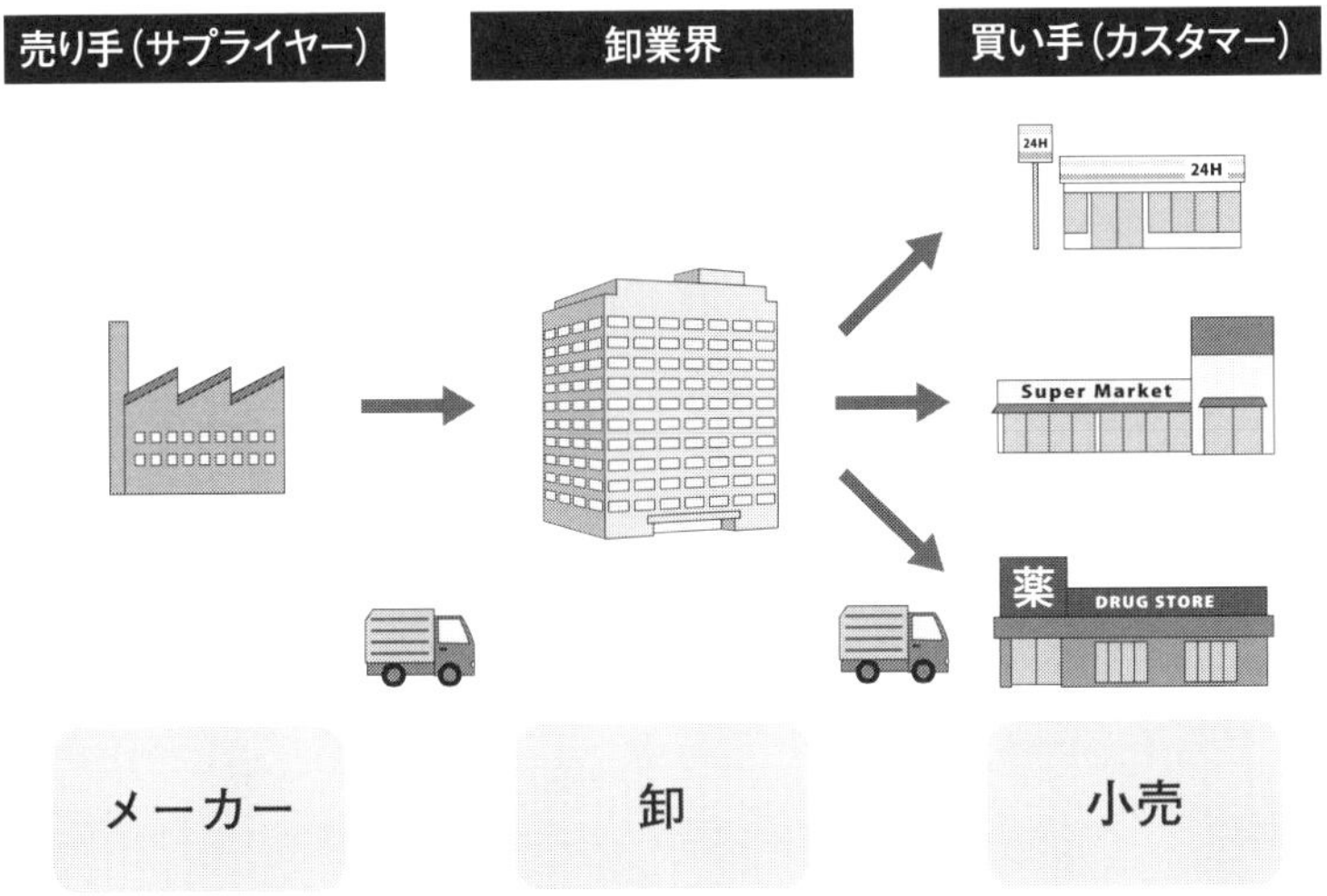

図表5-3　三菱食品が創り出す負の運転資金

受取手形・売掛金 3,175億円　＋　棚卸資産 653億円　＜　支払手形・買掛金 4,067億円

“カスタマーからお金をもらうまで、サプライヤーにお金を支払わない”

↓

無借金経営を実現！

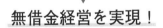

食品だが、ＢＳを見ることによって、５つの力のうちの２つの力、すなわち売り手と買い手の間を取り持ちながら、効率よく資金を回すことのできる投資効率の優れた企業であることが見えてくる。**売り手と買い手に対して魅力ある価値を提供しているからこそ実現できる、投資効率の高さと無借金経営の姿なのだ。**

買い手（カスタマー）の脅威を高くする要因	概　要
▼買い手の業界で少数企業による寡占化が進んでいる場合	納入元の業界（自社の業界）よりも買い手が寡占化されていれば、買い手は価格などの条件設定での主導権を握れる。結果として売値が下落し、収益が圧迫される脅威が高まる
▼買い手にとって製品の独自性が重要でない場合	納入元の製品の独自性が弱い場合、買い手は価格を中心として納入元を選別することが可能となる。結果として売値が下落し、利益が減少する
▼買い手にとって納入元のスイッチングコストが低い業界	納入元を変更しても特にスイッチングコストが発生しないような場合、買い手の交渉力は強まり、脅威は高まる

▼買い手による川上統合の可能性が高い業界	買い手が川上統合によって自社の業界に侵食するだけの動機と力を保有している場合、業界側は買い手を過度に刺激する行動を取りにくい。結果として、買い手の主導権は強くなり、脅威が高まる
▼納入元や納入元製品の重要性が買い手にとって低い業界	買い手にとって納入元あるいはその業界があまり重要でない場合、価格設定などにおいて強気の姿勢をとる可能性が高い。結果として、業界の収益力が圧迫される脅威が高まる

次の第6章では、鉄鋼業界を例にとって、5つの力を使った詳細な分析を試みる。鉄鋼業界の構造と変化をきちんととらえた上で、実際の会計の数値を見ていくこととしよう。

第5章のまとめ

■ビジネスを考えるスタート地点は、会計の数値ではなく、常に経営の外部・内部環境を的確に把握すること

■戦略とは「勝ち続けるためのしくみ」。時代が変われば顧客の嗜好も変わる。顧客が変われば企業が勝つための条件も変わっていく。必然的に企業が勝つためのしくみを変えていかなければならない

■勝ち続けるためのしくみを考える上では、業界の競争環境の把握が第一に重要。勝つた

めのしくみを考える以上、そもそも自社がどのような特性のある業界にいるのか、どのような競争環境にさらされているのか、そして勝つための戦略にはどのような選択肢があるのかを理解することなくして、正しい戦略は作りえない

■「勝ち続けるためのしくみ」を構築するには、勝ち続けることを阻害する可能性を持った5つの要因（既存業者間の脅威、新規参入の脅威、代替品の脅威、売り手の脅威、買い手の脅威）を考察する。これがハーバード大学教授のマイケル・ポーターによる「5つの力（ファイブ・フォーシース）」

第6章

「5つの力」で 業界の競争環境と 会計数値を読み解く

〈応用編〉

２０１２年10月、日本の鉄鋼最大手である新日本製鐵と同3位の住友金属工業（以下、住金）が合併し、新日鐵住金が誕生した（同社は２０１９年4月より、日本製鉄に社名を変更したため、以降は日本製鉄で呼称する）。２００８年秋に世界的な金融危機、いわゆるリーマン・ショックが起きるまで、日本の鉄鋼業界は売上高営業利益率で10％超を誇る代表的な好業績業種だった。電機業界などと比べても、鉄鋼業界はこれまで再編が何度もなされてきたので、大手についてはある程度集約が進んでいたのが実態だ。**そうした業界の大手同士が、なぜ再び、さらなる経営統合をする必要性があったのだろうか。**

この問いかけは、まさに業界に関する問いかけだ。こうした事象を考察する際に、つい新日本製鐵や住金といった個別企業の議論にすぐに入りがちである。しかし、なぜ個々の企業がそうした選択に至ったのかは、業界そのものの特性や構造変化が大きく影響しているはずだ。であれば、いきなり個別企業の各論に入るのではなく、業界全体の構造を十分に認識した上で、大手企業同士による大合併という特異な事象を評価しなくてはならない。

そこで有効に活用できるのが、第5章で紹介したポーターの「5つの力」である。モレなくダブリなく業界に影響を与えうる5つの要因を考察した上で、なぜ鉄鋼業界で大手企業同士の合併にまで事態が進展したのかを考えていきたい。5つの力で業界の構造を読むにあたり、まずは、業界全体の数値がどのように推移していたかを見ていくこととしよう。

なお、ここでは競争環境が厳しく、5つの力を理解するのに分かりやすい事例と考えるため、鉄鋼業界を使っている。読者の皆さんには、ひとつひとつの事象を、ご自身の業界であればどういった評価ができるのか、常に置き換えながら考えていく機会として欲しい。

1 利益率が下降を続け、大合併に至った鉄鋼業界を5Fで考察する

図表6―1は、国内の18の製造業の売上高営業利益率を追ったものだ（日経財務情報）。3つの年度は、金融危機前（2007年度）、金融危機時（2008年度）、そして金融危機後（2011年度）である。真ん中の2008年度が谷底になっていて、2011年度は回復に向かっているという大きなトレンドはどの製造業にも共通している。ただし、鉄鋼業と医薬品を除いてである。医療品業界は、特許切れによる新薬メーカーの利益の大幅悪化が背景にある。

図表6―2を見ると、全国粗鋼生産量（粗鋼とは鉄鋼製品の基礎となる鋼《はがね》のこと）は、歴史的に9000万トン～1億2000万トンのレンジ内で激しくかつ周期的に推移してきたことが分かる。金融危機直前の2007年には1億2200万トンの最大生産量に達したのち、2008年の金融危機で一気に20％の減少である。生産量や販売量がいきなり20％なくなって

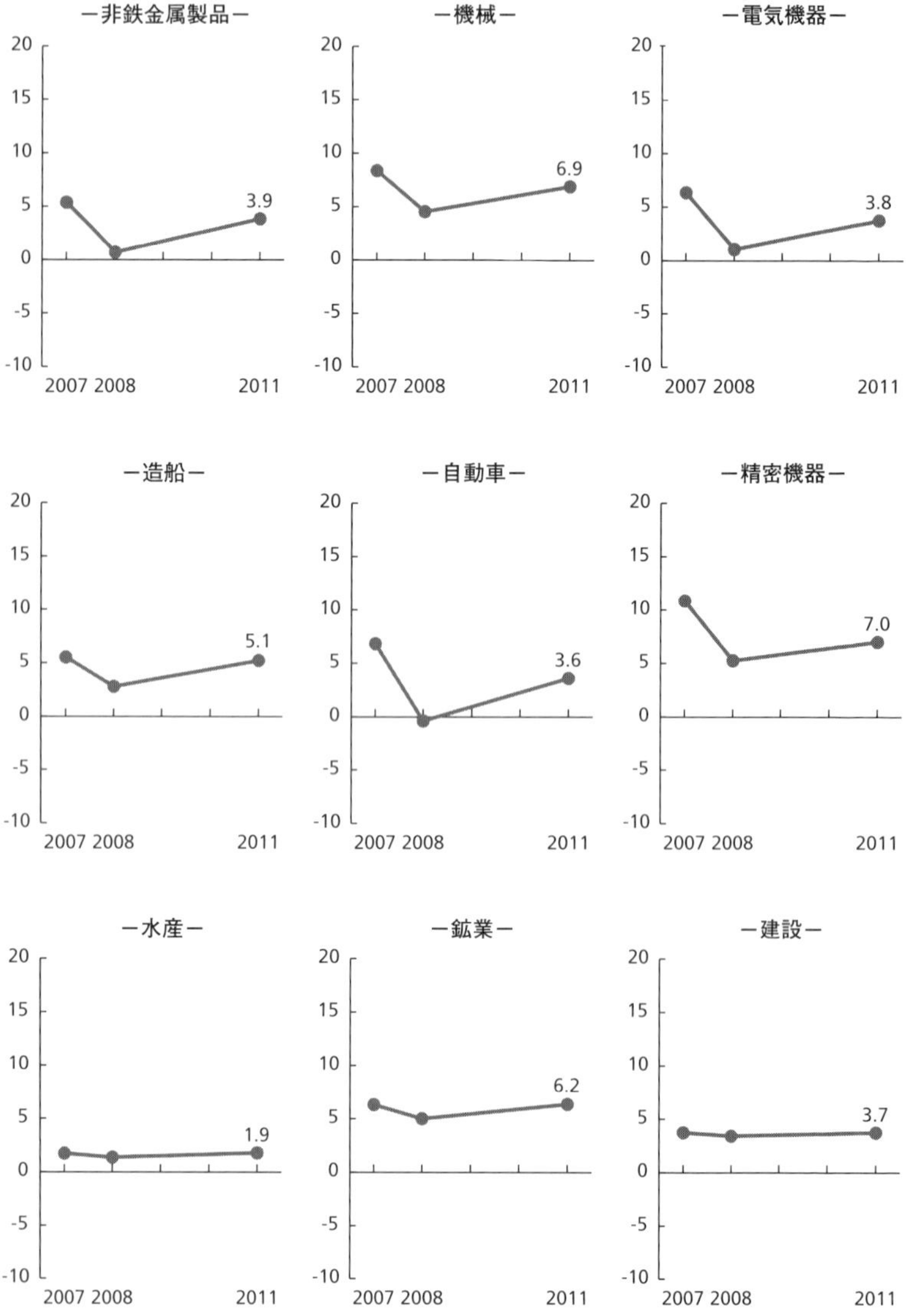

−非鉄金属製品−
−機械−
−電気機器−
−造船−
−自動車−
−精密機器−
−水産−
−鉱業−
−建設−
20
15
10
5
0
-5
-10
2007 2008
2011
3.9
6.9
3.8
5.1
3.6
7.0
1.9
6.2
3.7

図表6-1 製造業の売上高営業利益率の推移（%、年度）

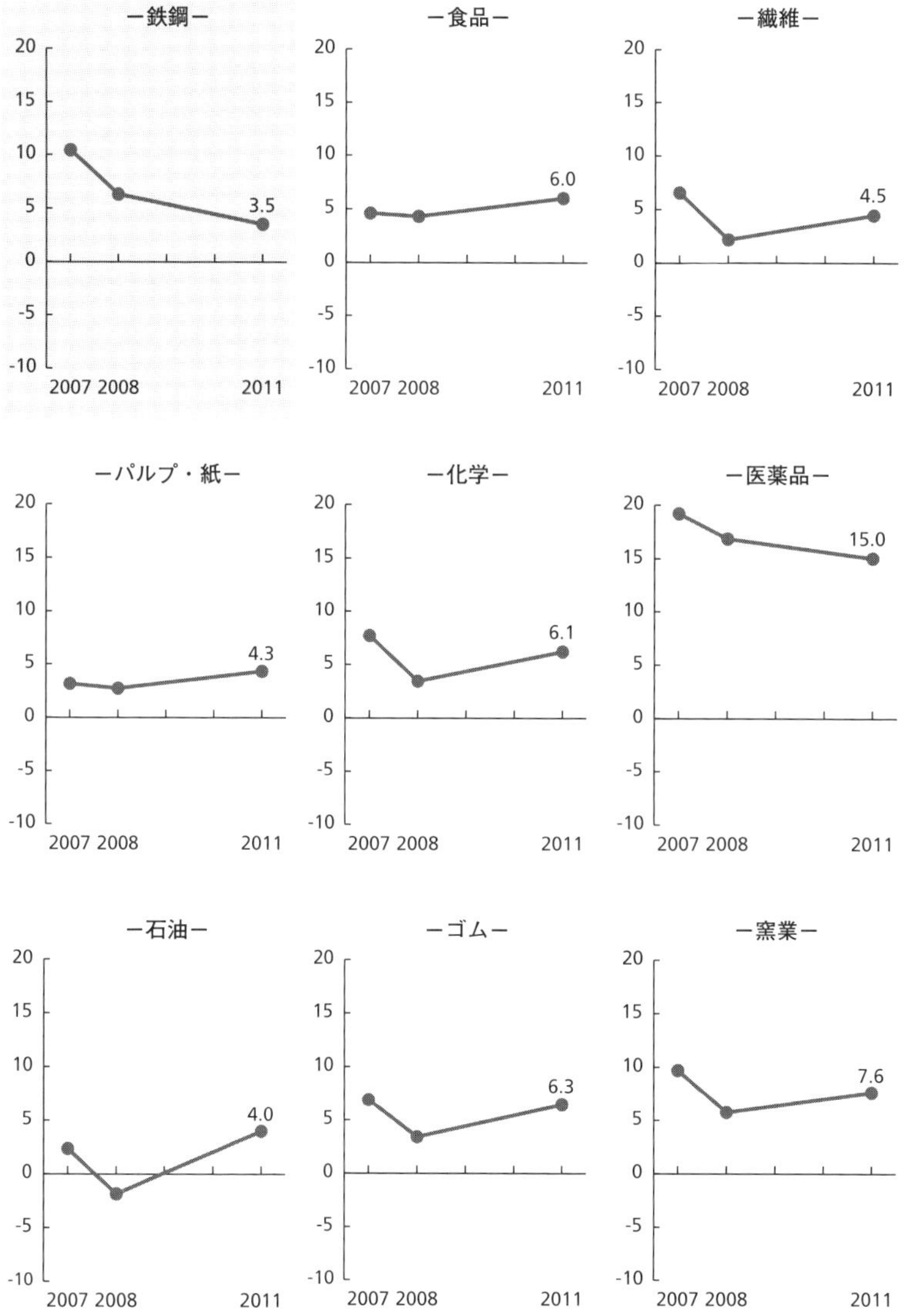

図表6-2　全国粗鋼生産と国内鋼材消費の推移

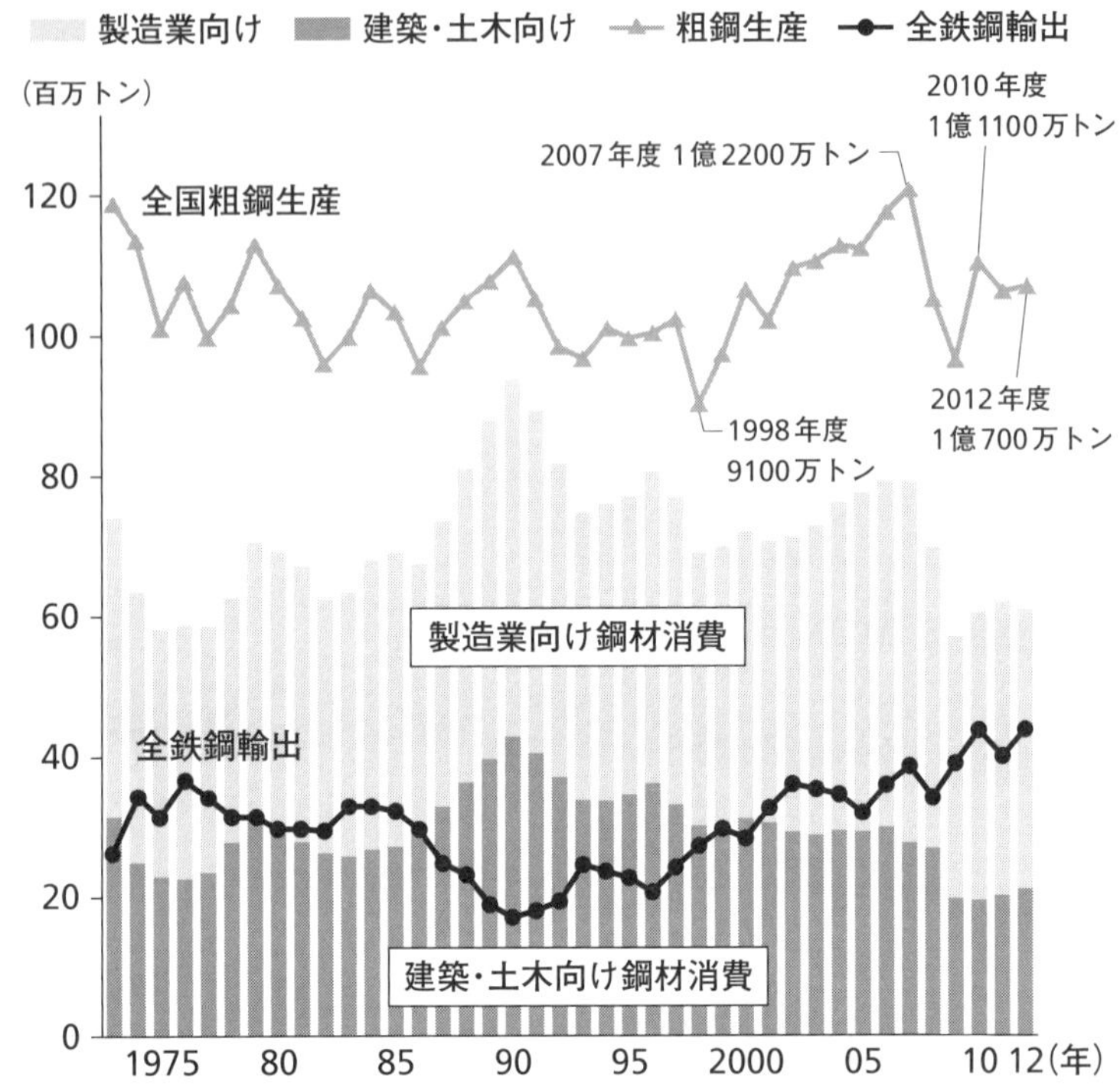

（出所）新日鐵住金2012年度決算説明会

しまえば、鉄鋼業界にあらずとも赤字に陥るのは避けられない。

むしろ気になるのは、２０１０年に1億１１００万トンまで回復した粗鋼生産量が、２０１１年から再び下落⇒横ばいに低迷していることである。確かに東日本大震災の影響もある。それにしても、鉄鋼メーカーの大口顧客である自動車業界がこの期間に着実に業績改善を果たしたことを思えば、違和感を覚えてもよいだろう。製造業向け、建築・土木向けともに鋼材消費が低調に推移する中で、輸出は徐々に伸びてきていることも読み取れる。

金融危機からの回復と景気環境の良化によって、製造業の利益率が２０１１年度に改善を示したなか、鉄鋼業界の利益率の悪化が続いたのは、いったいなぜだろうか。WHY? 自動車販売台数や住宅着工戸数が伸びているのに、粗鋼生産量は、製造業向けも建築・土木向けも横ばいにしか推移しないのは、いったいなぜだろうか。WHY? そんな鉄鋼業界において、各社はどのような打開策を掲げていくのだろうか。SO WHAT?

国内大手2社の業績動向

そこで、個別の企業の動きを観察してみることにしよう。国内大手2社となる日本製鉄（２０１2年3月期までは新日本製鐵）と、ＪＦＥホールディングスの7年度の連結売上高、売上高総利益率、売上高営業利益率の推移を示したのが**図表6－3**、**図表6－4**である。日本を代表する大手2社だけあって、３つのグラフの動きは2社ともにおおよそ共通している。そして

図表6-3 日本製鉄の業績推移

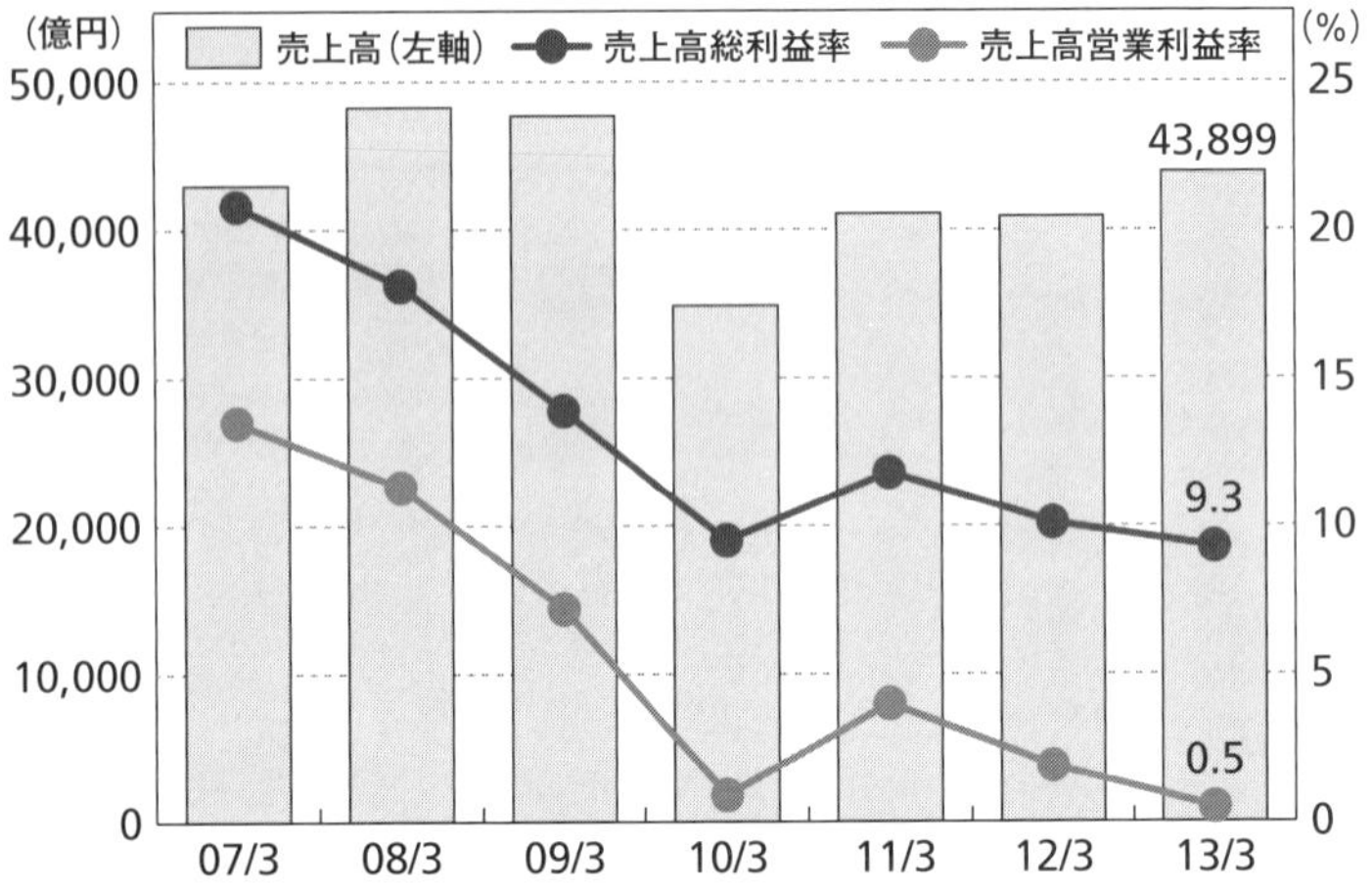

（注）2007年3月期～2012年3月期は旧新日本製鐵、2013年3月期は合併会社（住友金属は半年のみ連結）

図表6-4 JFEホールディングスの業績推移

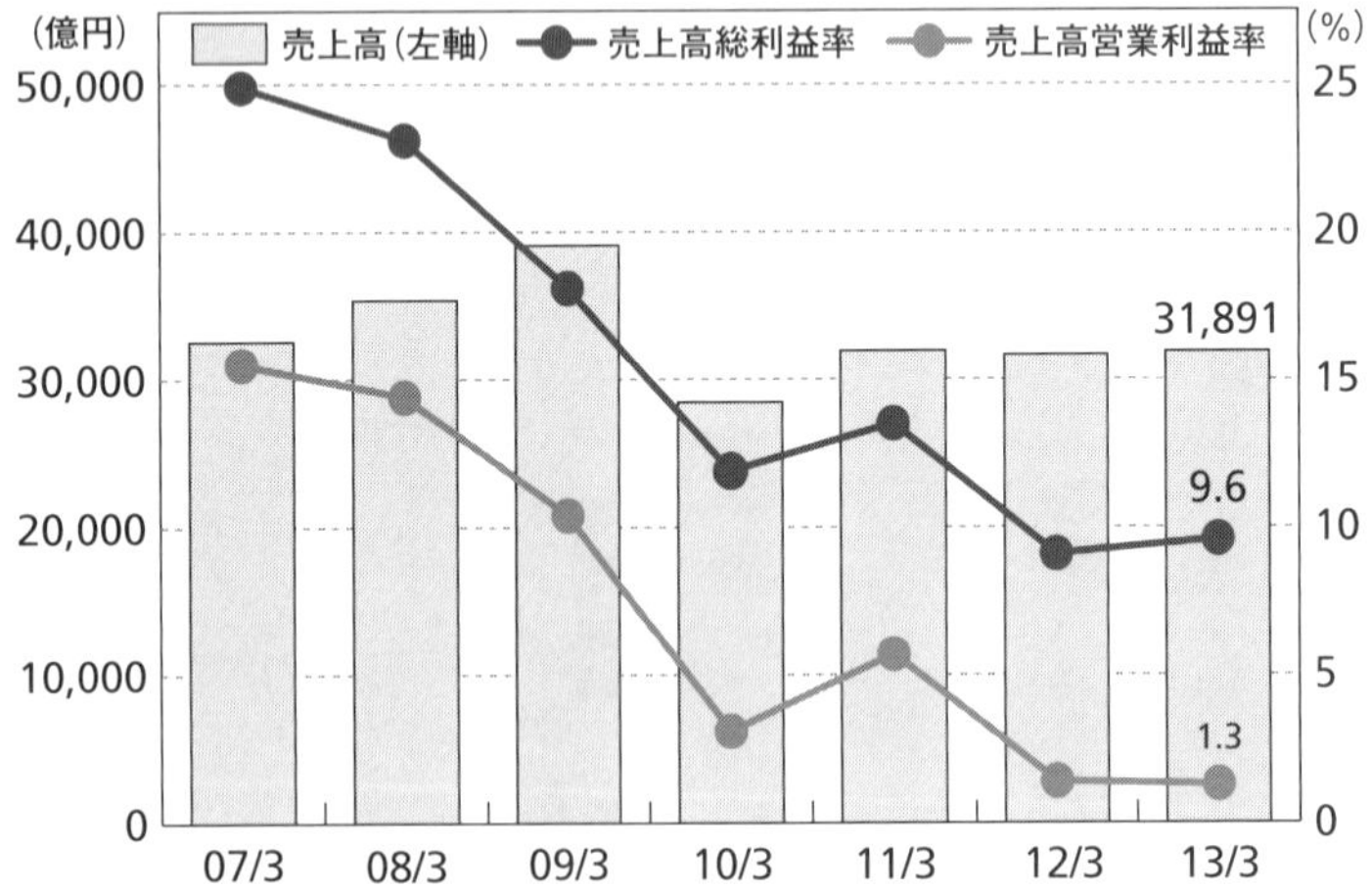

図表6-5 日本製鉄の鋼材出荷量と鋼材平均価格の推移

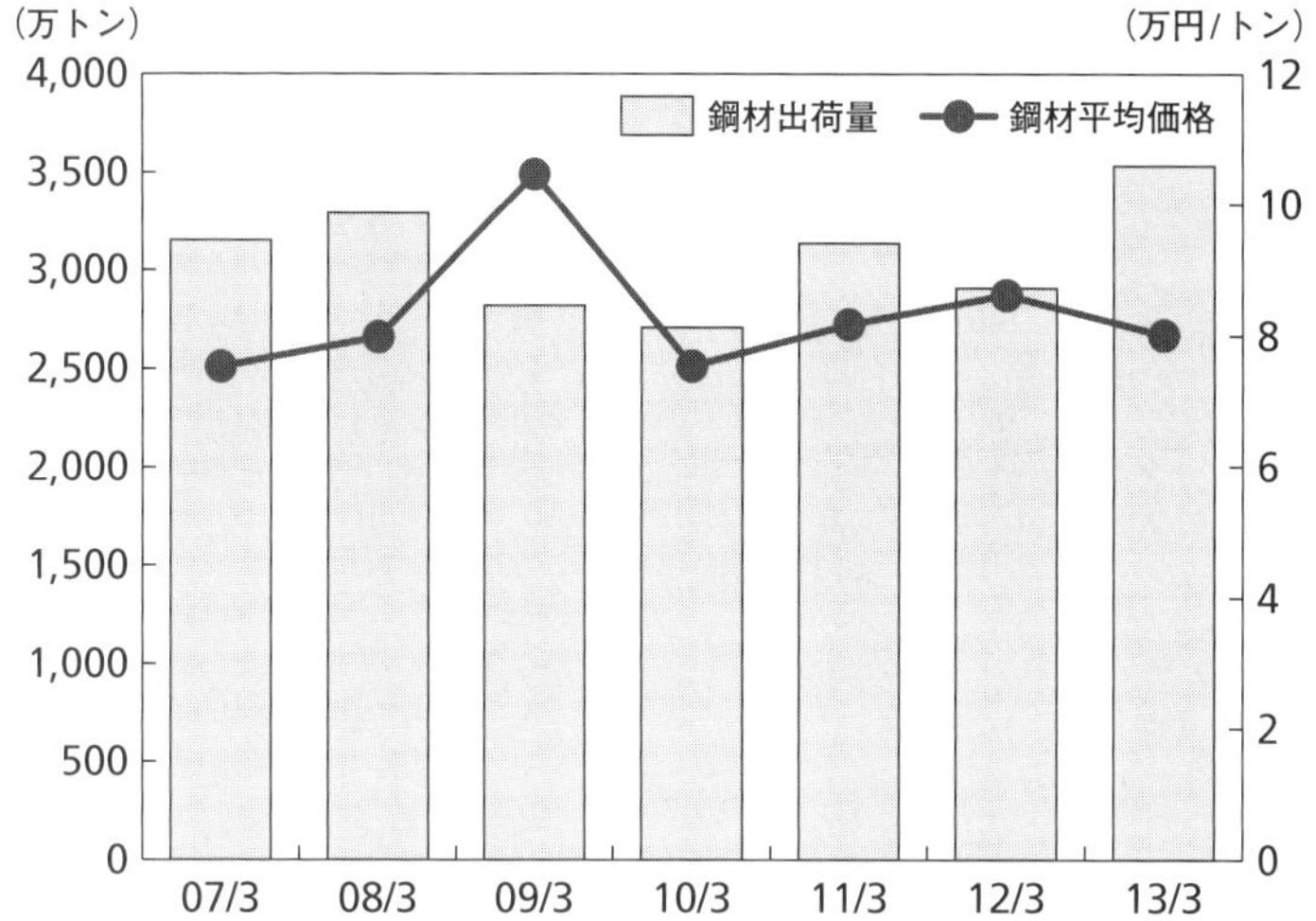

(注) 2007年3月期～2012年3月期は旧新日本製鐵、2013年3月期は合併会社(住友金属は半年のみ連結)

2社ともに売上高総利益率と営業利益率の動きと幅がほぼ同一であることから、営業利益率は売上高総利益率の動きでおおむね決まっていることが分かる。言い換えれば販管費の影響はほとんどない。

そもそも鉄鋼業は、B2B（Business to Business）を代表する業界であって、広告宣伝などの販管費を多額に使う事業ではない。技術革新が急速に進むわけでもないので研究開発費もそう多くはないことや、商社を通じて販売することが多いので、営業人件費もあまり膨らまないことも、販管費の少ない理由として挙げられる。

では、総利益率はここ2年、**なぜ**下落～横ばい傾向にあるのだろうか。そもそも総利益率で10%未満という、非常に薄利なマージンに陥っているのは**なぜ**だろうか。

欧州危機や中国の景気減速による鉄鋼製品需要の頭打ちから、2011年度と2012年度の原料価格は、鉄鉱石も石炭もおおむね下落基調にあった。原料価格だけを考えれば、総利益率の改善に寄与するはずである。また**図表6－5**のように、日本製鉄の鋼材平均価格は、比較的安定している。原料価格の下がる局面で販売価格が安定していれば、総利益率は上がらなくてはならないのに、実際は下がっている。

しかしながら、この間に鋼材出荷量は減少を続けている。2013年3月期は増加に見えるが、下半期に合併した旧住金の半年分の出荷量が加わったためで、旧新日鉄単独で見ると、2013年3月期も実は出荷量が減少している。減価償却費などの固定費が重い業界なので、生産量が減ると、1製品あたりの固定費負担増から、原価率の上昇⇓総利益率の下落が急速に進むのである。

加えてこの間は、大幅に円高が進んだ時期だ。図表6－2から日本の鉄鋼メーカーの輸出比率は上昇基調にあることは分かったが、円高の影響によって、ドル建ての売上は円換算時に目減りしてしまう。

輸出比率が高まっているのは、顧客企業が海外に生産移転してしまったことや、その結果、国内の余剰生産高をアジア市場に輸出していることによるもので、国内成熟の裏返しともいえる。手放しで喜べる話でもないのだ。

こうした様々な数値やグラフを見たときこそ、「WHY?」、つまり「なぜそうなっているのか?」や「SO WHAT?」、つまり「そこから何が言えるのか?」を問い続けることが求められていく。

ここまでの数値の動きと、こうした疑問の解決をイメージしながら、2012年10月の新日鐵住金の誕生に至る鉄鋼業界のグローバル競争環境を、5つの力で分析してみることにしよう。

2 既存業者間（業界内）の脅威
——脅威を高める事象ばかり

グローバルで競争する鉄鋼業界には、業界内の競合企業の多さ、中国メーカーの新規参入の増大、欧州や中国の景気低迷による世界的な低成長率、技術やサービス面での新興メーカーの追い上げにより差別化が難しくなってきた製品特性、売り手や買い手の業界に対するスイッチングコストの下降、さらには中国メーカーの減産に消極的な姿勢や、韓国メーカーの増産によるさらなる市況悪化など、どれをとっても既存業者間の脅威を高める事象があふれている。これらすべての事象が合わさって、熾烈《しれつ》な価格競争に発展している。このことが業界の売上高総利益率や売上高営業利益率の継続的な低下に大きく影響している。

既存業者間（業界内）の脅威を高くする要因	2013年3月までの世界の鉄鋼業界の状況
▼競合企業の数が多い、または競合間の類似性が高い業界	・世界のトップ5社でシェア18%、トップ10社でもわずか28%（2011年度、新日鐵住金は1社として計算）の鉄鋼業界は、既存業者間の競争を激しくする

- 世界の粗鋼生産量の6割程度は中国が占めている。中国国内の需要を大幅に上回るため、安価な製品を海外に輸出して世界中の需給悪化を引き起こしている
- 韓国の大手2社（ポスコと現代製鉄）の粗鋼生産量も韓国国内の需要を大幅に上回っており、積極的に海外への輸出に振り向けているため、さらなる競争激化につながっている

▼業界の成長率が低い業界

- 2012年の世界の粗鋼生産量は15億トンで、前年度比横ばいだった。ただ2020年には新興国市場での需要の増大から20億トンまで成長するとみられており、これが現実化すれば需給環境の改善から競争環境の緩和も期待できる
- 成長期待は既存業者間の将来の脅威を下げるものだが、予測通り成長しないと、現時点の供給過剰がさらに悪化するだけに終わってしまう

▼製品の独自性が小さい業界

- 一昔前には、日本の鉄鋼メーカーの技術や品質に圧倒的な優位性があったが、最近は韓国や中国メーカーの技術進歩が追いついてきている領域も多い
- 技術・品質を第一とする日本の自動車メーカーが、中国産や韓国産の製品を多く取り入れ始めていることからも、製品やサービスを問わず、独自性を出すことが容易でなくなっていると考えられる

▼売り手や買い手のスイッチングコストが低い業界	・右記に連動するが、どの鉄鋼メーカーから購入しても、一定の品質やサービスが担保されるのであれば、買い手（顧客）にとってスイッチングコストは必ずしも高いものではない ・鉄鋼業界の企業数が、売り手となる資源メジャーの企業数を大きく上回っているため、売り手主導の販売交渉（需給調整、価格設定、交渉頻度）が展開され、売り手のスイッチングコストは低いと判断できる
▼価格引き下げの誘惑が強い業界	・固定費が重いので、これを回収するために価格を引き下げようとする動きが、特に中国の新興中規模鉄鋼メーカーによく見られる ・地方政府や資金供給者の下支えもあって、業績が低迷する中国メーカーでも、生産能力調整の努力をせずに、価格引き下げによる売上拡大をもくろむ傾向が強い
▼生産能力の増強意欲の大きい業界	・成長市場であるインドネシアにポスコが新たに製鉄所を建設するなど、より顧客に近く、より成長する市場において、生産能力を増強する意欲が見られている ・世界的に供給過剰ななか、日本製鉄は君津製鉄所の高炉1基を休止し、アルセロール・ミタルが欧州の複数の製鉄所を閉鎖するなど、余剰生産力を抱える大手には、むしろ生産規模を縮小して稼働率を上げようとする動きもある
▼撤退障壁の高い業界	・製鉄所周辺地域への雇用など経済的影響が大きいため、業績不振だからといって、安易に製鉄所を閉鎖することは、特に日本国内では容易でないと判断される ・一度高炉を止めてしまうと、再稼働に巨額の費用がかかるため、高炉休止の意思決定は後ろ倒しになりやすい

3 新規参入の脅威――過去10年間の中国での新規参入が、大きな傷跡に

供給が需要を上回り、熾烈な価格競争が続く鉄鋼業界では、世界トップのアルセロール・ミタルですら、2012年度は最終赤字に陥っている。重い固定費を回収するだけの一定の規模は必要であり、参入時の技術力や資金力も高い水準で要求されるので、参入障壁は高く、脅威は低いと考えられる。

一方で、過去10年間に中国で新規参入や設備増強が立て続けに起きたように、こと中国だけを考えれば決して参入障壁は高いというものではなかった。

今後は中国を含めた世界市場で増えすぎた企業がどう淘汰されていくのかだが、撤退障壁は高い（地域経済や雇用への影響大）業界なので、容易に進まないことも想定される。

新規参入の脅威を高くする要因	2013年3月までの世界の鉄鋼業界の状況

▼規模の経済が働きにくい業界	・製鉄所の操業にともなう固定費が重いので、規模の経済は不可欠であり、この点においては特に日本国内や欧米では新規参入の脅威は非常に低い ・しかし、過去10年間、中国では大〜中小規模の鉄鋼メーカーまで含め、生産能力が4倍に膨れ上がったように、新規参入が非常に激しかった業界ともいえる。新興メーカーだけで中国には800社あると言われている。中国国内の安い操業費用であれば、規模は劣っても価格競争力を有している企業もある（または赤字覚悟でも価格を下げるだけの、政府や債権者からの支援がある）
▼製品の差別化がしにくい業界	・一昔前には、日本の鉄鋼メーカーの技術や品質に圧倒的な優位性があったが、最近は韓国や中国メーカーの技術進歩が追いついてきている。汎用品に限らず、ハイエンドの製品でも、そうした海外メーカーが躍進しており、差別化は容易でなくなってきている
▼参入時の大規模な資金の必要性が低い業界	・規模の経済を実現するための設備投資や、優位性のある製品開発のための技術力・研究開発力が必要なので、新規参入時には相応の資金が必要となる。この点においては、新規参入の障壁は高い
▼規模に関係のないコスト面での優位性が既存業者間で低い業界	・競争はグローバル化しているため、為替の動向や、税制面、電気代などに優位性のある国での製造が多いほど、コスト面での優位性は発揮できる。2012年までウォン安が続いた韓国は、その典型的な事例として指摘できる

▼流通チャネルへのアクセスが困難でない業界	・大口顧客については直接、交渉・取引がなされるため、販売活動における弊害にはなりにくく、脅威は低い ・中小顧客は商社や卸業を介した販売が多数を占めるため、国ごとの異なる流通制度に入り込めないと、参入の高い障壁となる可能性を秘めている
▼政府の規制が少ない業界	・クリアしなくてはならない規制は多いものの、外国資本の鉄鋼メーカーの多くが製鉄所をアジア各国に建設するなど、規制が最大のボトルネックとなる可能性はそれほど高くないと考えられる
▼既存業者の報復見込みが小さい業界	・不当に安価な輸入鋼材に対しては、アンチダンピング関税の発動がされるなど、世界的には報復活動が少なくないのが鉄鋼業界であり、脅威は存在する

4 代替品の脅威——鉄の利便性は当面変わらず

「5つの力」の中で、唯一脅威としての重要性が低いのが代替品だ。航空機材という特異な製品では炭素繊維が鉄の代替品として伸長したが、自動車をはじめとするマス市場においては、当面の間は鉄に代わる代替品はなく、脅威は低いと考えられる。

代替品の脅威を高くする要因	２０１３年３月までの世界の鉄鋼業界の状況
▼業界の製品をコスト・パフォーマンスの点で上回る製品の出現	・ボーイング７８７で機体の50%に炭素繊維が採用されるなど、ほんの一部の特異性の強い最終製品では鉄の代替品が生まれている。鉄の最大の弱みにして、炭素繊維の最大の強みは、その軽さにある ・マス市場の自動車では、コスト面と成形性の改善が炭素繊維の最大のネックとなっている。この2点において鉄は圧倒的な優位性を築いているため、当面の間は鉄に代わる代替品はなく、脅威は低いと考えられる
▼収益力の高い企業の存在	・世界の大手企業ですら収益力が低迷している鉄鋼業界の中で、唯一韓国ポスコだけは、高い収益力を誇ってきた。ウォン安、最新設備、少数製鉄所での効率生産、人件費・電気代・税金の割安な自国といった恩恵から、研究開発投資増・低コスト生産⇒価格競争力を実現してきた ・ポスコは設備面（最新設備、少数製鉄所）を除けば、為替の恩恵も大きいため、ウォン安が修正される局面では、逆回転を起こす可能性もある

5 売り手の脅威——売り手主導の販売交渉が継続する

鉄鋼業界が世界的な業績低迷に陥っている様々な要因の中でも、先の中国における余剰な生産能力と、売り手である資源メジャーの寡占化の2つは突出している。鉄鋼製品には、**図表6−2**が示すように需要動向が周期的にブレやすい特性がある。需要に応じた柔軟な原料調達をしたいのが鉄鋼メーカー側の希望だが、業界寡占度の違いから、交渉は売り手（サプライヤー）主導になりやすい。

売り手（サプライヤー）の脅威を高くする要因	2013年3月までの世界の鉄鋼業界の状況
▼売り手の業界で少数企業による寡占化が進んでいる場合	・売り手を代表する鉄鉱石メジャーは、大手3社（BHPビリトン、リオ・ティント、ヴァーレ）でシェア7割を占めており、鉄鋼業界の企業数が世界的に数多いのとは対照的。必然的に売り手の脅威は非常に高く、売り手優位な交渉となるケースが多い

▼売り手の製品の独自性が強い業界	・売り手が提供する鉄鉱石や石炭といった原料は、各社の製品に著しい差別性があるわけではない。しかし、鉄鋼業界にとっては製造における不可欠な原料であり、代替が利かない。このことも価格交渉において売り手側が主導権を握る背景の1つとなり、売り手の脅威を高めている
▼売り手を変えるスイッチングコストが高い業界	・売り手が提供する製品に絶対的な独自性がないことから、製品の品質面だけを考えれば、業界が売り手を変えるスイッチングコストはそれほど高くはない ・しかし、売り手は寡占化されているので、需給調整を図りやすい。需給逼迫時にも鉄鋼業界は確実に原料を調達しなくてはいけないので、需要の変動によらず売り手と継続して安定的な取引をすることで、信用を築くことも重要となる
▼売り手による川下統合の可能性が高い業界	・資源メジャーが川下である鉄鋼メーカーにまで進出統合してくることは、現状では考えにくいため、脅威は低い ・鉄鋼大手メーカーが川上の資源鉱山を買収したり出資したりするなど、逆の垂直統合は一部見られるが、3社による寡占規模に比べれば、影響力は限定的である
▼顧客としての重要性が売り手にとって低い業界	・需給環境にも左右されるので一概には言えないが、売り手と鉄鋼業界の寡占度合いの違いから判断すれば、大口優良顧客を優先した取引をするインセンティブが売り手には働きやすい

6 買い手の脅威
――買い手主導の販売交渉が継続する

鉄鋼業界の主たる買い手（顧客）のひとつである自動車業界が、鉄鋼業界に比べて世界的に集約されていることからも、販売交渉は買い手主導になりやすい。そうならないための技術、品質、サービス面での日本の鉄鋼メーカーの優位性も、最近では韓国や中国企業に一部で追いつかれ始めている。世界的に供給過剰である以上、あるべき道は技術やサービスでのあくなき差別化の追求であることは間違いないが、同時にコスト競争力を高めるための施策が常に望まれている。

買い手（カスタマー）の脅威を高くする要因	2013年3月までの世界の鉄鋼業界の状況
▼買い手の業界で少数企業による寡占化が進んでいる場合	・主たる買い手のひとつである自動車業界は、世界トップ10社で8割程度のシェアを占めているため、鉄鋼業界と比べても寡占化が進んでいる

▼買い手にとって製品の独自性が重要でない場合	・一昔前には、日本の鉄鋼メーカーの技術や品質に圧倒的な優位性があったが、最近は韓国や中国メーカーの技術進歩が追いついてきている。汎用品に限らず、ハイエンドの製品でも、そうした海外メーカーの躍進が著しく、差別化は容易でなくなってきている
▼買い手にとって納入元のスイッチングコストが低い業界	・技術や品質を第一とする日本の自動車メーカーが、韓国産や中国産の鉄鋼製品を多く取り入れ始めている事実からも、日本の鉄鋼メーカーが独自性を出せる分野は、徐々に減ってきていると考えられる ・買い手（自動車、電機など）にとっても成長市場は海外であり、生産拠点を海外に移している。日系メーカーの作る鉄鋼製品が現地で安価に手に入らないなら、非日系メーカーの製品を求めざるをえないし、事実そうした動きが加速している
▼買い手による川上統合の可能性が高い業界	・鉄鋼業界の企業が、川下となる自動車、造船や建設機械などに進出した事例は多いが、その反対の買い手から鉄鋼業界への進出には目立つものはなく、脅威は低い
▼納入元や納入元製品としての重要性が買い手にとって低い業界	・技術、品質、サービスなどで差別化された製品については、買い手にとって鉄鋼メーカー（納入先）を選別する重要性は高く、脅威は低い ・そうした分野での差別化が難しくなるほど、買い手にとっての納入先の選別は価格に基づくものとなるため、買い手の脅威は高くなる

以上の考察から、日本で鉄鋼大手の大合併が起きた翌年、２０１３年３月までの世界の鉄鋼

業界の「5つの力」をまとめると**図表6－6**のようになる。

ここまで、2012年10月の新日本製鐵と住友金属工業の合併に至った背景を、5つの力を使って考察してきた。読者の皆さんの業界とは、どのような共通点があり、またどのような相違点が見出されたであろうか。共通点からは、鉄鋼業界と同じような業界再編などの動きが起きているだろうか。相違点はいったい何に根差したものなのだろう。それらの理由は何で、

WHY? 意味合いはどうとらえ、SO WHAT? 会社として今後どういったアクションを行う必要があるのだろうか。HOW? 鉄鋼メーカーの5つの力のひとつひとつの要素を参考にしながら、ぜひご自身の業界の現在、そして将来の競争環境を考えるきっかけとして欲しい。

2020年のグローバル鉄鋼業界　～脅威はさらに増大している～

最後に合併から8年が経過した2020年の鉄鋼業界について、5つの力に沿って概観しておくこととしよう。

まず、国内の粗鋼生産量は、再び1億トンを割り込み、2020年3月期で9842万トンまで落ち込んでいる。新型コロナ感染症の拡大により、主要な顧客である自動車業界の生産停止を受け、鉄鋼メーカーも高炉の操業を止めたことなどから、9000万トンを割り込むことが確実視されている。

1つ目の既存業者間の脅威は、さらなる激化の一途をたどっていると言わざるを得ない。米

図表6-6 グローバル鉄鋼業界の5つの力（2013年3月期）

新規参入の脅威

【高い】

過去10年間、中国企業の参入や設備増強が激しく、障壁は高くなかった。世界的な供給過剰感から、参入が続く脅威は低いが、海外の既存事業者がさらなる設備増強を続ければ、国内外にて競争環境はますます厳しくなる。

既存業者間の脅威

【非常に高い】

業界内の競合企業の数の多さ、中国・韓国での需要を上回る生産能力とさらなる増産意欲、低成長率、差別化が徐々に容易でなくなる製品特性、売り手や買い手のスイッチングコストの下降など、既存業者間の脅威を高める事象があふれている。

売り手の脅威

【非常に高い】

鉄鋼業界に比べて原料メーカーは寡占化が相当に進んでいるため、販売交渉において強い力を発揮している。鉄鋼製品の需要は周期的にブレやすいが、原料の安定確保のために、売り手に譲歩した交渉も求められてしまう。

買い手の脅威

【高い】

自動車業界を代表する顧客企業は、世界的に寡占化が進んでいるため、販売交渉において力を発揮しやすい。生産拠点の海外移転は、鉄鋼メーカーに同様の動きを促す。ハイエンド製品も差別化が難しくなれば、価格を主体とした交渉に陥っていく。

代替品の脅威

【低い】

コストと成形性に圧倒的に優れる鉄に対して、すぐに代替品として互角に戦える素材が登場することは考えにくい。

中貿易摩擦の長期化を背景とした景気減速から、国内、海外ともに鋼材需要の低迷は顕著である。これに追い打ちをかけることとなった新型コロナ感染症拡大により、先行きの見えない状況は加速している。国内最大手の日本製鉄は、2020年3月期の決算説明会資料にて、「単独営業赤字が3年半にわたって継続」とし、不退転の決意でこの解消に取り組む意思を語っている。業界トップ企業がその単独決算において、3年半にもわたり営業赤字が継続しているのは、5つの力の脅威が2013年にも増して増大している何よりの根拠と見ることができよう。

2つ目の新規参入の脅威は、さすがに中国で鉄鋼会社がさらに誕生しているという事実はない。むしろ中国政府の主導により、企業再編や過剰設備削減の取り組みは強化されてきた。この点において新規参入の脅威は低いと見ることはできる。しかし、それ以前に参入した中国の鉄鋼メーカーがもたらす粗鋼生産量が、世界の鉄鋼市場の規模を大きく上回っている事実は変わらない。過去の新規参入の脅威が、現在は既存業者間の脅威として、さらに増大した存在となっている。

3つ目の代替品の脅威はどうだろう。これも、鉄と同じあるいはそれを上回る機能を提供しながら、安価で大量に製造できるような製品の出現はない以上、脅威の低さは変わっていない。そもそもそうした環境でなければ、中国での鉄鋼企業による過剰な設備投資はなかったであろうから、諸刃の剣ではある。電気自動車の普及により、より軽量で丈夫な素材への開発期待は高く、日本の鉄鋼メーカーがその技術優位性でリーダーシップを発揮していくことが期待される。

4つ目の売り手（サプライヤー）の脅威は、これだけ鉄鋼業界が苦しんでいる中で、そこに原材料を供給するサプライヤーに至っても、そのしわ寄せは受けざるを得ない、と考えるのが普通であろう。しかし、米中貿易摩擦や新型コロナ感染症拡大で低迷した景気に対する刺激策として、中国政府は国内でのインフラ投資を強化した。この結果、鉄鉱石を初めとする主原料価格は高止まりして、日本の鉄鋼業界の利益をさらに圧迫する要因となってしまっている。日本製鉄の２０２０年3月期の決算説明資料でも、「原料市況高・鋼材市況安」という、本来あってはならない表記が載せられている。原料市況高＝売り手（サプライヤー）は強い、鋼材市況安＝買い手（カスタマー）は強いという、５つの力の考察の通りである。

このように**5つ目の買い手の脅威**は継続して高い状況にある。加えて、新型コロナ感染症は、自動車を代表とする買い手企業の地産地消化、自国産化の傾向を加速し、日本の鉄鋼メーカーにとっては輸出市場を失い、国内生産設備の余剰感がますます高まるきっかけとなってしまっている。

こうした環境を受け、国内鉄鋼大手3社も抜本的な経営改革を不退転の決意で実行するというメッセージを強めている。日本製鉄は新型コロナ感染症が拡大する前である２０２０年2月の時点で、「最適生産体制の追求」「付加価値の高い品種・商品のウェイト拡大」、及び「紐付き価格の是正」を骨子とする、固定費の低減と限界利益の最大化による収益基盤強化に向けた取り組みを発表した。紐付き価格とは、自動車メーカーなどとの個別の交渉を通じて決定するもので、市場の需給バランスで決まる市況価格とは異なる。利益を確保するための適切な価格設定ができていない現状打開を目指すもので、買い手の脅威に立ち向かう強い決意の表明とも受け取れる。神戸製鋼は、投資家とのQ&Aの中で、「不採算のもの、例えば赤字が継続しているもの、将来を見据えて楽しみなものでも本当に儲けられるものは何か、儲けられないものは何か、厳しくチェックした上で、取捨選択をして見極めをしていく。ここは、これまでの当社とは違った領域に入っていきたいと考えている。」と述べている。その評価指標として、事業ユニット単位でのROIC（投下資本利益率）管理の導入を行うことも表明している。

「鉄は国家なり」という言葉があった。今やグローバルで競争する鉄鋼業界である以上、「鉄はグローバルなり」が実態であろうし、そこでの主導権を実質的に握っているのは中国企業たちである。しかし、刻々と変化は続き、日本の鉄鋼メーカーもいよいよ抜本的な構造改革に着手している。日本の鉄鋼メーカーが再び世界で輝く時代を期待したい。「5つの力」の各要素が、今後の時間の経過の中でどのように変遷し、それに対して業界各社がどのような行動を取るのか。そしてその結果として、各社の会計数値がどのような変貌を遂げるのか。5つの力の姿を常にイメージしながら、今後のグローバル鉄鋼業界の動向を定性面、定量面から注目していくこととしよう。

QUIZ④

鉄鋼業界の例にならって、あなたの会社の業界について5つの力を用いて分析してください。

①「5つの力」のそれぞれの脅威が高い理由、低い理由は何でしょうか。

②そうした脅威は、具体的にどのような姿となって決算書上での数値として現れているでしょうか。決算書上の費用や資産、資金調達といった数値そのものに加えて、利益率や成長率の観点からも考察してみましょう。

③現在の自社の「5つの力」の姿を想像した上で特に脅威が高いと考えた「力」をどう克服し、次なる成長に結びつけていきたいか、思いのまま連らねてみましょう。

第6章のまとめ

■グローバル鉄鋼業界の5つの力を描くと、代替品の脅威を除くいずれもが厳しい環境下に置かれていることが分かる。中でも、中国での新規参入増による既存業者間の競争激化と、売り手の寡占化による原料高の影響が大きい。製品の差別化も以前ほど容易でないことは、買い手の脅威を高めている。これらの結果として、他製造業が回復基調の中でも、鉄鋼業界は利益率が改善しない状態が2012年まで続いていた

■業界として当面打てる手段は、品質やサービスで差別化された製品の開発・上市と、コスト競争力を持った生産体制の確立である。規模の経済が大きく働く業界なので、これらを実現するための新日鐵と住金の大合併ととらえれば、実現に向けて大きな一歩を踏み出したものと評価できる

■こうした厳しい業界環境であることを考えれば、今後も国内にとどまらないグローバル市場での合従連衡は進んでいくのかもしれない

■5つの力の姿をイメージに持ちながら、今後のグローバル鉄鋼業界の動向を定性面、定量面から注目していくこととしよう

■第6章の最後に読者へのギフトとして2017年度、2018年度、2019年度の製造業の売上高営業利益率を紹介しておこう（**図表6－7**）。2018年度は米中貿易摩擦が深刻化し、2019年度は新型コロナ感染症の拡大の影響が入ってきた決算である。この3カ年にわたって円高が進行したことも背景にある。多くの業界の利益率が悪化傾向にあることが読み取れよう。

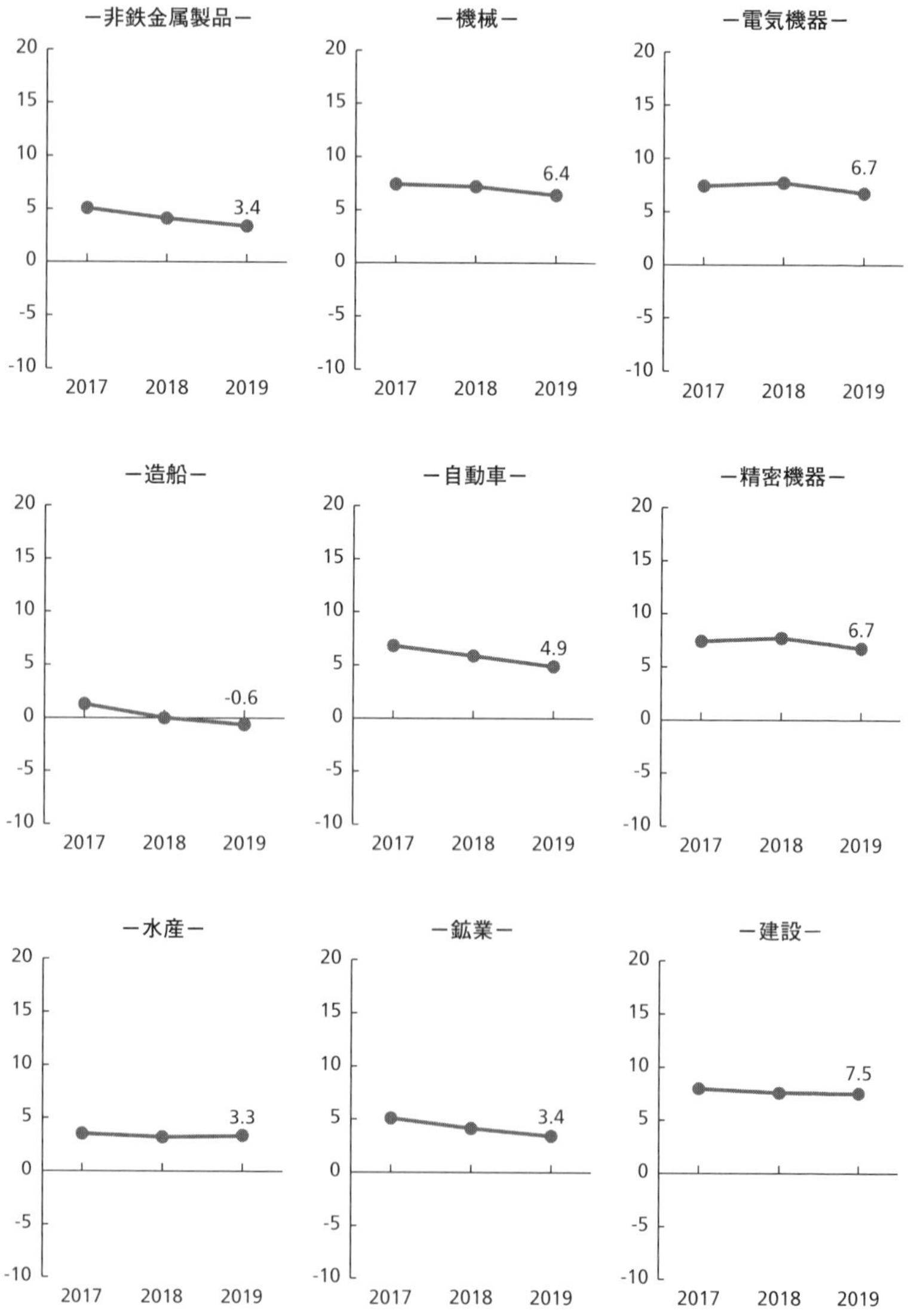

－非鉄金属製品－
3.4
－機械－
6.4
－電気機器－
6.7
－造船－
-0.6
－自動車－
4.9
－精密機器－
6.7
－水産－
3.3
－鉱業－
3.4
－建設－
7.5
20
15
10
5
0
-5
-10
2017
2018
2019

図表6-7 製造業の売上高営業利益率の推移（%、年度）

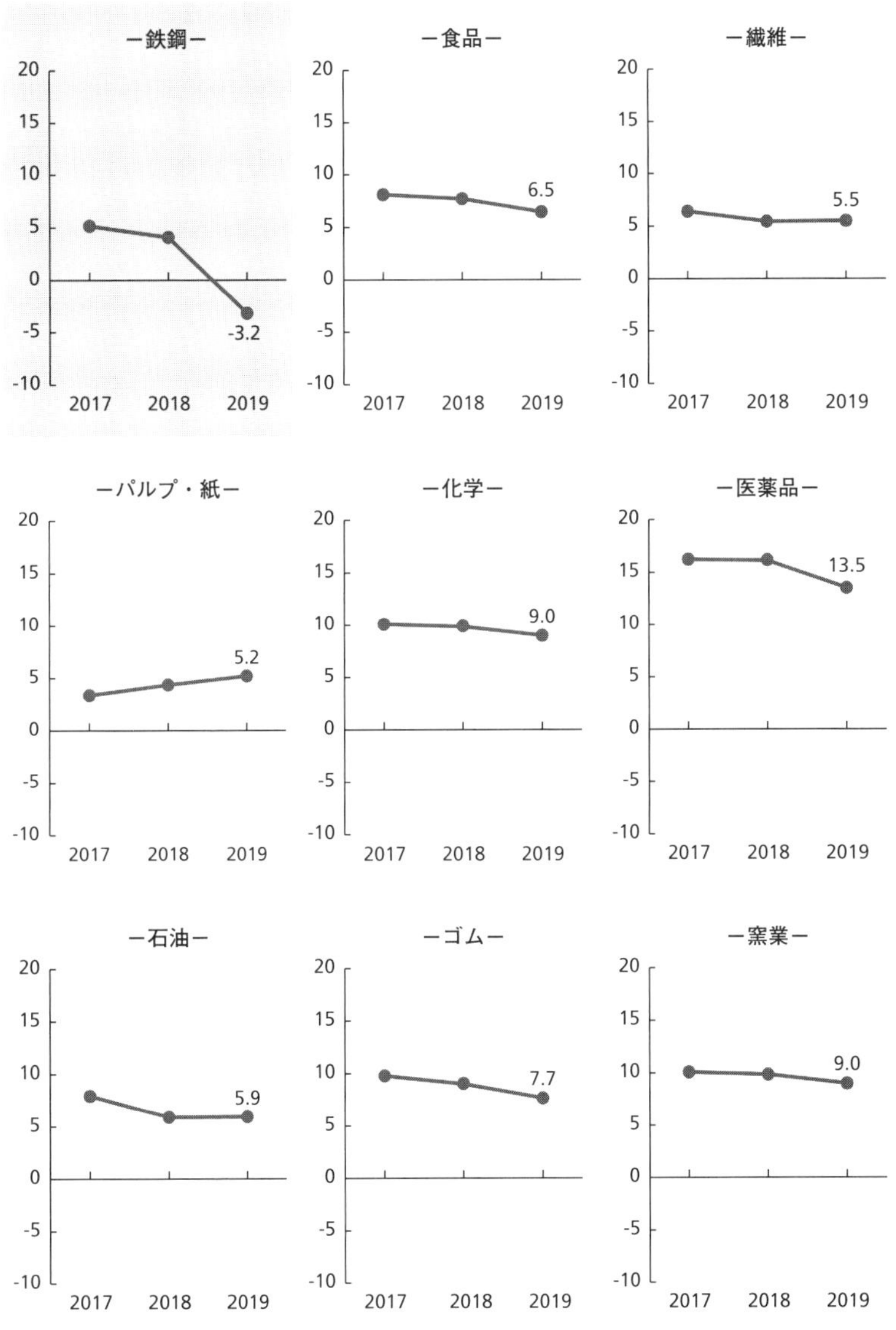

第7章

バリューチェーンで事業の内部環境を理解する

〈導入編〉

1 経営戦略の相違が生み出すPLの違い

QUIZ⑤

X社とY社は同業他社です。X社とY社の売上高営業利益率はともに10％ですが、X社は売上高総利益率（以降、「粗利益率」または単に「粗利」とも呼ぶ）が60％であるのに対して、Y社の売上高総利益率は20％です（**図表7－1参照**）。このような両社の各利益率の違いは、たとえば、どのような戦略の違いが背景にあると考えられますか？　論理的に考え、できるだけシンプルに、かつできるだけ多く、戦略の違いを述べてください。（制限時間　20分）

図表7-1　X社とY社のPL

	X社	Y社
売上高	100%	100%
売上原価（▲）	40%	80%
売上総利益	60%	20%
販売費及び一般管理費（▲）	50%	10%
営業利益	10%	10%

企業内研修で会計クラスの基礎を担当する場合、与えられた時間は限られている。たとえば、9時から17時の1日の中で、PL、BS、キャッシュ・フロー計算書の3つの財務諸表を学び、そこから計算される会計指標を習得した上で、その後、自社と競合の2社比較など、ケーススタディを実施することもある。必然的に受講者がクラスの当日までにいかに事前学習してくるかが、研修成功の重要な要因となる。そのために受講者に対していくつかの事前取り組み課題を課すことが一般的だ。本設問は、そのひとつである。

この設問で私が受講者に期待しているのは、完全な正解を準備してくることではない。そもそも多くの場合、絶対の正解など存在しないのが経営の世界なのだ。大切なことは、ここまでの記述とまったく同一で、受講者がいかに自分の頭で論理的に考え、自らの結論を導いたかにある。読者の皆さんも1週間後に控えた企業内研修の事前取り組み課題だと思って、まずは20分間、自分の力で本設問を考えてみよう。

ありがちな答え、そしてその答えに対する私との問答をここに再現してみる。ここでも紙面の都合上、売野くんお一人に直接問いかけることとしよう。

大津　売野くんは、どんなストーリーを準備してきました？　できるだけシンプルに、2社の戦略の違いを説明できますか？

売野くん　はい、これはけっこう自信があります。まずX社は、Y社に比べて原価が少ないですから、モノづくりにはあまりお金をかけていないんです。ただ、その結果としてあまり質の良いモノが作れないので、営業担当者とか広告宣伝とか、要は販売活動にたくさんのお金を使わなくてはいけない。だから販管費がY社に比べると膨れているんです。

大津　なるほど。では、それに対するY社は？

売野くん　はい、Y社はその逆で、モノづくりにすごくお金をかけているんです。原材料の質が良いとか、最新設備を保有して品質の向上を図っているとか。だから原価が重たいんです。その代わり、販管費は圧縮できます。なぜなら製品の質が良いので、販売活動に特に力を入れなくても、黙っていても売れていきますから。

大津　なるほどねー。つまりY社のほうが質の良いモノをつくっていると。

売野くん　はい。

大津　他の皆さんは、今の売野くんの意見に納得ですか……？　私はひとつ疑問があります。売野くんはX社よりY社のほうが、モノづくりにお金をかけているとしましたね。質の良い原材料とか、最新設備による品質の向上とか。その結果としてY社のほうが良いモノをつくっているのなら、Y社のほうがX社より高い値段でモノが売れているんじゃないの？　そもそも良いモノをつくろうとするのは、高い値段で売りたいからでしょう？　であれば、質が良いモノをつくっているのは、むしろ粗利の高いX社のほうではないですか？

売野くん　ああ、じゃあ、こういうことにします。Y社は確かに良いモノをつくっているんですが、まだスタートアップで会社の規模が小さいので、顧客に対する交渉力がないんです。だから、いくら良いモノをつくっていても、それを値段に反映することができてないんです。

大津　うーん、スタートアップの段階にもよるけど、歴史の浅い会社が、今度は販売や一般管理にあまりお金をかけなくてもモノが売れているという状況があまり信用できないな。

売野くん　いえ、でも私の取引先にそんな会社があるんですよ。

大津　もちろん、そんな会社は世の中を探せばたくさんあるだろうね。でも、事前課題の設問をもう一度読んでみよう。「戦略の違い」「論理的に考え」「できるだけシンプルに」とある。売野くんの立てた仮説のように、製品の品質の違いや会社の大きさの違いなど、いくつもの要因が入ってしまうと、本設問で問われている2社の戦略の違いがあまり明確でなくなってしまう。「ここはこうで、あそこはああで……」だと、「ああ、そんな会社あるよね」で終わってしまうわけ。それに、厳密にいうと、売野くんの仮説は戦略の違いではなく、スタートアップか否かという会社の歴史の違いだよね。

売野くん　なるほど。

大津　でも、自分の力で考え、自らの結論をしっかり持って研修に取り組んだのはすばらしいこと。そして、ここで一度否定されれば、今度はもっと深く考えるようになるでしょう。それがこの設問の狙いであり、学びの場の目的です。それから、こうした戦略の違いを考察する場合には、経営戦略のフレームワークを用いるのが有効なんだ。モレなくダブりなく、たくさんの仮説を立てることができるはず。では、その解説に入っていきましょう。

2 バリューチェーンで戦略を分析する

企業の事業活動を分析するためのフレームワークのひとつに、ハーバード大学教授のマイケル・ポーターによる**バリューチェーン（付加価値連鎖）**がある。

事業活動の流れを、バリュー（価値）のチェーン（つながり）として分解し、企業がどこに戦略としての競争優位性を見出したり、逆に重要性を下げているかを分析できる。**図表7－2**に示した流れはあくまでひとつの例で、事業内容によってその中身は変わってくる。ここでは【QUIZ⑤】で扱った原価率と販管費率に影響を与えうる要因について、バリューチェーンを用いて、その背景と事例を個々に考えていくこととしよう。

図表7－2に示したバリューチェーンでは、物理的なモノの流れを主活動とし、それを支える部分を支援活動としているが、ここでは原価率と販管費率に影響を与える主要な要因として、

図表7-2　バリューチェーン

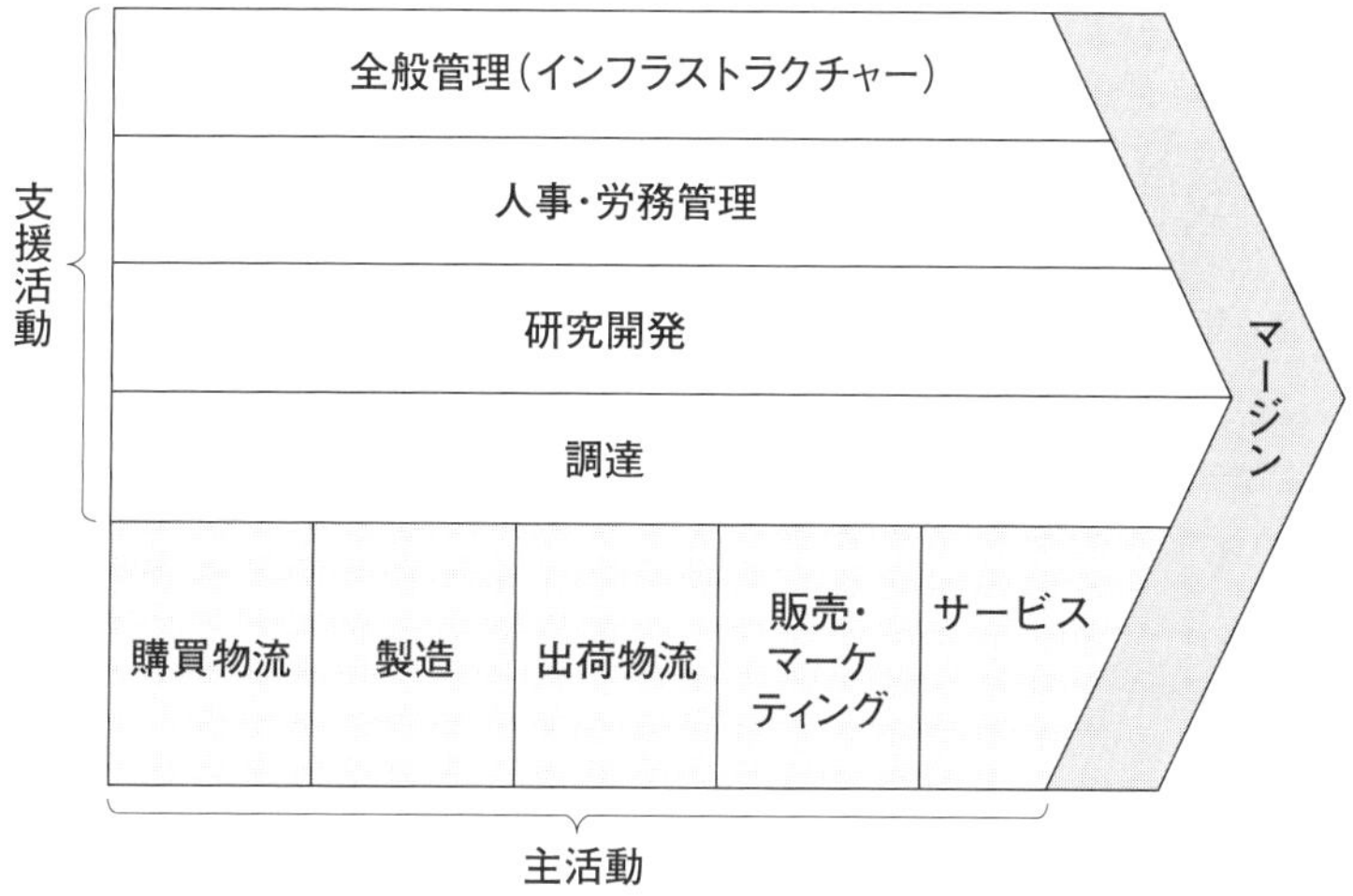

（出所）M・E・ポーター『競争優位の戦略』（ダイヤモンド社）

図表7-3　原価率と販管費率に影響を与えるバリューチェーンの4項目

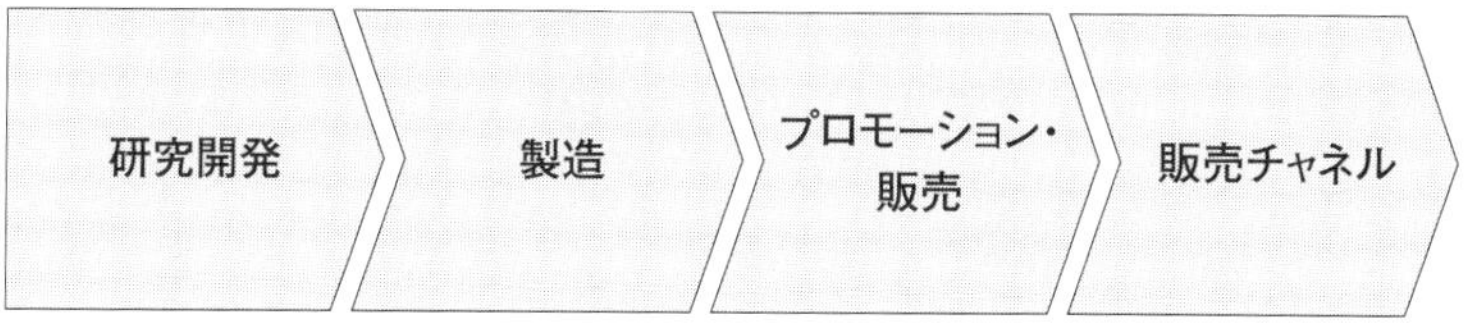

図表7－3に示した4つの項目にフォーカスしていく。具体的には、研究開発によって生まれた製品を製造し、プロモーション・販売活動によって認知を図った上で、販売チャネルを介して販売するという流れである。

ここで、いま一度【QUIZ⑤】に挑戦してみたい。**図表7－3**に示した4つの箱のそれぞれを独立した原因として（それ以外はすべて同一と仮定して）、X社とY社のような利益率の異なる同業2社があるとする。4つの箱それぞれについて、具体的な背景を説明してみよう。可能であれば、実際にそうしたことが起きている業界や企業名まで想像の域を広げていこう。

次の第8章では、4つの箱について、1つずつ考察していくこととする。

第7章のまとめ

- バリューチェーンを用いることで、事業活動の流れを、バリュー（価値）のチェーン（つながり）として分解し、企業がどこに戦略としての競争優位性を見出すか、逆に重要性を下げているかを分析できる
- 同業他社であっても、戦略が異なれば利益構造は異なる。常に戦略を念頭に置きながら、損益計算書（PL）を考察すること

第8章

バリューチェーンで同業2社の経営戦略と会計数値を読み解く

〈応用編〉

1　研究開発戦略の相違がもたらす利益率の違い

QUIZ⑥

同業界にあるX社とY社の利益率は、**図表8－1**の通りです。2社の利益率の構造が異なっている主たる要因が**研究開発戦略**にあるとした場合、どのような仮説が立ちますか？（制限時間　10分）

図表8-1　X社とY社のPL

	X社	Y社
売上高	100%	100%
売上原価（▲）	40%	80%
売上総利益	60%	20%
販売費及び一般管理費（▲）	50%	10%
営業利益	10%	10%

日本国内で研究開発にもっとも多額のお金を使っている企業は、いうまでもないがトヨタ自動車だ。２０２０年３月期には連結ベースの研究開発費が１兆１０００億円強に達している。しかし売上高が30兆円を超えるトヨタにとっては、１兆１０００億円の研究開発費は売上のわずか４％にも満たない投資だ。本設問では金額ではなく、率を中心に議論している。そこで、ここでは売上に対する研究開発費の比率が高い医薬品業界で考えてみることとしよう。

「医薬品業界の競争優位の源泉は何ですか？」と問われれば、読者の皆さんは何と答えるだろうか？　自分が働く業界ならいざ知らず、薬のユーザーではあっても医薬品業界で働く人間でもなければ、競争優位の源泉など真剣に考えることはまずない。ただ、幸いにして薬そのものは私たちにとって身近な存在である。であれば、言葉をもっと平易にして問いかけてみることが大切だ。

「医薬品業界の競争優位の源泉は何か？」ではなく、次のように問いかけてみよう。

①「なぜ薬を飲むのですか？」（ＷＨＹ？）【市場に関する問いかけ】
②「その薬を選ぶ基準は何ですか？」（ＷＨＹ？）【個別の企業や製品に関する問いかけ】
③「薬の業界って儲かっている？　儲かっていない？　なぜ儲かっている（儲かっていない）？」（ＷＨＹ？）【収益性に関する問いかけ】
④「その儲かる（儲からない）状態って、今後も続くもの？　続ける（打開する）ために何が

必要？」（SO WHAT？）【持続性に関する問いかけ】

この4つの質問は、あらゆる業界の構造を考える上でのスタート地点として有効である。右記の「薬」を、自分の業界の製品やサービスに置き換えて問いかけてみるとよいだろう。では右記の質問について、今度は巧田さんに問いかけてみよう。

大津　巧田さんは化学メーカーの技術者だから、研究や製造の方に興味は強いかもしれないけど…。**巧田さんはなぜ薬を飲むの？** WHY?

巧田さん　それは、病気を治すためですよ。

大津　そうですよね。薬に期待しているのは、病気を治してくれること、症状を和らげてくれることに決まっています。**では、その大事な薬を選ぶ基準は？** WHY?

巧田さん　ドラッグストアで買う風邪薬なんかは、大体いつも決まったブランドですね。何となくそれが私の体によく効くようなので。でもお医者さんからもらう薬は、ブランドを選ぶのは私じゃないです。お医者さんです。考えてみれば、ユーザーである私が自分で選ばないのは、おかしな話ですけど。

大津　選べないわけでもないけど、実際はお医者さんの指示通りが多いよね。**じゃあ、お医者さんは、なんでそのブランドを使うんだろ？** WHY?

巧田さん　特定の疾患に対する唯一の薬だったり、圧倒的に効能がすぐれた薬だったら別でしょうけど……。やっぱり、医薬品会社のMR（営業担当者）が、足しげく通って営業した結果じゃないんですか。

大津　そうすると営業の人数が多くなるから、販管費の人件費はけっこう膨らむのかな。ところで、さっきドラッグストアで購入する薬の話もあったけど、そこにはお医者さんがいるわけではないよね。**ドラッグストア自体は、どうやってブランドを選んでいるんだろう？**

WHY?

巧田さん　たくさん売りたいのだから、たくさん売れそうなブランドをきっと置きますよ。売れ筋の商品とか、皆が知っているブランドとか……。テレビCMが大量に流れているのなんかもいいですよね。それだけ顧客に認知されているし。

大津　でも、同じ風邪薬でも有名なブランドはたくさんあるよね？　**ドラッグストアはその優先順位はどうするんだろう？**

WHY?

巧田さん　そうなってくると、リベートをたくさん出すメーカーのブランドを優先するんじゃないでしょうか？　リベートをたくさん出してくれた商品を目立ちやすい棚に置いてあげるとか、スペースをたくさん確保してあげるとか、チラシに大きく載せてあげるとか。

大津　そうだね。それに、最近はドラッグストア自らプライベートブランド（PB）の薬をつくったりしている。メーカーと小売の協業関係が競合関係になってしまうわけだから、メーカーは小売が喜ぶようなことをしてあげないといけない。

巧田さん　どこの業界も厳しいんですねー。

大津　他の業界で起きていることは客観的な視点で見ることができるし、自分の業界だとどこに当てはまるかと、客観的な評価ができる点で有効だね。で、**薬の業界って儲かっている？　儲かっていない？** WHY?

巧田さん　ものすごく儲かっています。

大津　**なぜ儲かっている？** WHY?

巧田さん　よく、「薬九層倍《くすりくそうばい》」なんて言いますよね。原価に比べて、すごく高い値段で薬を売っていると。

大津　**なぜ高い値段でも、薬って売れるの？** WHY?

巧田さん　それはー、付加価値があるからですよ。

大津　付加価値って何？　そういう抽象的な言葉は**思考停止用語**といって、もっとも気をつけないといけない言葉。そうした言葉を使っておくと、何となく物事が解決した気分になってしまう。他にも「戦略的に…」とか「シナジーを活かして…」とか「企業価値の向上のために」とか。どれも聞こえはいいけど、具体的に何なのかがまったく見えてこない。では、もう一度。なぜ高い値段でも、薬って売れるの？ WHY?

巧田さん　それは研究開発にものすごいお金がかかるからじゃないですか？　その分を値

段に上乗せしているわけです。

大津　なるほど。そうすると、薬九層倍でもなくなってくるのかな。研究開発費は原価に入らないことは第1章で触れたね。つまり、原価に対しては薬九層倍であっても、原価ではなく販管費に含まれる研究開発費まで含めると、もはや薬九層倍ではないと。

巧田さん　そういうことになりますね。

大津　それから研究開発にお金を使えば、それを値段に上乗せできるって言ってたけど、そうじゃない業界もたくさんあるよね。たとえば薄型テレビ業界なんて、研究開発のために莫大なお金を使っていたのに、値段は下がるばかりだった。

巧田さん　競争関係の違いじゃないですか。薄型テレビ業界は一流メーカーがひしめいていますから。

大津　医薬品業界も一流メーカーがひしめいているよ。その違いは何？　ではヒント。そもそも薬の値段って、誰が決めているの？

巧田さん　そうか、たしか厚生労働省が決めているんですよね。

大津　そう、ドラッグストアで売っているような一般大衆薬は別だけど、医療用医薬品の値段は国が決めているんだ。しかも特許によって一定の期間（通常20〜25年）は守られているから、その間は他のメーカーは同じ薬をつくることはできない。

巧田さん　だから薄型テレビ業界のような価格競争は起きないのですね。

大津　それでも、国が設定している薬の値段はやっぱり高いよね。**なぜ国は医薬品業界に対してそんなに手厚いの？** WHY?

巧田さん　それはやっぱり、研究開発に莫大なお金がかかるからだと思います。しかも新しい薬を開発して製品化するのって、宝くじを当てるより難しい確率だって聞きますから。

大津　そうだね。ひとつの新薬を世の中に出すために投じる研究開発費は数百億円。良い薬が出てこなければ、日本、そして人類の医学の発展もないし、ひいては私たちの健康や命が脅かされることになるからね。国は医薬品業界をある程度守っていく義務を負っているともいえる。では、医薬品業界って安泰なのだろうか？　**儲けの構造はいつまでも続くものなの？** SO WHAT?

巧田さん　効き目が似通った薬をつくる競合は、きっとたくさんありますよね。外資も国内にたくさん入ってきているでしょうし。それに特許も切れますから。特許が切れれば誰でもその薬を作ってよいことになるのだから、そうすれば今度は価格競争になるんじゃないでしょうか？　そうしたビジネスモデルを持ったジェネリック医薬品というのを聞いたことがあります。

大津　薬の特許が切れた後で、他社が後発医薬品として製造・販売する薬をジェネリック医薬品というんだね。後発医薬品のほうが研究開発にコストがかかっていない分、安価で販売できる。いま国を挙げて、このジェネリック医薬品の普及を目指そうとしている。

巧田さん　何でまた国はジェネリック医薬品を後押しするんですか？

大津　高齢化社会を迎えた日本では、国民の医療費の負担をとにかく軽減していかなくてはいけない。そのための施策が国によるジェネリック医薬品の推奨なんだ。それから、国はまだ特許期間が切れていない薬の薬価も徐々に切り下げようとしている。

巧田さん　すごく利益率の高い業界でうらやましいなーと思ってましたが、だんだん厳しくなってるんですね。

大津　オッケー。では、ここまでの巧田さんとの議論を整理していくことにしよう。

医薬品業界に関する問いかけ	巧田さんとの対話によって生まれた仮説
▼なぜ薬を飲むのですか？	・病気を治す薬 ・症状を和らげる薬
▼その薬を選ぶ基準は何ですか？	〈一般大衆薬（ドラッグストアなど）〉 ・自分によく効く薬 ・店が薦める薬（棚、キャンペーン） ・広告宣伝（テレビCM、チラシ）で認知している薬 〈医療機関で処方される薬〉 ・医者が指示する薬

▼薬の業界って儲かっている？　儲かっていない？　なぜ儲かっている（儲かっていない）？	・特許による一定期間の保護や、国による高い薬価設定によって、総じて儲かっている ・原価に比べて売値が高いので、粗利ベースでの利益率は高い ・研究開発費が含まれる販管費に莫大なお金を投下
▼その儲かる（儲からない）状態って、今後も続くもの？　続ける（打開する）ために何が必要？	・特許が切れればジェネリック医薬品会社の参入で価格競争もある。国もそれを後押し ・外資の国内参入は顕著 ・国による薬価の引き下げ圧力

では、最初の質問だった「医薬品業界の競争優位の源泉は何ですか？」といま一度問いかけ、その優位性を獲得・維持するのに必要な投資を書き出してみることとしよう。

巧田さんとの対話によって生まれた仮説	・病気を治す薬 ・症状を和らげる薬 ・自分によく効く薬	・店が薦める薬(棚、キャンペーン) ・広告宣伝(テレビCM、チラシ)で認知している薬 ・医者が指示する薬	・特許が切れればジェネリック医薬品会社の参入で価格競争もある。国もそれを後押し ・外資の国内参入は顕著 ・国による薬価の引き下げ圧力
⬇ 医薬品業界の競争優位の源泉	病気を治癒・緩和する機能を持った薬の開発と上市力	マーケティング力	競争優位性のある薬を継続的に市場に維持・創出する力
⬇ 発生する投資(費用)	研究開発費	・販売促進費(リベート) ・広告宣伝費 ・人件費(MR)	自社研究開発に加えて、 ・M&Aによる企業規模の拡大 ・創薬のタネを外部から購入 ・製品ライフサイクルの延命化

ジェネリック医薬品や外資の参入による競争の激化と薬価引き下げによって、国内の医薬品会社の高利益率はもはや永久に保証されるものではないことが分かった。よって、競争優位性のある薬を継続的に市場に創出していくことが求められてくる。そのためには、自社による研究開発投資のみならず、M&Aや製品ライフサイクルの延命化のための投資を、大規模かつ永久に行い続けなければならない業界である。

ではここで、国内医薬品会社大手の一社である塩野義製薬の連結損益計算書（PL）を見てみることにしよう。なお、塩野義製薬は国際財務報告基準（IFRS）を採用しているが、ここまでの本著の解説と整合させるため、日本基準に即した表示に一部組み替えている（**図表8―2**）。IFRSに関しては、**発展編第15章**を参照して欲しい。さて、ここまで決算書を見ないで話を進めてきたが、読者の頭の中には医薬品会社のPLが既にイメージできているだろうか。「見てから考える」のではなく、「考えてから読む」のは、本章においてもまったく同一である。

まず粗利が83・0％という驚くべき高さにあることが確認できる。先に述べた製造業の平均値である粗利益率20～30％が、塩野義製薬の場合は原価率の数値となっている。逆に、平均的な製造業の原価率が、塩野義製薬の粗利益率というわけだ。

それに対して、販管費はどうだろうか。売上の43・8％という比較的高い数値を示している。粗利が20～30％の平均的な製造業であれば、万年大赤字となってしまう販管費の使い方だ。これだけの販管費を必要とするのであれば、粗利をしっかり確保しなくてはいけないこともうなずける。

図表8-2 塩野義製薬の2020年3月期連結損益計算書

自2019年4月1日　至2020年3月31日

区　分	金額（百万円）	百分比（%）
売上高	333,371	100.0
売上原価	56,782	17.0
売上総利益	276,589	83.0
販売費及び一般管理費	145,961	43.8
給与及び賞与	32,169	9.6
退職給付費用	2,406	0.7
販売促進費	15,406	4.6
知財権等使用料	9,352	2.8
業務委託費	7,657	2.3
減価償却費及び償却費	3,292	1.0
研究開発費	47,949	14.4
その他	27,730	8.3
営業利益	130,628	39.2

※IFRSのPLを日本基準に一部組み換えて表示

販管費の中身を見ることで、塩野義製薬がお金を使っているものは、先に挙げた医薬品業界の競争優位の源泉に合致していることが確認できる。もっともお金を使っているのは、売上の14・4％に相当する研究開発費。続いてMRが含まれる給与及び賞与の9・6％。次に流通チャネルに対する販売促進費4・6％と続いている。

潤沢な粗利から巨額の研究開発費を含む販管費を差し引いても、営業利益率39・2％と非常に高い水準を維持している。塩野義製薬は導出（特定の医薬品を開発、販売するために必要な知的財産権を他社が使用することを許可し、対価としてロイヤルティ収入を受けること）による売上比率が高いため、売上が膨らみにくくなる分、売上高営業利益率がかなり良く見えてしまう、という影響もある。ちなみに医療用医薬品会社の営業利益率の平均値はおおむね15％〜20％である。

それでは、【QUIZ⑥】に戻ろう。塩野義製薬に代表される大手医薬品会社がX社かY社かと問われれば、原価率は低い（粗利益率が高い）が販管費率の高いX社となる。では同じ医薬品業界でありながら、Y社のように原価率は高い（粗利益率は低い）が、販管費率は低い会社はどのようなビジネスモデルを保有するのだろうか。

図表8−3のA社は、あらためて塩野義製薬の収益構造を並べたものだが、B社は同じ医薬品業界に存在する、ある企業の収益構造である。A社に比べると原価率が3倍以上に達し、粗利は医薬品会社にしては低めの45・9％だが、販管費率を31・3％に抑えることで営業利益率14・6％を達成している。この数値は医療用医薬品会社の平均値15％〜20％におおむね匹敵す

図表8-3　A社とB社のPL

	A社	B社
売上高	100%	100%
売上原価（▲）	17.0%	54.1%
売上総利益	83.0%	45.9%
販売費及び一般管理費（▲）	43.8%	31.3%
営業利益	39.2%	14.6%

る。A社が粗利の高いX社なら、B社は粗利の低いY社といってよいだろう。そして、Y社がジェネリック医薬品会社である。

図表8－4はジェネリック医薬品国内大手の1社、東和薬品の2020年3月期のPLだ。まず粗利が45・9%と塩野義製薬に比較して37ポイント劣っていることが確認できる。ジェネリック医薬品会社は特許が切れた薬を製造し、低価格で販売することがそのビジネスモデルである。低価格であることが競争優位の主たる源泉なのだから、当然ながら粗利は低めとなる。

それに対して販管費率は31・3%だ。一般的な製造業からすれば、やはり高い水準といえるが、塩野義製薬に比べると12・5ポイント少ない。研究開発費の売上に対する比率は7・8%と、塩野義製薬の約半分にとどまっている。金額は85億円で、薬の開発投資に要する規模を考えれば、とても新たな薬をゼロから開発しようとする水準にはない。

図表8-4 東和薬品の2020年3月期連結損益計算書

自2019年4月1日　至2020年3月31日

区　分	金額（百万円）	百分比（%）
売上高	110,384	100.0
売上原価	59,738	54.1
売上総利益	50,646	45.9
販売費及び一般管理費	34,503	31.3
給料及び手当	10,072	9.1
退職給付費用	388	0.4
役員賞与引当金繰入額	47	0.0
研究開発費	8,566	7.8
その他	15,430	14.0
営業利益	16,143	14.6

これに対して給料及び手当は売上比9・1％と研究開発費を上回っている。販管費の中で、研究開発費が人件費のおよそ1・5倍の規模にあった塩野義製薬とは明らかに異なる景色だ。

ここまで、研究開発に関する戦略の相違が原価率と販管費率に与える影響を見てきた。自社の研究開発投資から高い粗利を確保しているX社と、他社の研究開発による成果を活用し、低価格で勝負しているY社である。これを**図表8－5**にまとめる。

最後に、第7章の冒頭にあった売野くんと私の問答を思い出してほしい。売野くんは品質の良いモノをつくっているのがY社で、X社は品質が劣る会社だとしていた。医薬品業界の事例に照らし合わせると、売野くんは**売値**という大切な概念をまったく考えていなかったことがあらためて浮き彫りになった。

医薬品業界の2社の事例では、品質の違いまでは言及できないが、少なくとも自社の研究開発力によって粗利益率の高い自社新薬製品を作っているのは、Y社ではなくX社である。特許が切れてから参入する会社、少なくとも、ゼロからの自社の研究開発力が強みではないジェネリック薬品メーカーがY社（低い粗利益率と低い販管費率）なのだ。

もちろんこれらは戦略の違いであって、優劣の違いではない。戦略が異なれば数値は異なる。問われているのは、市場を的確に理解し、自社の強みを活かした正しい戦略を選択し、これを遂行する力である。

図表8-5 研究開発戦略の相違がもたらす粗利益率と販管費率

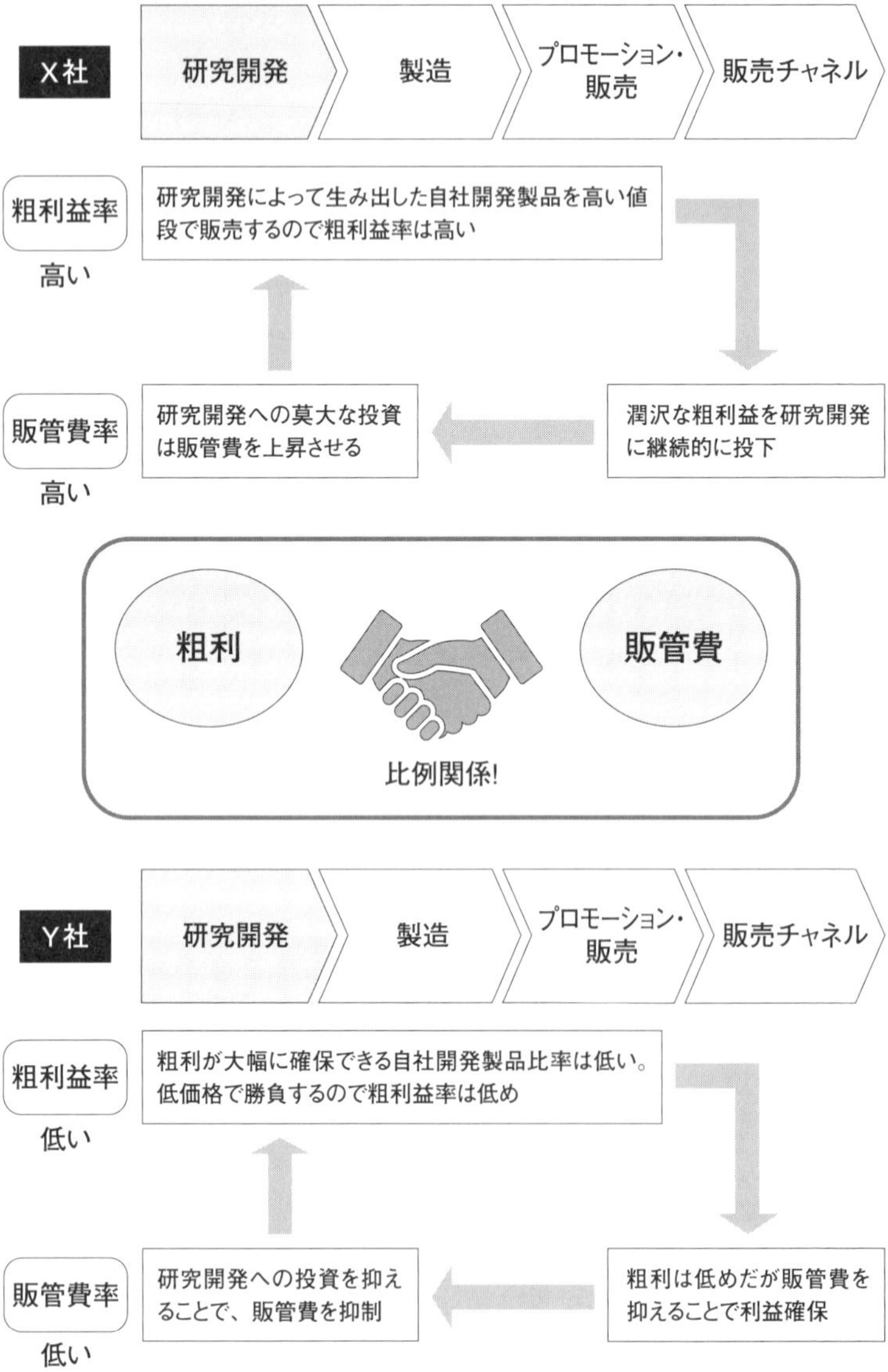
X社
研究開発
製造
プロモーション・販売
販売チャネル
粗利益率
高い
研究開発によって生み出した自社開発製品を高い値段で販売するので粗利益率は高い
販管費率
高い
研究開発への莫大な投資は販管費を上昇させる
潤沢な粗利益を研究開発に継続的に投下
粗利
販管費
比例関係!
Y社
研究開発
製造
プロモーション・販売
販売チャネル
粗利益率
低い
粗利が大幅に確保できる自社開発製品比率は低い。低価格で勝負するので粗利益率は低め
販管費率
低い
研究開発への投資を抑えることで、販管費を抑制
粗利は低めだが販管費を抑えることで利益確保

2 製造戦略の相違がもたらす利益率の違い

QUIZ⑦

同業界にあるX社とY社の利益率は、**図表8－6**の通りです。2社の利益率の構造が異なっている主たる要因が**製造戦略（自社製造または外注）**にあるとした場合、どのような仮説が立ちますか？（制限時間10分）

図表8-6 X社とY社のPL

	X社	Y社
売上高	100%	100%
売上原価（▲）	40%	80%
売上総利益	60%	20%
販売費及び一般管理費（▲）	50%	10%
営業利益	10%	10%

製造戦略の違いと言ってもさまざまな切り口の考察が必要だが、ここでは自社で製造しているのか、あるいは他社に製造委託、つまり外注しているかの違いにフォーカスして考察していこう。今度は仲間くんに登場してもらう。

大津　仲間くんは入社以来ずっと人事畑だったよね。製造部門の社員の人事にも深く関わってきたと思うけど…。ずばり、自社で製造しているのはX社？　それともY社？　WHY?

仲間くん　それは、X社ですよ。だって、自分でモノづくりしているのに、Y社みたいに粗利が低かったら、まるで踏んだり蹴ったりですから。

大津　確かにそうだね。一般に卸売業より製造業の粗利が高いのは、自分でモノづくりをしているほうが、右から左にモノを流す仲介事業の卸よりも利幅が取れるということだね。

仲間くん　はい。製造業のほうが薄利になってしまったら、もはや誰も製造業なんかしなくなりますよ。

大津　では、卸ではなく同じ製造業なのだけど、すべてを自社では製造しない、つまり製造の中の特定のプロセスを外注したりする場合はどうだろう？

仲間くん　その場合でも、やっぱり自分で製造しない以上は、粗利は低くなるんじゃないですか？

大津　では、そもそも企業はなぜ製造を外注するの？　WHY?

仲間くん　それは自社ですべて抱えるより、外部に製造委託するほうが安くなるところは外注しているんですよ。

大津　だったら、外注したほうが粗利は高くなるのでは？

仲間くん　あれ、それもそうだな……？

大津　つまり、外注したら粗利が下がるとか、上がるとか、一概には言えないということでしょう。それは外注先との力関係にもよるし、市場の需給関係にもよるし、それに自社の製造工場の稼働率にもよる。稼働率が低ければ規模の経済が働かないので、原価に占める固定費の負担が大きくなるからね。

仲間くん　ということは、X社とY社のどちらが自社製造か、断定できないということですか？

大津　そういうこと。でもコスト削減のメリットがあるから、自分で製造せずに外部に委託しているのなら、それによって粗利がアップしていないと外注戦略が成功しているとは言えないだろうね。ところで今までは粗利の話だった。販管費率の高低には、どう結びつくだろう？

仲間くん　製造を外部に委託することで浮いたお金を、販管費の中の特定の費用に大量に投下できる……、なんてストーリーじゃないでしょうか。

大津　良い着眼点だね。販管費の中の特定の費用にお金をたくさん使いたい。だから製造にはあまりお金を使いたくない。幸い製造そのものにはそれほどの差別化要素はない。そこで製造は外部に委託する。そしてそれがけっこう安くて済む。あるいは高い売値が設定できるから、相対的には大した製造コストではない。そんなストーリーはないだろうか？

仲間くん　使い途の販管費としては…、研究開発費はさっきやったから、順番からすると人件費か販売関連の費用でしょうか。でも販売の費用といっても、いろいろあるしなー。

大津　たとえば、広告宣伝や販売促進など、広くプロモーションコストだとすると？

仲間くん　プロモーションにお金を使うことで製品をアピールするということですね。でもそれがどうやって製造の外注の話につながるのか、ピンときません。

大津　確かに、これはケース・バイ・ケースでもあるね。あくまでひとつのケースとして分かりやすい事例を紹介してみることにしよう。

製造する側の収益構造

図表8－7に示したA社とB社は、ともにｉＰｈｏｎｅやｉＰａｄ、ｉＰｏｄに関わる企業である。ただし一方は製造を外注する側（つまりアップル）で、もう一方はアップルから製造を外注される側だ。どちらがどちらの企業となるだろうか。

ここまでの議論にあったように、自ら工場を抱えて製造する以上、製造をしない企業よりも粗利益率の低い商売ではかなわない。この点からすれば粗利益率の高いA社が製造をする企業

図表8-7 A社とB社のPL

	A社	B社
売上高	100%	100%
売上原価（▲）	61.8	94.1
売上総利益	38.2	5.9
販売費及び一般管理費（▲）	14.1	3.7
営業利益	24.1	2.2

となる。一方、アップルからすれば、自社で工場を丸抱えして製造するより、他企業に適材適所で外注した場合のコスト効率が良いから外注しているはずだ。この点からすれば、A社こそアップルでなければならない。

先の仲間くんとの会話にあったように、製造を内製するか外注するかでは、一概にどちらの粗利益率が良いとは断定できない。ただし、内製しようが外注しようが、それが成功に結びついているのであれば、粗利益率は高く推移しているはずだ。

A社は優れた製品力による高単価と、スケールメリットによる調達コスト低減から38・2%という高い粗利益率を実現している。それを原資に販管費に資金投下するも、巨額の売上高と比較すれば小さく、販管費率わずか14・1%に抑え込んでいる。それらの結果として突出した営業利益率24・1%を誇るA社こそ、アップルである（2020年9月期）。

B社は、アップルのｉＰｈｏｎｅ、ｉＰａｄ、ｉＰｏｄ

などの製造受託を行うＥＭＳ（電子機器受託生産サービス）企業、台湾の鴻海精密工業（以降、ホンハイ）だ。ホンハイはアップルの製造工程の中でも、特に最後の組み立ての部分を担当している。組み立てに必要となる各種の半導体や電子部品は、アップルの指示のもとに、様々な半導体や電子部品メーカーから調達している。ホンハイの担当している部分は、言ってみれば非常に労働集約的で技術的な差別性を出しにくいところだ。その結果としての10％を割る粗利益率も納得できよう。

ところが、そうして組み立てたｉＰｈｏｎｅなどの最終製品は、当然ながらアップルがすべて在庫責任を負ってくれるので、ホンハイには在庫リスクはない。自分の製品ではないので、自ら販売促進や広告を打つ必要もない。トップ営業だから、地道な営業努力をする営業担当者の数も限られている。さらに、製品や電子部品の研究開発は、それぞれの企業が行うのだから、ホンハイの持ち出しは限定的だ。こうした販促費や広告、営業の人件費や研究開発費などが極限までカットできるため、ホンハイの販管費は売上比でわずか３・７％にとどまっているのである（２０１９年12月期）。

製造しない側の収益構造

一方のアップルはどうだろうか。アップルの年次報告書には、「実質的にすべてのハード製品は、主にアジアに位置する外注先によって製造されている」と記述されている。「製造業」とは、自社の工場を保有する企業だと定義するなら、アップルは製造業ではない。むしろ工場を保有しない販売業といってもよいだろう。物理的な製造も、製品の中に組み込まれるあらゆる部品も、自社工場では製造していないのである。にもかかわらず、メーカーであろうが販売業であろうが、非常に高いといえる粗利益率38・2％を達成している。アップルの優れた製品力による高単価と、スケールメリットによる調達コスト低減ももちろんだが、製造を外注することによって、そうした優位性を高い粗利益率へと確実に結びつけているのである。

販管費はどうだろうか。売上比でわずか14・1％と聞けば実に少なく思えるが、金額では386億米ドル（1ドル105円で換算すると4兆円超）に達している。製造の外注化によって生み出した潤沢な粗利は、自社製品の販売促進やブランド価値向上、さらなる研究開発の原資として、販管費に大きく投下することができる。実際に、テレビCMやアップルストアをはじめとして、アップルのマーケティング活動は、消費者としてもよく目にするところだ。

メーカーは本来、製造を内製化することによって、稼働率と生産効率を高め、生産コストを低減して、利益率の改善を図るのが王道であろう。内製化することで、優位性のある技術の外部流出を防ぐこともできる。

しかしアップルのように、製造やその中で使用する半導体や電子部品を、外部から比較的安価で調達することが可能な場合は、話は異なってくる。安価で調達できるだけの販売規模を獲得しているのだ。過去には販売規模を獲得することと、技術力には一定の比例関係があったのかもしれない。技術力＝製造そのものであったため、おのずと技術優位性のある企業⇒販売規模を獲得⇒自社工場による内製化で生産コスト低減⇒利益率がアップ、というのがメーカーの王道であった。実際に素材系のメーカーは、現在でもそうした基本構造にある。

ところが、こと電機業界については、急速な技術のデジタル化によって、この王道のパターンが大きく崩れてしまった。つまり、販売規模を獲得する企業＝技術優位性のある企業、とはならないのだ。そうであるなら、コモディティ化した製造部分は外注先に任せることで粗利益率を高め、そこで得た原資は販売規模を獲得するための販売活動や研究開発に振り向けていく。それこそが、アップルが実現した姿であり、現在のアップルの損益計算書の構造を形成する企業戦略であろう（**図表8－8**）。

結局のところ、2社の利益構造を大きく異なるものにしたのは、いったい何だったのだろうか。仲間くんには、ちょっと意地悪な質問だったが、それは必ずしも、製造を内製しているか、外注しているかだけではなかったのだ。ソフトドリンク業界でも、製造の多くを内製するコカ・コーラボトラーズジャパンの粗利益率48・2％（2019年12月期、IFRS基準）と、製造の大部分を外注する伊藤園の粗利益率48・2％（2020年4月期、日本基準）はドンピシャで一致している。製造の内製or外注の違いだけではなく、販売網（小売、卸、外食、自販機）や製品構成、会計基準の違いなどに考察を広げるべき好事例であろう。

図表8-8 製造戦略の相違がもたらす粗利益率と販管費率

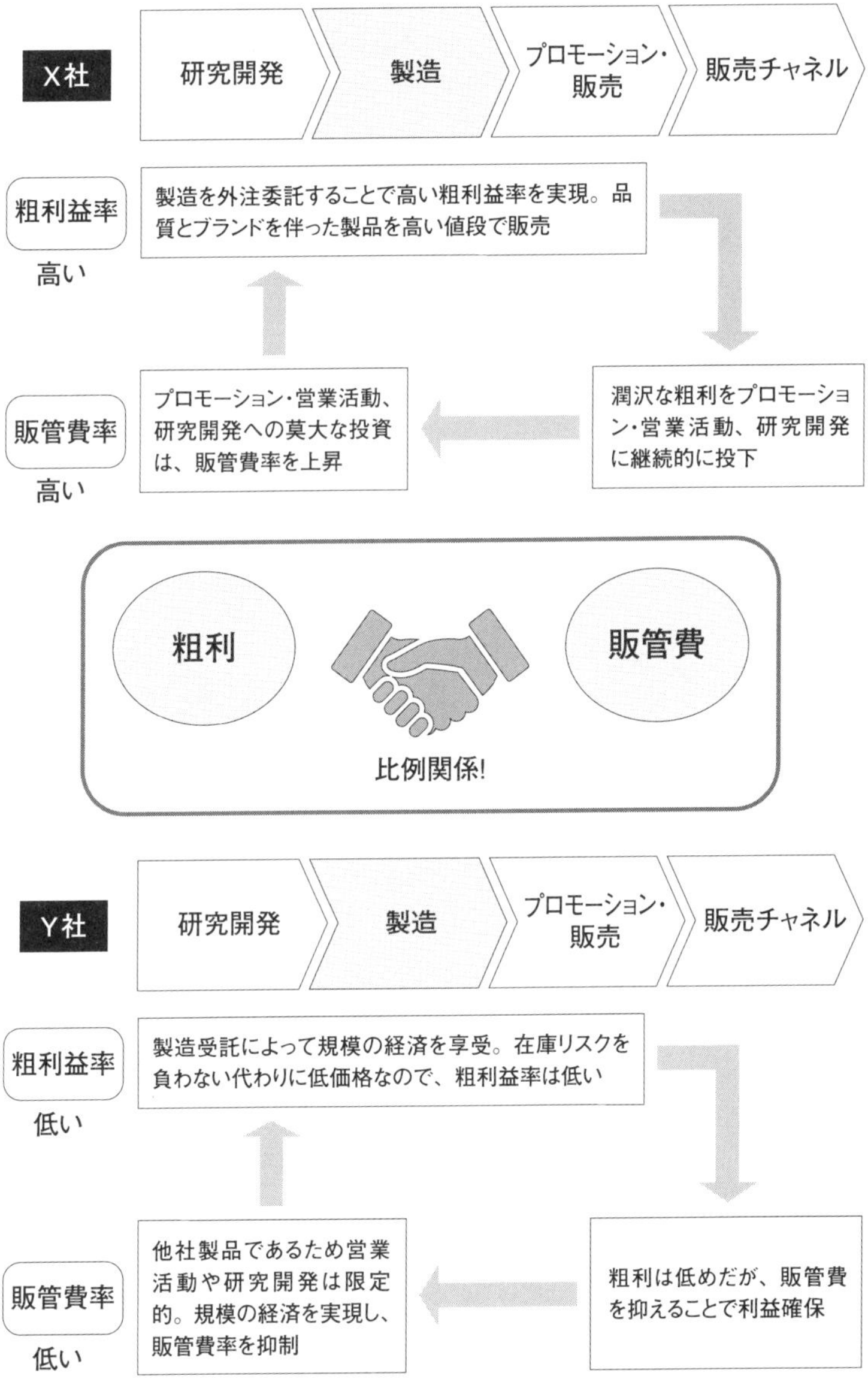
X社
研究開発
製造
プロモーション・販売
販売チャネル
粗利益率
高い
製造を外注委託することで高い粗利益率を実現。品質とブランドを伴った製品を高い値段で販売
販管費率
高い
プロモーション・営業活動、研究開発への莫大な投資は、販管費率を上昇
潤沢な粗利をプロモーション・営業活動、研究開発に継続的に投下
粗利
販管費
比例関係!
Y社
研究開発
製造
プロモーション・販売
販売チャネル
粗利益率
低い
製造受託によって規模の経済を享受。在庫リスクを負わない代わりに低価格なので、粗利益率は低い
販管費率
低い
他社製品であるため営業活動や研究開発は限定的。規模の経済を実現し、販管費率を抑制
粗利は低めだが、販管費を抑えることで利益確保

図表8-9 アップル、キヤノンはバリューチェーンを一気通貫

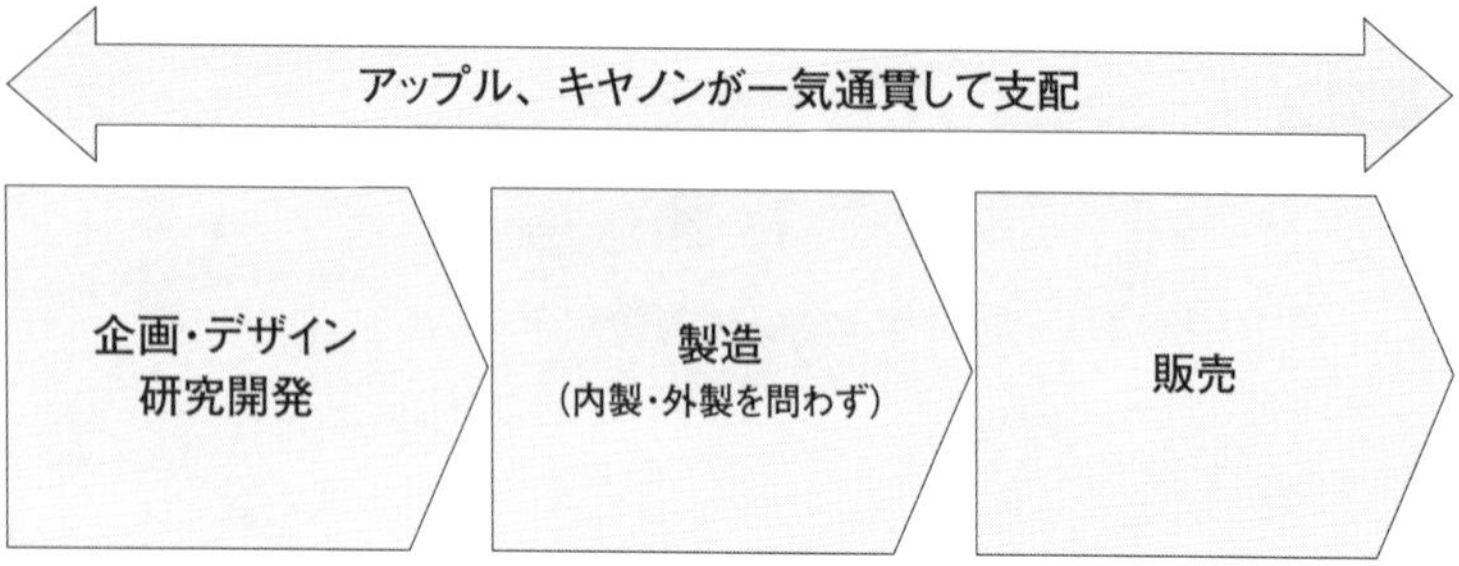

国内電機メーカーの中では内製比率が非常に高いといわれるキヤノンの粗利益率は44・8％（2019年12月期）なので、明らかに外注するアップルのそれに近い。

では、アップルとキヤノンの共通点は何だろう。それは工場を保有して自ら製造をするか否かではなく、製造より川上にある、企画、研究開発、デザインなどにおいて主導権を持ち、バリューチェーン全体を実質的に支配しているか否かにある（**図表8－9**）。バリューチェーン全体を支配した者が高い粗利益率を謳歌している。反対にバリューチェーンの1つのコマにすぎない場合、それも生存していくためのひとつの戦略ではあるが、高い粗利益率や営業利益率を確保するのは、容易でないことを示している。

3 プロモーション・販売戦略の相違がもたらす利益率の違い

QUIZ⑧

同業界にあるX社とY社の利益率は、**図表8－10**の通りです。2社の利益率の構造が異なっている主たる要因が**プロモーション・販売戦略**にあるとした場合、どのような仮説が立ちますか？（制限時間　10分）

図表8-10　X社とY社のPL

	X社	Y社
売上高	100%	100%
売上原価（▲）	40%	80%
売上総利益	60%	20%
販売費及び一般管理費（▲）	50%	10%
営業利益	10%	10%

競争のルールは1つではない

製造戦略でケースとして取り上げたアップル社の事例から、【QUIZ⑧】に対する答えは比較的容易に想像がつくだろう。つまり、粗利の高いX社はプロモーション・販売活動に多額のお金を投下することで確固たるブランドを構築することに成功。その結果、高い売値の設定が可能となり、高い粗利を確保できているが、販管費の負担も相応に大きくなっている。

これに対して粗利の低いY社はブランド力や営業力には必ずしも優れていない。必然的に仮に同じような品質の製品であったとしても、X社ほど高い売値の設定ができない。結果としてX社に比べると粗利では劣っている。しかしY社の戦略はまさにそこにある。つまり、プロモーション・販売活動への投資を抑えることで、X社に比べると低い粗利を販管費の低減によって補完することで、営業利益を堅実に確保しようというものだ。

ブランド力に優れた大手企業が業界に既に複数存在しているのであれば、真っ向から同じ土俵で対抗するのは競争戦略上、得策ではない。競争のルールを変え、自社が勝てるところで勝負していくことが望まれる。**企業に問われているのは、いかに最終的な利益（ここでは営業利益）を確保するかであって、粗利益率が競合並みに高いかどうかではないのだ。**

流通システムの違いとプロモーション

このようなプロモーション・販売戦略の異なる2社は、多かれ少なかれ、どのような業界に

図表8-11 A社とB社のPL

	A社	B社
売上高	100%	100%
売上原価（▲）	22.5%	50.0%
売上総利益	77.5%	50.0%
販売費及び一般管理費（▲）	67.4%	40%
営業利益	10.1%	10%

も存在しているのではないだろうか。自社がどちらかと問われれば、X社それともY社に相当するのか、立ち止まって考えてみてほしい。

さて、国内で身近にこのような競合2社が存在している業界や、具体的な企業名が頭に浮かぶだろうか。

図表8－11に示したのは、同業界にあるA社とB社の損益計算書（PL）だ。A社の粗利は7割を超えている。医薬品業界並みの高い粗利だが、医薬品業界と異なるのは粗利にも匹敵するような販管費への巨額の投資をしていることにある。それでも、製造業の優良ベンチマークである営業利益率10％超えを達成している。

A社は、化粧品最大手の資生堂である。A社の資生堂に対してB社に相当する企業、つまり高い原価率（低い粗利益率）と低い販管費率によって営業利益を確保しているような化粧品会社で上場している企業は、残念ながら存在していない。ここでは固有名詞と実際のPLを示すことはできないが、架空の化粧品会社B社を使って議論してみることにしよう。

化粧品業界にはいくつかの流通システムがある。資生堂やカネボウ化粧品、コーセーといった大手メーカーは、「制度品メーカー」と呼ばれる。これは、化粧品メーカーが個別に契約した化粧品専門店に対して、問屋を介さずに商品を直接卸して販売する方式だ。

化粧品専門店は、売上に応じてリベートを得る。メーカーはそうした専門店に対して、商品の他に什器類や販促物を提供することに加え、カウンセリング販売をするための販売員を派遣する。これらどれもがメーカーの販管費を押し上げる費用となる。

また、「制度品メーカー」に対して、問屋を介して一般小売店で販売する形態を「一般品流通」と呼ぶ。一般小売店とはドラッグストアやコンビニ、スーパーが該当し、制度品に比べると廉価であることが特徴だ。顧客も美容部員によるカウンセリングを介してではなく、自分で手に取って選ぶセルフ購買が主体となる。ドラッグストアやコンビニといった販売チャネルの台頭や消費者ニーズの多様化により、資生堂やカネボウといった大手制度品メーカーも、一般品の市場に力を入れているのが現状だ。

資生堂の販管費の明細を見ると、媒体費、見本品・販売用具費などを含むマーケティングコストが売上の25%を占め、最も高い（**図表8－12**）。販売チャネルに対して支払うリベートは、海外では売上高の控除として計上するのが一般的であり、資生堂も海外事業は概ねそのような

図表8-12　売上の67.4%に相当する資生堂の販管費
（売上比（%）、2019年12月期）

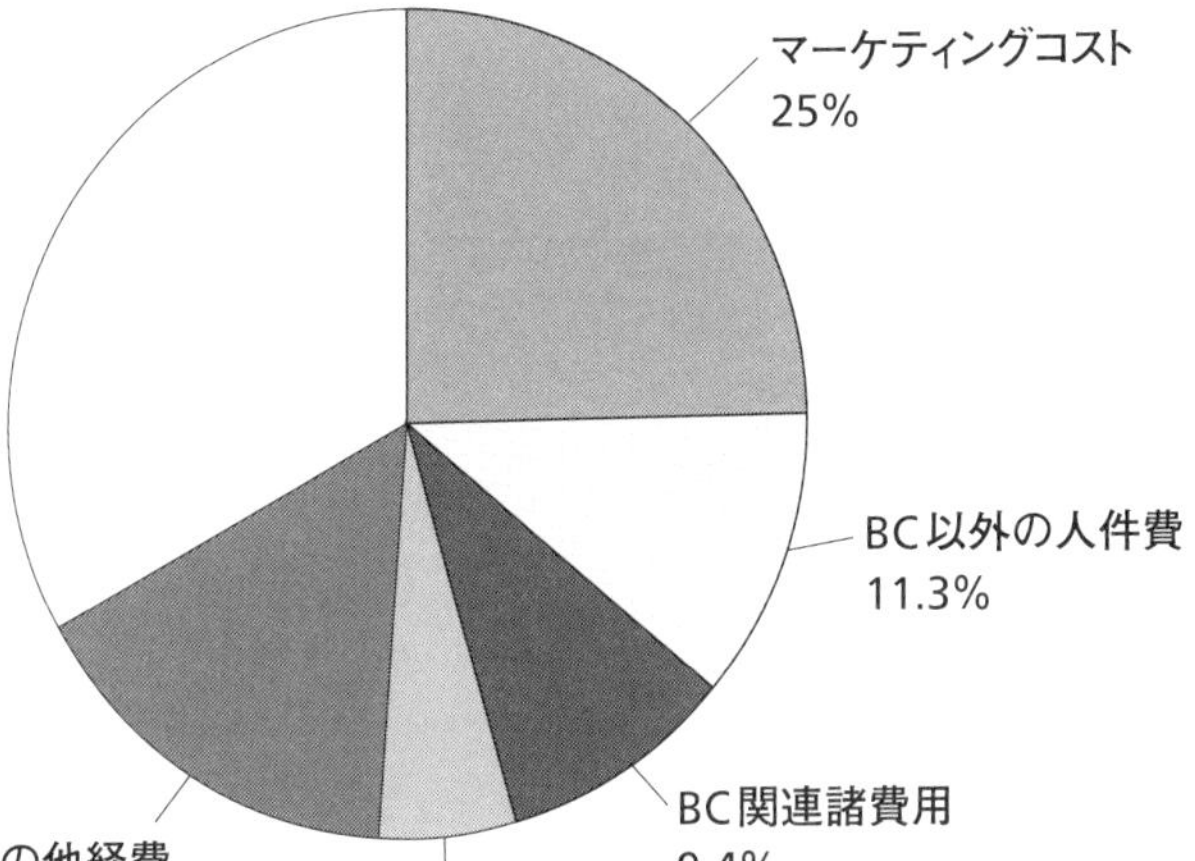

※ビューティーコンサルタント（BC）とは、資生堂における美容部員の呼称である

計上を行っている。一方で日本基準では、こうしたリベートを販管費に計上することが多く、資生堂もマーケティングコストの中にこうしたリベートの一定金額を含めていると思われる。

2016年度からブランドカテゴリーと地域を掛け合わせた「マトリクス型組織体制」に移行したことに伴い、現在の資生堂の販管費の開示では読み取ることが難しくなってしまったが、2015年までの開示によると、広告宣伝よりも、リベートやビューティーコンサルタント（美容部員）の費用が多額に使われていることが顕著であった。

化粧品会社のテレビCMは、インパクトが大きいので印象に残りやすい。

図表8-13 資生堂の2019年12月期連結損益計算書

自2019年1月1日　至2019年12月31日

区　分	金額（百万円）	百分比（%）
Ⅰ　売上高	1,131,547	100.0
Ⅱ　売上原価	254,844	22.5
売上総利益	876,703	77.5
Ⅲ　販売費及び一般管理費	762,871	67.4
営業利益	113,831	10.1

しかし制度品メーカーであればカウンセリング型の対面営業が主体となるので、マスに訴えるための広告費は思ったほど多くはない。幸い化粧品は、化粧の仕方や肌質に合った素材の選択など、カウンセリングする余地は大きい。売り場のビューティーコンサルタント、売り場のリベートにより多額の資金を投下することによって、差別化された製品のカウンセリング営業が実現する。その結果顧客が支払う売価は製造コストに対して、4倍を超える。資生堂のPL構造がまさにこれを示しているのである（**図表8－13**）。

一般品流通の化粧品会社をイメージしたB社はどうだろう。

まず原価率は高いといっても50％に抑え、結果として粗利は50％確保できているとした。低価格で勝負しているジェネリック医薬品会社の東和薬品でも粗利は50％近くあるように、医薬品業界、化粧品業界ともに、製造コストと売値の間には大きなバッファーが存在している。言い換えると、粗利をプラスに保つために与えられた値段の設定幅が、通常の業界では考えられないほど広いわけだ。

化粧品会社の大きなお金の使いどころが、原価ではなく販管費にあることは制度品も一般品も実は変わらない。

資生堂と同じ営業利益率10％を確保するために、販管費率は40％と設定した。先に述べたように、制度品メーカーと比べると、カウンセリング型ではないため、人件費は大きく圧縮できる。その代わり、ドラッグストアやコンビニといった主力チャネルで商品棚の獲得競争は激しく、そこで勝ち抜くためには相応の販促費を小売店や問屋に対して投下していく必要があろう（**図表8―14**）。また、一般消費者に認知してもらい、小売店でのセルフ形式で手にとってもらうためにも、「飛び道具」としての広告宣伝費は売上比で増やしていかなくてはいけない。

仮に営業利益率10％を達成することが至上命題なのであれば、販売数量予測と必要となる販管費から逆算して、売値をどこまで下げることができるか推定することもできよう。

図表8-14 プロモーション・販売戦略の相違がもたらす粗利益率と販管費率

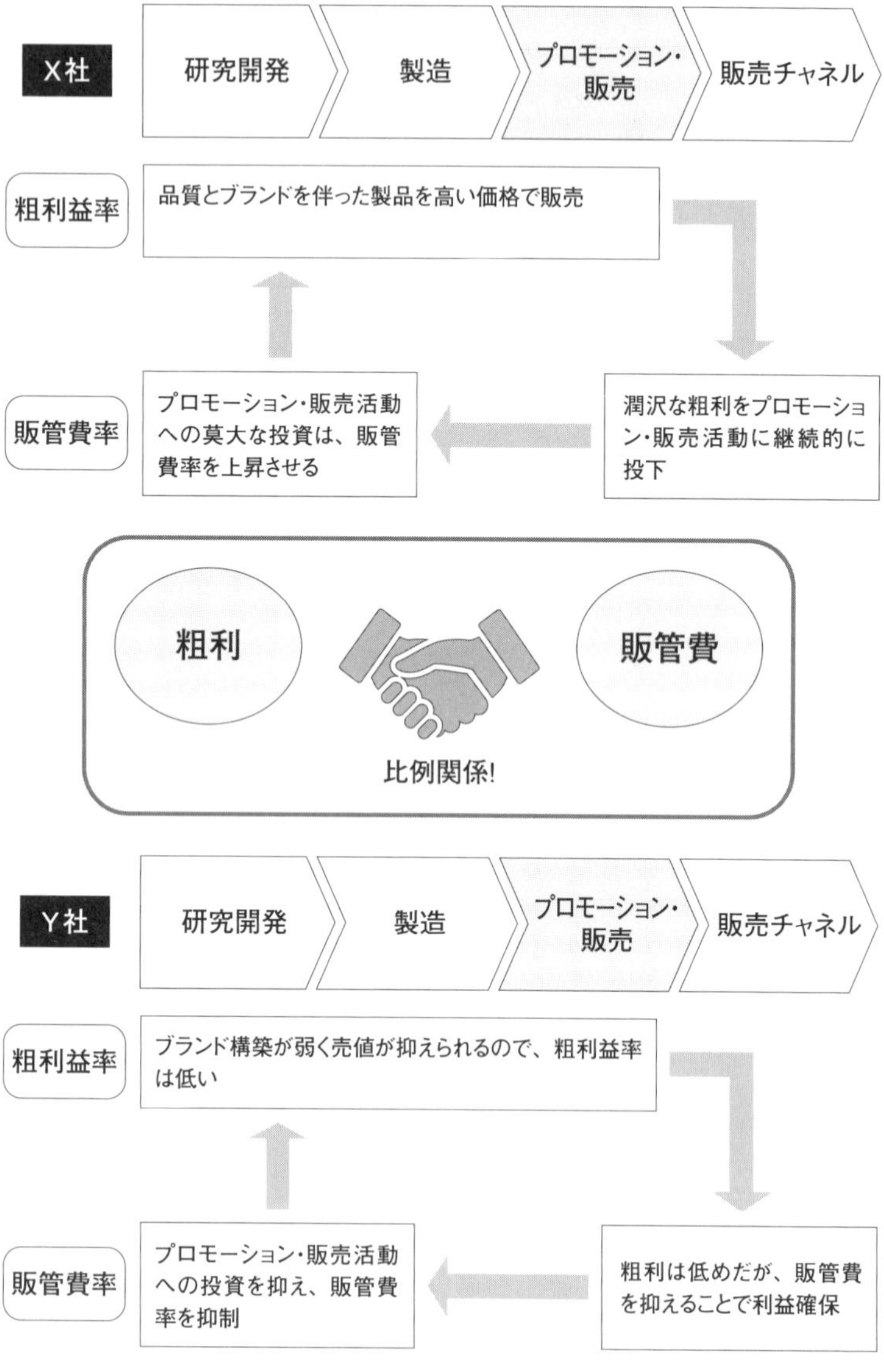
X社
研究開発
製造
プロモーション・販売
販売チャネル
粗利益率
品質とブランドを伴った製品を高い価格で販売
販管費率
プロモーション・販売活動への莫大な投資は、販管費率を上昇させる
潤沢な粗利をプロモーション・販売活動に継続的に投下
粗利
販管費
比例関係!
Y社
研究開発
製造
プロモーション・販売
販売チャネル
粗利益率
ブランド構築が弱く売値が抑えられるので、粗利益率は低い
販管費率
プロモーション・販売活動への投資を抑え、販管費率を抑制
粗利は低めだが、販管費を抑えることで利益確保

4 販売チャネル戦略の相違がもたらす利益率の違い

QUIZ⑨

同業界にあるX社とY社の利益率は、**図表8－15**の通りです。2社の利益率の構造が異なっている主たる要因が**販売チャネル戦略**にあるとした場合、どのような仮説が立ちますか？（制限時間　10分）

図表8-15　X社とY社のPL

	X社	Y社
売上高	100%	100%
売上原価（▲）	40%	80%
売上総利益	60%	20%
販売費及び一般管理費（▲）	50%	10%
営業利益	10%	10%

販売チャネル戦略の違いについてもさまざまな切り口からの考察が必要となるが、ここでは直接販売、つまり自社が直接、顧客に販売しているのか、あるいは間接販売、つまり自社と顧客の間に第三者となる販売チャネル、具体的には卸、問屋や代理店などが介在しているかの違いを考えていくことにしよう。今度は買原さんに訊いてみる。

大津　買原さんは資材の購買担当だけど、交渉する相手は原材料メーカーと直接？　それとも間に入る商社？　ここでは売りサイドの話。ずばり、X社とY社は、どちらが直接販売で、どちらが間接販売？

買原さん　X社は間接販売だと思います。先ほどの化粧品メーカーで見たように、販売委託している小売店に対して、巨額の販促費を落としてあげないといけないですから。販促費が、X社の販管費を膨らませているんだと思います。

大津　確かにそうだね。では、それに対するY社のストーリーは？　Y社は直販ということになるけど、なぜ粗利が低く、販管費率が低いの？　WHY?

買原さん　販管費率が低いのはX社の逆で、販促費がかからないわけです。直販ということは自社のセールスが営業するわけだけど、自分で自分にリベートは払わないですから。でも、直販の粗利が低くなるのはなぜだろう……？

大津　自分で売ると粗利が下がる。なぜだろうね？　今回は販売チャネルの話をしているのだから、売っている製品の製造コスト、つまり製造原価そのものはX社もY社も一緒だとしてみよう。そうすると直接販売と間接販売で売値が異なることしか粗利の違いの説明がつかないけど、なぜ直販だと売値が下がるの？ WHY?

買原さん　直販だとリベートを払わなくてもよいから、その分安くして売れるんじゃないですか？　顧客も喜んでくれるから売上拡大できるでしょう。

大津　だったら、なぜみんな直販にしないの？ WHY?

買原さん　それはー、直販するにはコストがかかりますから。営業担当者をたくさん抱えなくちゃいけないし、営業所とかマーケティング企画とか……。自分ですべて売るということは、ものすごくお金と手間がかかりますよ。

大津　いま買原さんが言った営業担当者とか営業所とかマーケティング企画とか。そういうのって、すべて販売に関するコストだね。ということは、直販すると販管費が爆発的に増えるんじゃないの？ SO WHAT?　つまり、販管費率の高いX社こそが直接販売で、そうではないY社が間接販売にならない？

買原さん　そう言われてみると確かにそうですが、でも先ほどの化粧品会社で見たように、販売を外部に委託すれば販促費は膨らみますよね。

大津　確かにそう。だから今回の場合、直販も間接販売もどちらもX社になりうる。直接販売の場合は人件費が販管費で膨らむだろうし、間接販売の場合は販促費が販管費で膨らむはず。でも私の質問は「X社とY社は、どちらが直接販売でどちらが間接販売？」だった。X社が直接販売にはなっても、Y社が直接販売になることはありえない。自分で直接売るということは、販売のためのあらゆるコストを自分で抱えるわけだから販管費が少ないというのはおかしい。どちらがどちらかと問われれば、ここではX社が直接販売でY社が間接販売とするしかなくなるね。

買原さん　なるほど。ところでその場合、粗利の違いはどんな説明になるんですか？

WHY?

大津　どんなだと思います？　今はあくまで販売チャネルの違いの話をしているのだから、製造コストは同じだとすると……。

買原さん　ああ、直販だとエンドユーザーに直接売るのだから、売値が高いんですね。逆に間接販売では、間に入る卸にマージンを落とさないといけないから、直販に比べると値段が下がりますよね。

SO WHAT?

大津　そういうこと。図にするとこんな感じだね（**図表8－16**）。

チャネルの違いが生む利益率の相違

図表8－17は、同じ製造業界で競合関係にある2社の連結PLの収益構造だ。A社とB社の粗利は互角だが、A社は販管費率が低い。必然的にA社はB社より営業利益率で大きく勝って

図表8-16 直接販売の会社と間接販売の会社の売値と総利益率の違い

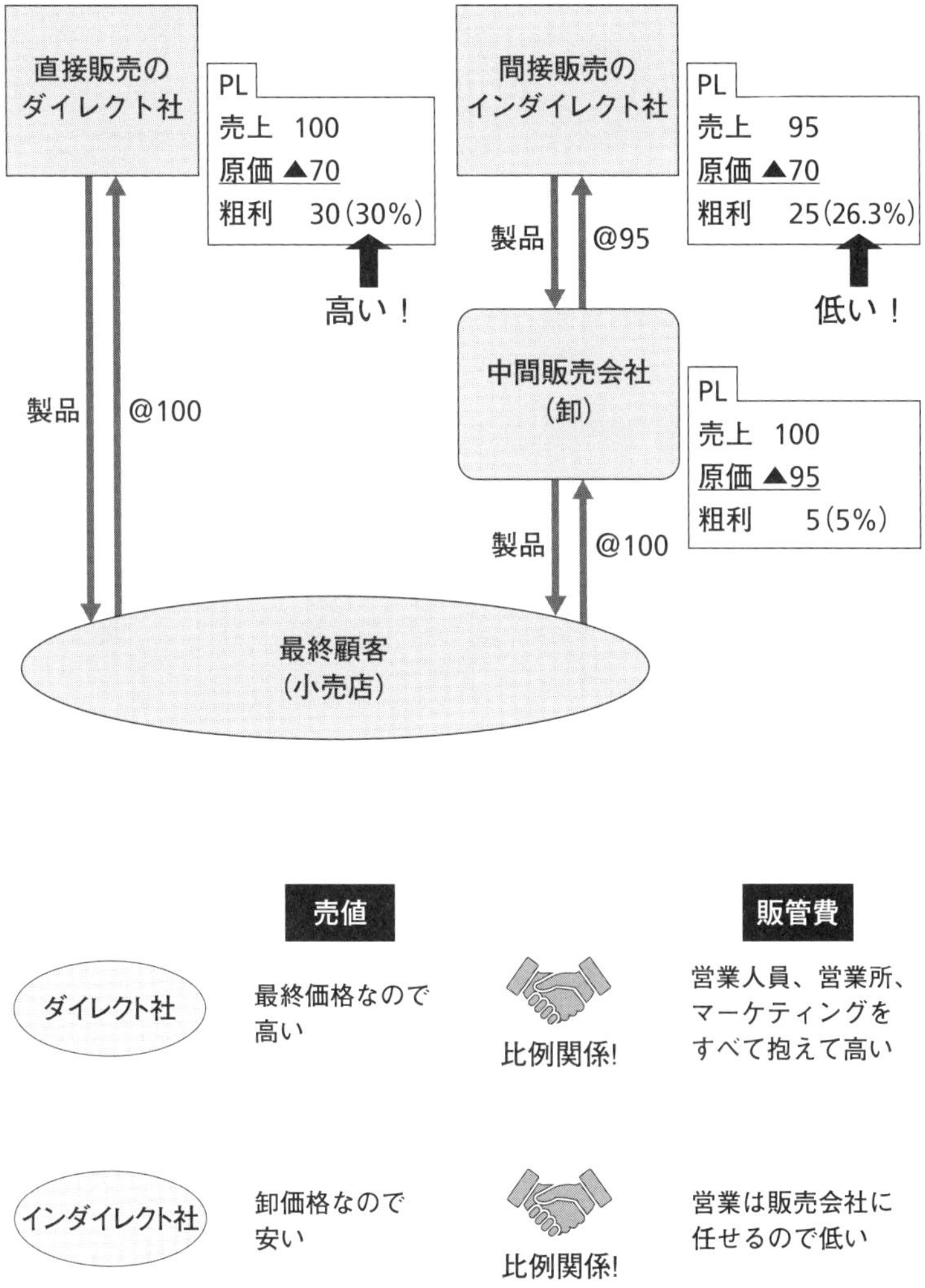

図表8-17　A社とB社のPL

	A社	B社
売上高	100%	100%
売上原価（▲）	44.7%	42.1%
売上総利益	55.3%	57.1%
販売費及び一般管理費（▲）	44.1%	52.8%
営業利益	11.2%	4.3%

いる。ただし、一般的な製造業に比べると両社ともに原価率は低め（粗利は高め）で、販管費率は高めだといえよう。よって、これはこの業界の特徴であると類推できる。A社は花王で、B社はライオンの2015年12月期（2社共に日本会計基準を使っていた最終年度）の連結損益計算書である。

シャンプー、洗剤、歯磨き粉など、花王とライオンは確かに競合する製品が多い。その一方で、両社の間で異なる点が多いのも事実である。花王は、自社の「ソフィーナ」ブランドや連結子会社のカネボウ化粧品で展開する女性用化粧品事業を主力事業のひとつとしているが、ライオンには女性用化粧品事業はない。先に資生堂で見たように、化粧品事業の粗利は非常に高いので、この事実は花王の連結PLの粗利をライオンに比べて押し上げているはずだ。

一方、ライオンは鎮痛薬のバファリンに代表される有力ブランドを複数保有するなど、薬品事業を家庭事業に次ぐ主力事業としている。花王にはヘルシア緑茶などのヘルスケア製品はあっても、薬品そのものはない。薬の粗利は先に見たとおり高いので、この事実はライオンの粗利を花王に比べて押し上げているかもしれない。ただし、ライオンの薬品は医療用医薬品に比べて値段が安く粗利の劣る店頭販売（ＯＴＣ）薬のみなので、粗利の上昇には実は大きく貢献していないとも類推される。

このように両社の間には類似している面もあれば、異なる点も数多くある。そのさまざまな要因が組み合わさった結果が、右記の2社の収益構造だ。それら個々の要因のすべての影響を公開情報だけで知ることは、残念ながらできない。ここではテーマとなっている直接販売と間接販売といった販売チャネルの違いにフォーカスして主に販管費を考察してみることとする。

直接販売の花王と間接販売のライオン

花王は、花王グループカスタマーマーケティングという１００％子会社を持っている。花王と花王のグループ企業の製品の販売に特化した会社で、２０２０年1月末現在の従業員数は５２９２人（パートナー社員含む）を数える。これは、花王単体の従業員数７９０５人の7割近くに相当する大所帯だ。今回は連結決算書で2社の数値を見ているので、親会社の花王と子会社の花王グループカスタマーマーケティングは一心同体。つまり、花王は典型的な直接販売の会社ということになる。

これに対してライオンは、卸を介した典型的な間接販売の会社だ。これについてライオンの藤重社長（当時）は、「一社当たりの売上高が小さい日本で、直取引をすれば非効率なのは明白」（「日経ＭＪ」２００４年6月3日付）と語っている。

さて、直接販売と間接販売。先の買原さんとの問答では、原価率が低く（粗利益率が高く）販管費率が高いX社が直接販売、原価率が高く（粗利益率が低く）販管費率が低いY社が間接販売と結論づけた。

実際には花王とライオンの粗利は互角であった。花王は小売店に対して直接販売するわけだから、間接販売のライオンに比べて、中間マージンを差し引かないままの高い値段で販売するので、その分は花王の粗利を押し上げているのは間違いない。しかし、花王は連結売上の約2割を粗利率の低いケミカル事業が占めている。また、事業分野として粗利が大きい薬品事業の存在が、ライオンの粗利を押し上げていることも、ここでは十分に認識しておく必要があろう。一方の販管費は、個別の費目が開示されているので両社の比較が可能となる。

ここまでの議論で構築された仮説は、以下の2つだ。

①直接販売である花王は、販管費に占める人件費の比率が大きい。なぜなら自社で営業部隊を抱えているため

②間接販売であるライオンは、販管費に占めるリベート関連の費用が大きい。なぜなら間接販

売とは自分で売らない代わりに誰かに売ってもらうことを意味し、その売ってもらう人たちに対するリベートが必要となるため

2社の販管費の費目の名称や項目数が一致していないので容易ではないが、それでもこれら2つの仮説の検証は十分可能だ。まず、花王の給料手当・賞与の売上に対する比率は9・1％であるのに対して、ライオンの給料及び手当は3・7％にとどまっている。両社の売上規模は4倍近い違いがあるから花王は販売の効率化が相当実現できているはずだが、それでも人件費への売上比での投資はライオンに比べて倍以上だ。これこそ、自社で販売会社を抱える直販体制の花王と、卸の活用を中心とした販売体制を敷くライオンの顕著な違いを表しているといえるだろう。ちなみに2015年12月期の連結の従業員数はライオンの6816人に対して、花王は3万3026人を有している。両社の売上規模の差を大きく上回る従業員数の差である。

一方のリベート関連はどうだろうか。花王の販売促進費が売上比でわずか5・3％であるのに対して、ライオンは販売手数料と販売促進費の合計で売上の25・0％に及んでいる。

ここまでの数値を、一覧にまとめてみよう（**図表8―18**）。

展開する国によって販売促進費の計上の仕方は異なり、また両社の事業内容がまったく同一ではないため、この表をそのまますべて販売チャネルの違いだけの結果とはとても断言できない。しかし、両社間での人件費率、リベート比率の大小関係と、各社ごとに見た人件費とリベー

図表8-18　花王とライオンの販管費比較

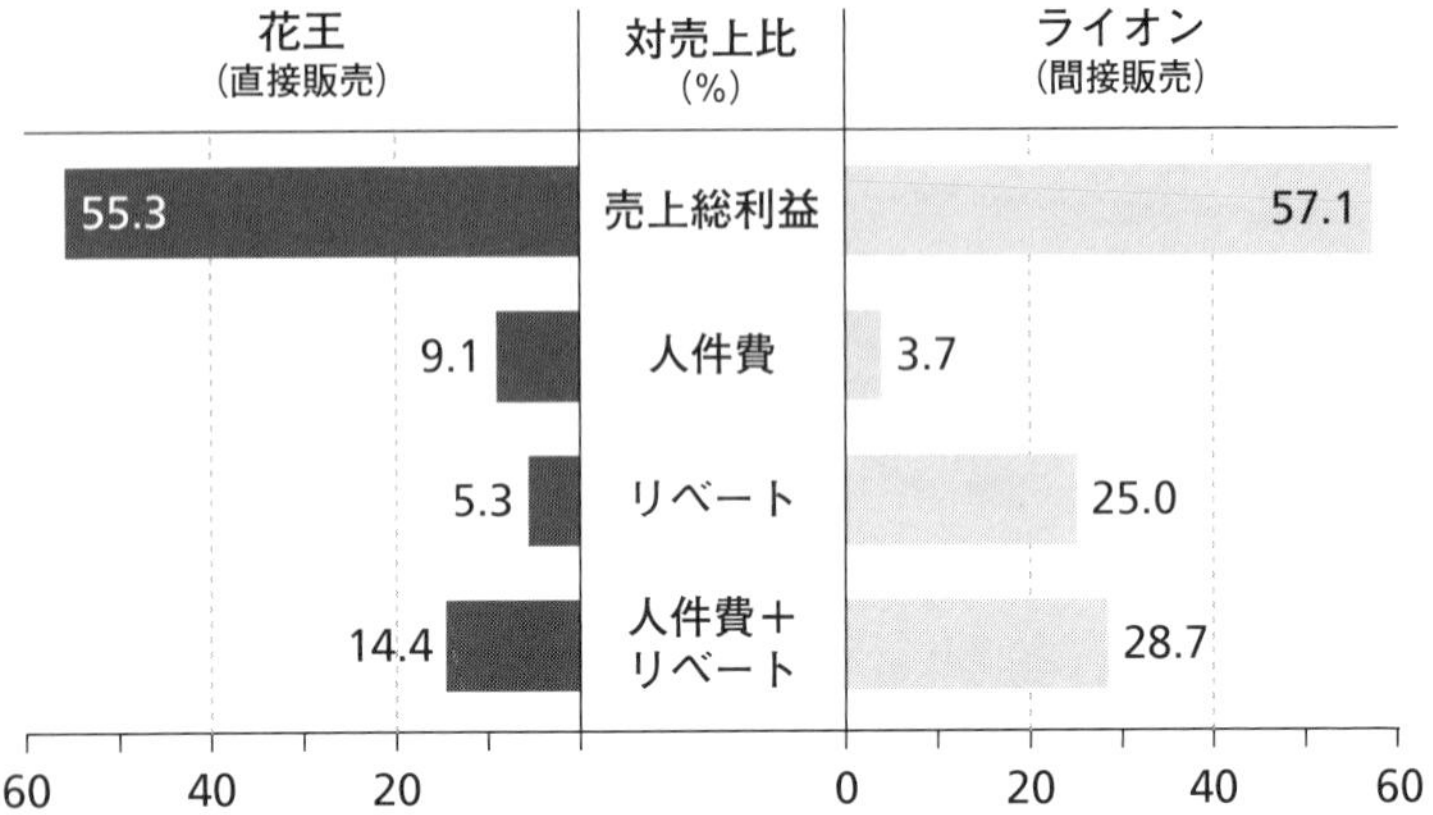

トの大小関係には、直接販売と間接販売といった両社の販売チャネル戦略の違いがきれいに表れているとすることは問題ないだろう（**図表8－19**）。

最後に、売上高販管費率は、直販中心の花王の方が、卸を介した間接販売中心のライオンより低かったという事実を読者の皆さんはお気づきだろうか。直販の花王の売上高人件費率（販管費）は間違いなくライオンより高かったが、それ以外のコストを効果的に投下することで、結果として販管費率の低減につながっている。売上の規模が4倍近く異なることから来る規模の経済に始まり、シェアの高い製品を数多く保有する効率的なマーケティングコストや、研究開発費が膨らむ薬品を保有していないこと、さらには販売活動に多くの費用を必要としない化学事業の存在など、そのどれもが花王の販管費を押し下げる要因として寄与しているはずだ。

粗利を高水準に維持しながら、販管費を節減するこ

図表8-19　販売チャネルの相違がもたらす粗利益率と販管費率

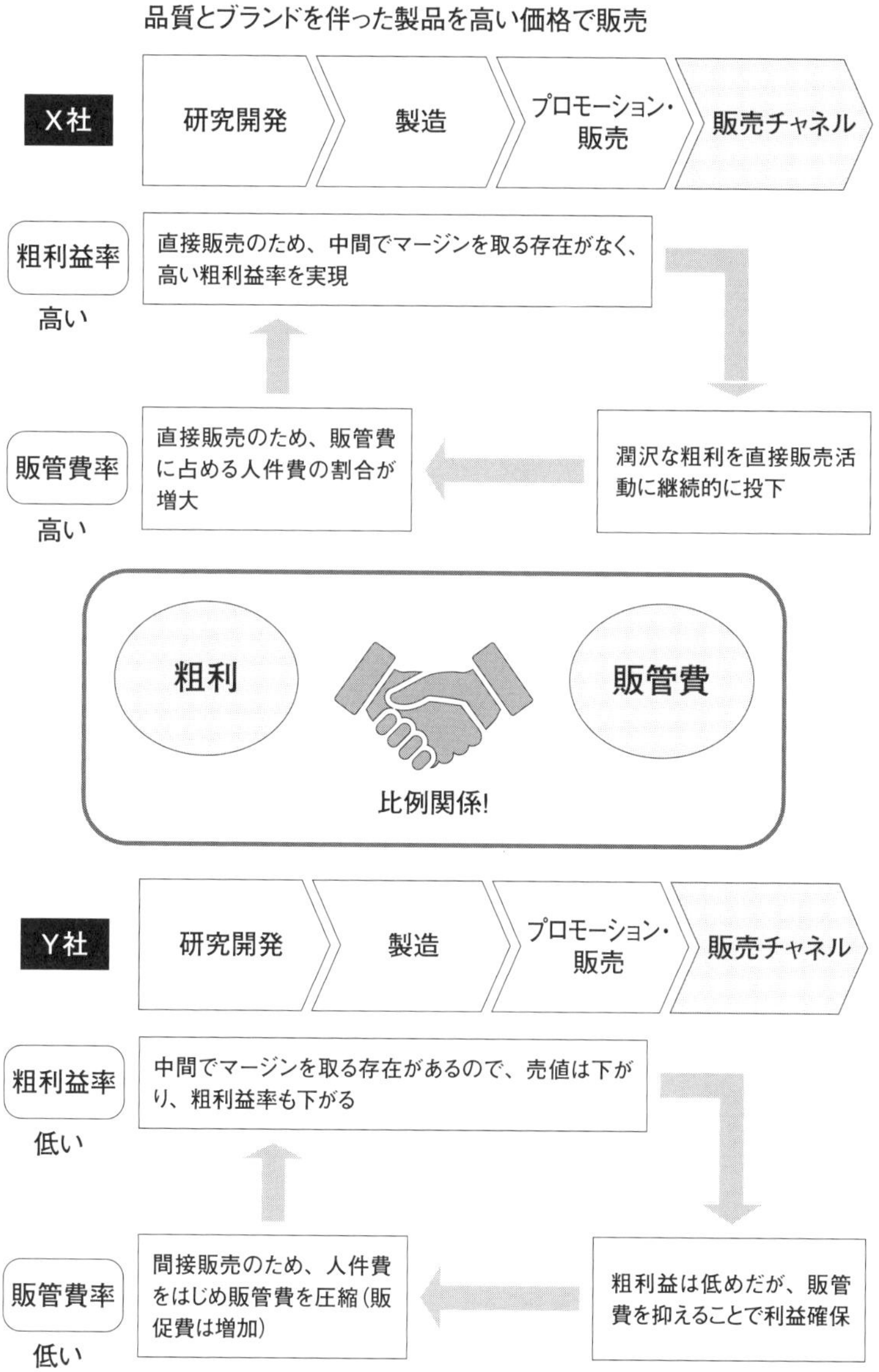
品質とブランドを伴った製品を高い価格で販売
X社
研究開発
製造
プロモーション・販売
販売チャネル
粗利益率
高い
直接販売のため、中間でマージンを取る存在がなく、高い粗利益率を実現
販管費率
高い
直接販売のため、販管費に占める人件費の割合が増大
潤沢な粗利を直接販売活動に継続的に投下
粗利
販管費
比例関係!
Y社
研究開発
製造
プロモーション・販売
販売チャネル
粗利益率
低い
中間でマージンを取る存在があるので、売値は下がり、粗利益率も下がる
販管費率
低い
間接販売のため、人件費をはじめ販管費を圧縮（販促費は増加）
粗利益は低めだが、販管費を抑えることで利益確保

図表8-20　バリューチェーンの要素別に見た経営戦略の相違がもたらす粗利益率と販管費率

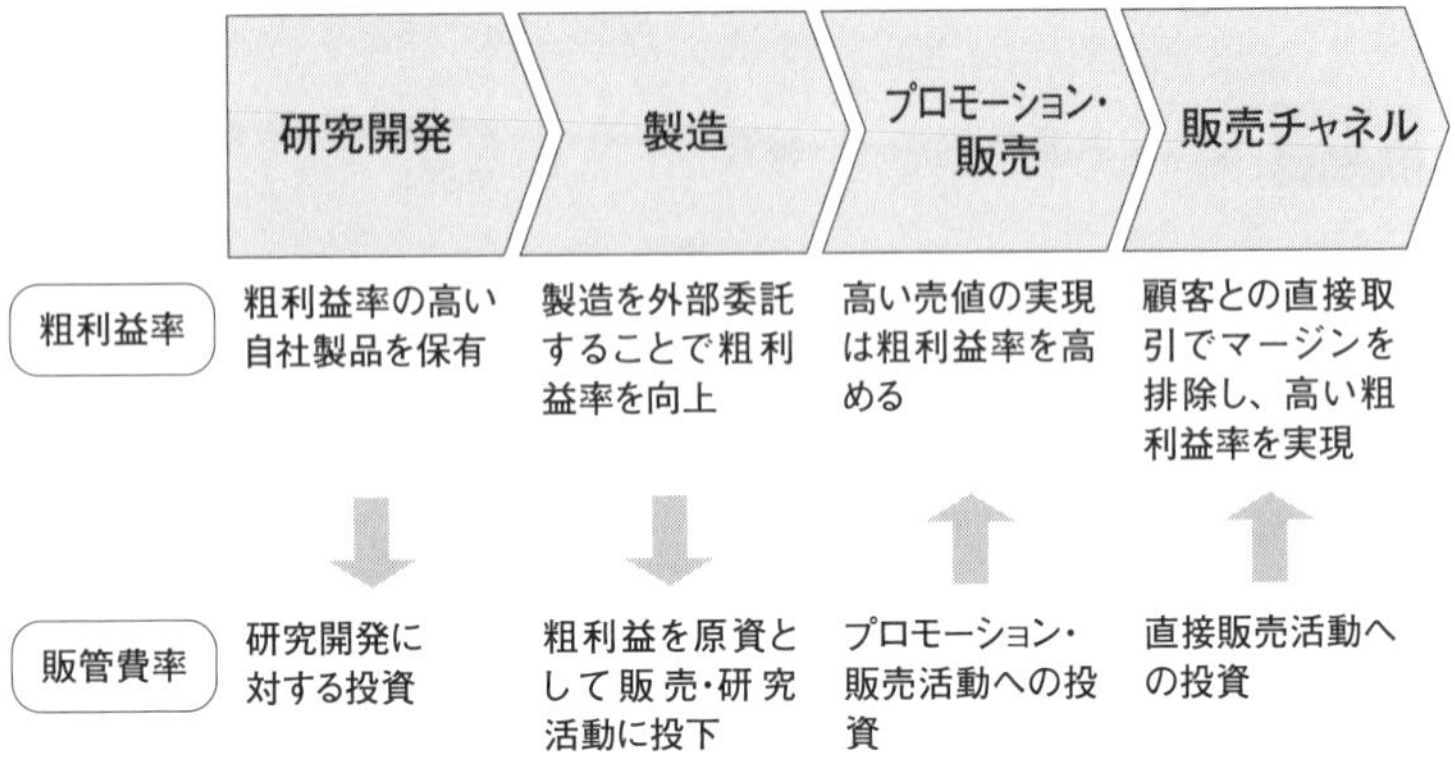

	研究開発	製造	プロモーション・販売	販売チャネル
粗利益率	粗利益率の高い自社製品を保有	製造を外部委託することで粗利益率を向上	高い売値の実現は粗利益率を高める	顧客との直接取引でマージンを排除し、高い粗利益率を実現
販管費率	研究開発に対する投資	粗利益を原資として販売・研究活動に投下	プロモーション・販売活動への投資	直接販売活動への投資

とにより、売上高営業利益率11・2%という優良な水準を達成している花王。ここまで4つのバリューチェーンで見てきたように、粗利と販管費には一定の比例関係、即ち高い粗利率に高い販管費、低い粗利率に低い販管費率が存在している。これを王道であるとするならば、**花王が示す高い粗利益率と低い販管費率という姿は、誰もが目指したいエクセレント企業としての例外の姿と見ることができよう。**

ここまで、同じ業界にありながら収益構造が異なる2社について、バリューチェーンで分解しながら経営戦略の相違を考察してきた。4つの箱の要点をあらためて簡潔にまとめたものを**図表8－20**に示す。さまざまな分析上の制約はあるものの、ケースとして取り上げた同業の2社には、経営戦略の相違が収益構造の相違として如実に現れていることを確認することができた。**これらの違いはすべて、良い悪いの問題ではない。**

戦略の違いである。刻々と変化する経営環境を見極めながら、常にベストな戦略を選択していかなくてはならない。

また、実際のバリューチェーンの各要素は独立したものではなく、相互に影響を及ぼすものだ。事業責任者にはこれらの最適なミックスを見つけ出していくことが望まれている。

どこに競争優位を築くのか

経営戦略が異なれば数値は異なる。数値を決めるのは経営戦略である。よって**決算書を分析する者に最終的に求められるのは、数値が大きいとか小さいといった事実を表現することではない。戦略がどう数値として現れているか現れていないかを認識した上で、経営戦略が正しいか否かの判断をすることとなる。**それは決して会計の数値からだけでできることではない。業界の競争環境を理解し、これから起きるであろう事態を予測し、その中で自社がどこで競争優位性を発揮することができるのか。定性的な経営環境と定量的な数値の評価から、総合的な判断、そして意思決定が望まれる。

仮に営業利益率10%が自社の目標とする数値となっても、それを達成するための手段、つまり経営戦略は、ここまで見たように実に数多く存在している。売上高営業利益率10%の必達と言われれば、競争が激しい現代において負担の大きな目標に聞こえるかもしれないが、逆に**「売上の90%までは消費してけっこうです。どこに使うのがもっとも賢いかを考えてください」**と

言われているとすれば、今までとは異なる視界も開けてくるだろう。その際には、自社のバリューチェーンを引いて、どこに競争優位性を築くのか、どこは思い切って重要度を下げるのかを考えながら、ＰＬとＢＳへの影響を考察してほしい。

では最後に、ここまでの分析をもとにして、自分の所属する会社や事業について考えるクイズを出題してみよう。

ＱＵＩＺ⑩

自分の所属する会社が取り扱う製品やサービスのバリューチェーンを、ここまでの例にならって構築してください。その上で、

①競合他社を意識しながら、各々の箱について自社の経営戦略上の特徴を記述してください。

②競合と比較した経営戦略の相違は、自社の粗利益率や販管費率を押し上げていますか、押し下げていますか。可能であれば、実際に同業他社の各比率と比較してみましょう。

③自社の強みはどこにあるのでしょう。自社の改善すべき課題はどこにあるでしょうか。強みをさらに強固にするには何が必要でしょう。課題を改善するためにどのよ

うに進めるべきでしょうか。バリューチェーンに沿って考えてみてください。（制限時間 60分）

第8章のまとめ

■自社開発製品比率の高い企業は、販管費（研究開発費）がかさむ代わりに、高い売値による販売から高粗利益率を実現できる。自社開発製品比率の低い企業は、販管費を抑える代わりに、売値の低さから粗利益率が低くなる

■製造を外部委託することで原価を抑えて粗利を確保し、その粗利を競争に打ち勝つための販管費の特定費目に投資することが戦略となりうる

一方で、そうした製造を受託する企業は、規模の経済によるコスト低減が有望な戦略となる。自社製造によって売上原価の低減をめざすが、コモディティであるため売値が低く粗利益率は低い。しかし自社製品でないため特段の販管費は必要なく、規模の経済によって売上比での低減が実現できる

■プロモーション・販売活動に多額のお金を投下することで確固たるブランドの構築に成功すれば、高い売値での販売が実現する。この場合、売値が高いため粗利益率は高いが、販管費の負担も相応に大きくなる

一方、プロモーション・販売活動への投資を抑える企業は、仮に同じような品質の製品であったとしても、ブランド力や販売力の欠如から高い売値の設定ができない。このため粗利益率では劣るが、販管費の低減によってそれを補完する

- 直接販売する企業は、自社で販売員を抱えるため販管費における人件費が膨らむが、中間マージンを抜かれずに最終価格で顧客に直接販売することから、粗利は高い。間接販売する企業は、自社で販売員を抱えないので販管費は総じて少ないが、中間マージンを販売委託先に落とすため、売値はその分安く粗利は低い（中間業者へのマージンは、販管費の販売促進費としてではなく、値下げとして反映されると想定）
- 経営戦略が異なれば数値は異なる。数値を決めるのは経営戦略。よって決算書を分析する者に求められるのは、戦略が数値としてどう現れているか、現れていないかを認識した上で、経営戦略が正しいか否かの判断をすることになる
- そうした分析は、決して会計の数値からだけでできることではない。業界の競争環境を理解し、これから起きるであろうことを予測し、その中で自社がどこで競争優位性を発揮することができるのか。定性的な経営環境と定量的な数値の評価から、総合的な判断、そして意思決定が望まれる
- 仮に営業利益率10％が自社の目標とする数値となっても、それを達成するための手段、つまり経営戦略は、実に数多く存在している。売上高営業利益率10％の必達と言われれば、

【バリューチェーン（例）】

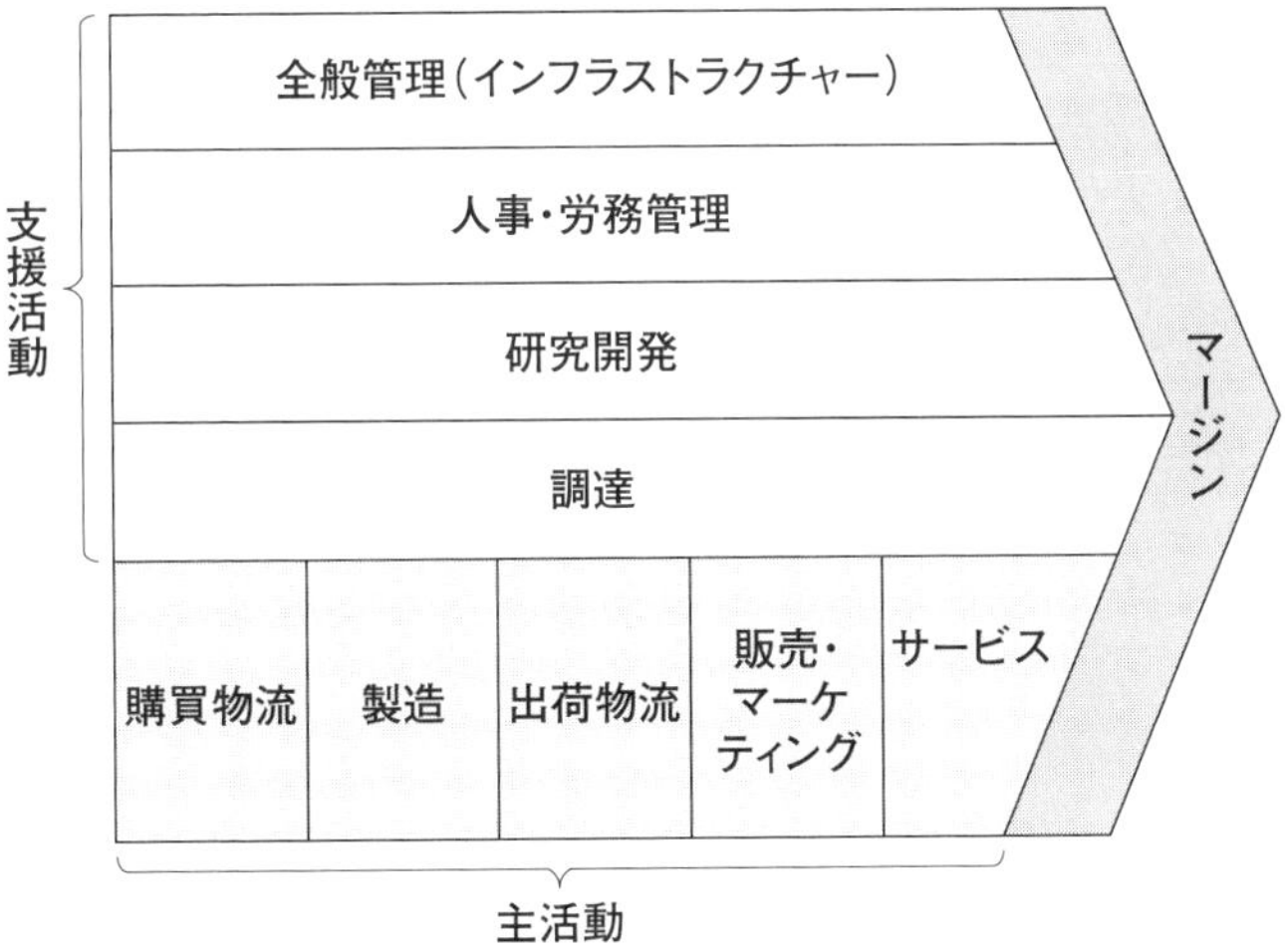

（出所）M・E・ポーター『競争優位の戦略』

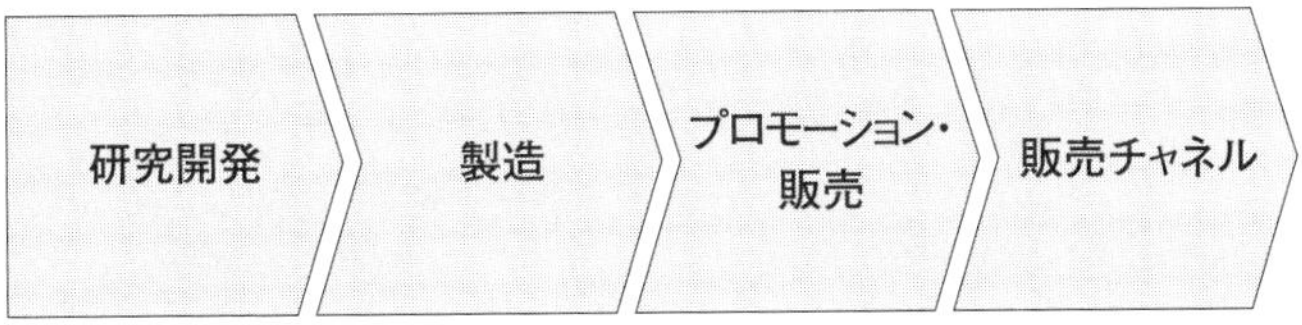

競争が激しい現代において負担の大きな目標に聞こえるが、「売上の90%までは消費してよい。どこに使うのがもっとも賢いかを考えてください」と言われているとすれば、今までとは異なる視界も開けてくるだろう

■その際には、自社のバリューチェーンを引いて、どこに競争優位性を築くのか、どこは思い切って重要度を下げるのかを考えながら、PLとBSへの影響を考察すること

第9章

4つのPで
マーケティング政策を
理解する

〈導入編〉

1 ネット通販の魅力をイメージする

QUIZ⑪

2019年の日本国内のB2C－EC（消費者向け電子商取引）市場は、19・3兆円（前年17・9兆円、前年比7・8％増）に拡大し、同物販系分野におけるEC化率（すべての商取引金額に対する、電子商取引市場規模の割合）は6・76％（前年比0・54ポイント増）に達しています（経済産業省）。2020年以降は新型コロナウィルス感染症拡大の影響もあり、この勢いはますます加速していくことでしょう。

そこで、あなたがもっともよく使うネット通販サイトをひとつ挙げてください。そして、なぜ WHY? そこで買い物をするのか、できる限り列挙してみてください。

（制限時間　15分）

ここまでの章で何度も繰り返して伝えてきたことは、「決算書は見てから考える」のではなく、「考えてから読むこと」だ。しかし、「考えてください」と言われても、果たしてどこから考えたら良いのか、戸惑ってしまう読者も多いだろう。

もちろん、ここまで学んできた損益計算書の構造（粗利と販管費の関係性、販管費の中身）

や貸借対照表の構造（左側に資産、右側に資金調達）を思い浮かべながら、ひとつひとつの科目がその企業にとって多いか、少ないかを、理由と共に想像して考えるのも良いだろう。５つの力のフレームワークを使って、５つの力の強弱の関係がその企業にとってどういった影響を与えるかを想像してみるのも良い。あるいは、その企業のバリューチェーンをイメージして、一つ一つのバリューについて、その企業の特徴を考えてみるのも良いだろう。ここまで学んだ数多くの枠組み、すなわちフレームワークを存分に活用して、「見る前に考える」ことは十分に可能なはずだ。

ただし、こうした**フレームワークを用いるときに注意したいことは、フレームワークありきになってしまうこと。もしかすると、フレームワークのフレーム（枠）を超えた重要な要素があるかもしれない。そんな時はこの設問のように、顧客の立場に立って考えてみることをおすすめしたい。**あまりかしこまらないで、「なぜ、そこで買い物をするのだろう？　なぜ他ではなく、そこを選ぶのだろう？」とシンプルに問いかけてみるのが良いことだ。数山くんに訊いてみることとする。

大津　数山くんは、買い物をするのは主にリアル店舗？　それともネット通販？　どこのネット通販サイトで一番よく買い物するの？　WHY?

数山くん　うーん、ネット通販大好きなんですが、何だかんだで、やっぱりアマゾンでしょうか。何といっても、品ぞろえが豊富ですから。

大津 たくさんの商品が置いてあること、それが一番大事だと？

数山くん あっ、そう言われてみると、必ずしもたくさんあれば良いってもんでもないかもしれません。サイトが混とんとしていると、迷っちゃう方なんで。理想を言えば、あらゆるカテゴリーの商品を扱っていても、カテゴリー毎には売れ筋が絞り込まれているのが私は助かります。ベストセラーとか、Amazon's Choice とか、提案してくれるのもいいですよね。サイトの作りも見やすくて分かりやすくて検索が楽です。

大津 ネット通販はまさに、ネットでモノを買うのが目的の場所。だから、それが自分の目的に合致していることが一番大切。人によって目的は異なるけど、きっとアマゾンは世界中の大多数の人の心をつかむ商品やサービスの提供ができている、だから世界ナンバーワンなんだね。では、その売っているモノ、商品以外でアマゾンの魅力はあるのかな？

数山くん 安いです（笑）。他の大手ネット通販サイトと比べても、アマゾンが割高ってことは、比較的少ないように思います。そうそう、特に書籍なんか中古本も一緒に掲載されているので、多少の汚れを気にしないなら、相当安上がりです。こう言っては何ですが、結局買うものはどこで買っても一緒なので、値段が安い方に目が向いてしまいますよね。

大津 その分送料が高いなんてことはないの？

数山くん 送料無料のケースが多いです。要はアマゾンが送料を負担してくれるということ。それも含めて考えれば、アマゾンはますます安いということになりますね。

大津 送料は負担するけど、代わりに到着まで数日待たされるとか？

数山くん あー、それもアマゾンの魅力です。翌日配送が多いです。特にAmazon Primeの会員になっているので、配送料無料やお急ぎ便、日時指定といった恩恵を受けられます。Amazon Primeと言えば、映画や音楽が無料で見られるのもアマゾンの魅力でした。コロナの自粛期間は、Amazon Primeに随分お世話になりましたよ（笑）

大津 最近はやりのポイントなんかなくても、もう十分って感じだね。

数山くん いえいえ、購入金額に応じてＡｍａｚｏｎポイントが還元されますよ。ポイントまで含めると、ますます安いってことですね。

大津 なるほどねー、顧客視点で考えると、アマゾンの魅力がバンバンと飛び出してくる。だからアマゾンは強い、ということも改めてうなずける。でも、顧客にとってのメリットは、企業にとってはコストとして重荷になっているかもしれない。ここは会計のクラスだから、決算書にどういう影響を与えうるのか、少しずつ意識して考えるといいね。 SO WHAT?

数山くん 最近経験した魅力がもう1つありました。返品手続きがすごく楽なんです。返品の申告から返送用のラベル印刷までぜんぶネット上でできてしまうし、しかも無料です。誤って注文したり、衝動買いしたときなんかに助かりますよ。妻が衝動買い、良くするんで（笑）。あっ、ということは妻の返品はアマゾンの重荷になってるかもしれないです。

大津　確かにそう。でもアマゾンに対する奥さまのロイヤルティは相当高そうだから、継続的なショッピングの回数によって、返品コストをカバーしてアマゾンに十分利益貢献しているように思えますよ。

いかがだろう。顧客の立場から考えると、その企業に関するイメージは意外と苦労は少なく出すことができるのではないだろうか。自社について考える際は、顧客に直接ヒアリングしてみれば良いだろう。他社について考える際、自分自身が顧客でない場合は、分析したい企業の商品や製品、サービスを購入している家族や友人、同僚に訊いてみるのも良い。問いかけるのはシンプルな質問である。「なぜそこで買うのですか？　なぜ他ではないのですか？」

実は第3章では、トヨタ自動車を使って、同じように「考えてから読む」というアプローチを一度行っている。第3章はトヨタ自動車という一つの企業を大きく捉え、PLとBSに関する仮説を立てることが目的だった。本章では、企業というよりは、もう一単位小さな「事業」に焦点を当てる。読者の皆さんもいったん会社内に入れば、企業全社について考えるより、自分の担当する個別の「事業」「製品」「商品」「サービス」「地域」について考える方が圧倒的に多いはずだ。今回はそれを、アマゾンのネット通販ビジネス、という観点から数山くんに考えてもらったわけだ。

2 マーケティングを定義する

個別の事業を考えるため、ここから先はマーケティングの観点からアプローチしていくこととしよう。**マーケティングとは、簡潔に表現すれば、「売るための仕組みを創り、これを実行すること」**である。売ること、すなわち販売することそのものは商品やサービスができあがった上での後工程の活動であるとすれば、マーケティングは何をどう売るかの仕組みを創る前工程の活動である。

マーケティングの第一人者である**フィリップ・コトラー教授は、マーケティングを**

「ニーズに応えて利益を上げること」

「どのような価値を提供すればターゲット市場のニーズを満たせるかを探り、その価値を生み出し、顧客に届け、そこから利益を上げること」

と定義している。

最後は利益に結びつかなければどんなに美しいマーケティング施策であっても意味がない。**コトラーが「利益」という言葉を用いてマーケティングを定義していることは、本書で会計を学**

習しようとしているマーケターの方々にとっても心強いはずである。優秀なマーケターにとって、利益の概念、会計の考えは不可欠な要素なのである。

3 マーケティング・ミックスを考察する4つのP

マーケティング・ミックスという言葉がある。効果的なマーケティング政策を打つためのミックス、すなわち組み合わせを考えるためのフレームワークだ。最も有名なものは１９６０年代、アメリカのジェローム・マッカーシー教授が提唱した４Ｐである。それは、Product（商品）、Price（価格）、Place（流通）、Promotion（プロモーション）について、「売るための仕組み」を創り上げるということだ。先に数山くんが矢継ぎ早に語ってくれた、数山くんにとってのアマゾンの魅力を、４つのＰに分けて整理してみてみることにしよう（図表9－1）。

図表9-1 数山くんによる、Amazonの4P分析

Product（商品）
●あらゆるカテゴリーの商品を扱いながら、カテゴリー毎には売れ筋が絞り込まれている ●ベストセラー、Amazon's Choice などの推奨機能がある ● Amazon Prime の会員になれば、映画や音楽が無料で見られる
Price（価格）
●他の大手ネット通販サイトと比べても、アマゾンが割高であることは、比較的少ない ●価格の安い中古商品の同時掲載がある ●送料無料のケースが多い
Place（流通） ※アマゾンはネット通販会社として言わば自社が流通機能を提供しているため、アマゾンのサイトやサービスを Place として列挙する
●サイトは、見やすくて分かりやすくて検索が楽 ● Amazon Prime の会員は、配送料無料やお急ぎ便、日時指定といった恩恵を受けられる ●簡易かつ無料での返品手続きが可能
Promotion（プロモーション）
●購入金額に応じてAmazonポイントが還元される

4 Product（商品）戦略

ずばり自社の商品戦略だ。製造業であれば製品、サービス業であればサービスと置き換えて考えると良いだろう。「製造業のサービス化」が叫ばれる昨今、単なるモノの提供にとどまらず、例えばネットを活用したサービス収益も目論む企業であれば、製品とサービスを包括して考える必要がある。

自社が顧客に提供している価値は何なのか、顧客はどんな Product に対して対価を払っていると考えれば良いのか。**Product 戦略は4つのPの中で、もっとも根本的なミックスの柱**である。それは単なる**商品やサービスの特徴だけにとどまらない。ネーミング、ブランド、ラインアップ、品質、デザイン、サイズ、パッケージ、アフターサービス、保証、返品など、あらゆるものが Product の範疇として入念に考察される必要がある。**

戦略なのでこれらすべてをフルに用意すれば良いというものではない。ターゲットとする顧客は誰で、そのターゲットが期待する Product は一体何であるかの考察が先決である。ターゲット顧客は決してすべてを望んではいないし、望むものが多いほど割高になることも知っている。提供する企業側にとっても、すべてを提供するだけのリソースはない。ターゲット顧客をつかむため、フォーカスすることが重要だ。

例えばアマゾンは自社のPB（プライベートブランド）商品の開発には、そこまで熱心ではない。セブン＆アイグループのセブンプレミアムや、イオンのトップバリュは頭に浮かんでも、アマゾンのPBブランド名がすぐに頭に浮かぶ読者は決して多くはないだろう。また、送られてくる段ボールやパッケージは、必ずしもお洒落で高品質といったものではない。アマゾンの顧客は中身の商品を買っているのであって、大手百貨店に期待するような紙袋の図柄や丁寧なパッケージに重きを置いてはいないのである。

5 Price（価格）戦略

お金にまつわる戦略であり、本書のテーマである会計にもっとも直接的に結びつく。これも見た目の価格だけには決してとどまらない。数山くんもアマゾンのPrice戦略に関わる魅力として、単に安いだけではなく、配送無料である点や、安価な中古品が同時掲載されていることを挙げていた。Amazon Primeという会員制度も、Price戦略の一環と見ることができよう。私たち顧客は会員になることで、ProductやPlaceに挙げた金銭的、非金銭的な多くのメリットを享受できる。アマゾンもまた、安定した会員フィーの収入に加えて、顧客ロイヤルティの向上を実現し、かつ各顧客の映画や音楽に関する嗜好まで知ることができる。商品の推奨機能にも結び付いていくだろうし、それをありがたいと思うロイヤルティの高い顧客が増えていく。4つのPが各々にポジティブな影響を与えながらグッドサイクルを実現し、アマゾンの売上、利益の拡大につながっていく。一般的にPrice戦略は他にも、**値引き交渉、ボリュームディスカウント、分割払い、クレジットやICカード、初期無料期間、紹介割引など、価格に関する方針は多岐にわたる。**

価格の決定においては、①ターゲット顧客が許容できる金額が上限、②自社のコストを回収し、目標とする利益を実現する金額が下限、③競合対比で、提供する価値と価格のバランスがとれていること、の大きく3つが考察されよう。時に優先順位が変わったり、時にどれか一つは犠牲にする場合もあろうが、中長期的には常に念頭に置きたい価格決定における3つの主たる要因である。

6 Place（流通）戦略

4つのPの語呂合わせであてはめられた呼び名でもある。**小売店や代理店、卸などの販売チャ**

ネルを介した販売であればそうした流通チャネルになるし、自社が自らエンドユーザーに直接販売するのであれば、店舗立地、店舗の作り、店舗従業員など広く店舗に関わること、ネット販売であればサイトの作りや注文手続きなどを指している。

数山くんが語った Place に関するアマゾンの魅力には、サイトの作り、配送料無料やお急ぎ便、日時指定、返品手続きといったサービスの充実が多かった。アマゾンの場合、ネット上の小売業者、すなわちメーカーの Place（販売チャネル）として自ら機能することが役割である。よってこうした Place 戦略として提供する機能は、同時にアマゾンの Product 戦略に含めて考えても良いだろう。

第8章のQUIZ⑨で、直接販売と間接販売について紹介した。それぞれを採用した場合のPL構造の違い（総利益と販管費の関係性）については、改めて参照してみて欲しい。また、販売チャネルを考察するポイントは、第5章で扱った5つの力における、買い手（カスタマー）との関係に影響を与える項目が参考になる。

7 Promotion（プロモーション）戦略

顧客とのコミュニケーションを図り、顧客に購買というアクションにまで至ってもらうためのプロモーション活動を指している。 数山くんが語ったアマゾンの魅力では、購入金額に応じてAmazonポイントが還元されるという、たった1つしか出てこなかった。これにはいくつかの理由が考えられる。ここまでのProduct、Price、Placeで述べたアマゾンの魅力が顧客に十分浸透しており、もはやテレビCMや過度なキャンペーンなど打たなくても、顧客が「ネットで買い物をする＝アマゾンで買い物をする」と表現するほど、圧倒的に優位なポジションを築き上げている点がまず挙げられよう。3つのPの充実そのものが、Promotion機能を十分に果たしている訳だ。

次に、Promotionは顧客に購買のアクションまでを実行してもらうために企業側が主導して行う取り組みのため、顧客である数山くんの立場からは見えにくい、という点もある。例として様々なサイト運営者とアフィリエイトの関係を築いていることが挙げられる。あるサイトのクリックによってアマゾンに導かれ買い物に至った場合には、そのサイト運営者に手数料が入る仕組み、いわゆるアフィリエイト制度の積極的な活用である。アマゾンにとっては、数あるサイトから自社サイトに顧客を導く重要なPromotion戦略であるが、私たち顧客は私たちの買

図表9-2　4つのPでカバーする、マーケティング・ミックス

【Product】商品・製品・サービス
特徴、ネーミング、ブランド、ラインアップ、品質、デザイン、サイズ、パッケージ、アフターサービス、保証、返品など

【Price】価格
価格、値引き交渉、ボリュームディスカウント、分割払い、クレジットやICカード、初期無料期間、紹介割引など

【Place】販売チャネル
販売チャネル、店舗立地、店舗従業員、在庫、ネット通販サイト、注文手続きなど

【Promotion】広告宣伝、販売促進
広告宣伝、キャンペーン、セールスフォース、パブリシティ、リベート、ダイレクトメール、ホームページ、ポイント、クーポンなど

い物によって誰かが手数料を受け取っているなどと考えることは稀である。一般的にPromotion戦略は、**広告宣伝、キャンペーン、セールスフォース、パブリシティ、リベート、ダイレクトメール、ホームページ、ポイント、クーポンなど広く存在している。**以上をまとめると、**図表9－2**となる。

4つのPを会計的に捉えると、Priceは売上に直結し、残り3つのPは費用や在庫といったどちらかというと企業にとっての負担項目に直結するように見えてしまう。しかし、費用のための費用はないし、在庫のための在庫もない。最後はPrice、すなわち価格に反映し、売上数量の拡大に持続的に結び付くためのマーケティング政策でなくてはならない。

たとえば、Product戦略に挙げたデザイン。環境に配慮した製品展開を行う企業理念を持ち、それがにじみ出るような統一されたデザインが製品全般にわたって展開されている。共鳴したロイヤルティの高い顧客には、過度な広告や販促キャンペーンなど必要ない。その企業に共鳴するから、製品を購入するのである。こうした状況を創り出せれば、Product戦略におけるデザインは、もはやコストではなく、売上を安定的に伸ばすための投資である。単なるProduct戦略としてではなく、Price戦略の重要な要素としてデザインを捉えるべきだろう。

最後に、4Cという概念も簡単に紹介しておこう。4Pはどちらかと言えば提供する企業側の視点に立って、4つのマーケティング政策を考えるためのフレームワークである。しかし、こうしたデザインがにじみ出す経営理念に共鳴した顧客の拡大、という点では、企業ではなく顧客を主語にして考えないと、思わぬ見過ごしをしてしまうかもしれない。

4Cとは、Product を Customer Value（顧客価値）、Price を Cost（コスト）、Place を Convenience（利便性）、そして Promotion を Communication（コミュニケーション）に置き換えたものだ。どうであろう。いずれのCも顧客目線に立った表現になってはいないだろうか。皆さんが何かを購入するときにはきっと、「どんな価値（Value）があるのか？」「コスト（Cost）の負担はいくらか？」「どんないいこと（Convenience）があるのか？」「どうやって深く理解する（Communication）のか？」とした方が、自分ごととして捉えやすい。これら4つのCこそが顧客の目線なのであれば、企業側もこれらを念頭に置いたマーケティング政策を打ち出す必要がある。4つのCを具体的なケーススタディと会計数値で見ていくこととしよう。

8 Product ⬇ Customer Value（顧客価値）が生み出す利益

顧客は製品やサービスを購入するのではなく、顧客自身にとっての価値（Value）あるものを購入する。ターゲット顧客に対して、自社が提供できる価値はいったい何であるのか。思考のスタートは、自社の製品ではなく、顧客にとっての価値でなくてはならない。

中小企業向けの統合業務ソフトウェア「ＯＢＩＣ７シリーズ」を手掛けるオービックは、ハードウェア販売から、システム導入コンサルティング、構築、保守・運用、ネットワーク構築までを、内製中心で一貫提供している。自社が得意な分野に焦点を絞り、中堅・中小企業をターゲットにしながら、売上高総利益率70・０％、売上高営業利益率53・７％（２０２０年3月期）という、圧倒的な高収益ＰＬを保持している。

9 Price ⬇ Cost（コスト）を認めた顧客がもたらす利益

顧客は価値に見合っていると考えるコストを負担する。価値が高いものには喜んで高いコストを負担するし、価値が低いものには低いコストしか認めない。顧客は、残り3つのCに対して対価を支払うのだから、3つのCの考察とは決して切り離せない。

首都圏を中心に店舗を展開する成城石井は、高品質でオリジナルな商品展開（Customer Value）を、都心を中心としたアクセス良い場所できれいな店作りで提供（Convenience）、各商品の特長を手書きのメッセージで伝える（Communication）ことで、食品スーパーとしては全般に高単価（Cost）な商品ラインアップでありながら、多忙な都心の顧客層を十二分に惹き付けている。一般に売上高営業利益率２～３％が中心の食品スーパー業界にあって、同比率９・０％（２０２０年２月期）という圧倒的な高収益ＰＬを保持している。

10 Place⬇Convenience（利便性）が惹き起こす利益

顧客が購入するのは、目に見える商品やサービスだけではない。例えばアマゾンであれば、サイトの分かりやすさ、配送料無料や翌日配送サービスの提供、返品制度の存在など、多くのConvenience（利便性）があるから顧客は購入するのである。

セブンイレブンの店内を中心にＡＴＭを展開しているセブン銀行は、名前は銀行であっても、ビジネスモデルは一般の銀行とはまったく異なる。一般の銀行は、預金者から預金を集め、預金者に利息を支払いながら、集めたお金を金融商品や融資、不動産投資などから得る運用益で利ザヤを稼ごうというものだ。これに対して、セブン銀行が私たち利用者に提供する

Convenience は、全国２万店のセブンイレブンを中心に置かれたATMにより、簡易にお金の引き落としや預け入れができる点に尽きる。セブン銀行の売上は、

他銀行から受け取るATM受入手数料単価130・9円×1日平均利用件数92・1回×365日×期末ATM設置台数25215台≒1109億円（2020年3月期。その他の売上高も加わって実際は1202億円）

によって、ほぼ説明がつく。重要な点は、私たち利用者だけではなく、むしろ手数料を支払う他銀行にとっても、自ら支店やATMに投資をせずに顧客の満足度を維持できるという Convenience が提供されていることだ。

2020年3月末にセブン銀行が預かっている預金残高は僅か6866億円なので、1200億円の収入は、17％超の利回りを生み出していることに等しい。同期の経常利益450億円を使っても、7％近い利回りである。名前は「銀行」でありながら、実態は超高収益なATM設置・運営プロバイダーと見ることができる。

もちろん、これを実現できるのは、容易にATMにアクセスできる私たち利用者、自社支店や自社ATMの展開を抑制できる他銀行、そしてグループ一体となったサービス提供が実現するセブン&アイ・グループのすべてが、セブン銀行のConvenience を認めているからに他なら

ない。

11 Promotion⬇Communication（コミュニケーション）が呼び込む利益

Promoteという単語は、何かを促進することであり、企業がいかに顧客を購買というアクションにまでPromoteさせるかといった、企業主導の響きが強い。一方で、顧客が企業に望むのは、購買にまでPromoteしてもらうことではない。自分にはどういった選択肢があり、その企業と関わることによって、どういった恩恵を受けることができるのかを、分かりやすくCommunicateしてもらうことだ。

花王は、ＥＳＧ戦略「Kirei Lifestyle Plan」を２０１９年に策定、ビジョン、２０３０年までの３つのコミットメント、重点取り組みテーマである19のアクションを発表した。日本語の「きれい」という言葉は、「美しさ」や「清潔」という意味だけでなく、こころの状態や生きる姿勢も表しており、それは自分自身に加えて、社会の「きれい」にもつながっていくという、花王の考えを示している。花王は、化粧品（カネボウ、ソフィーナなど）、スキンケア・ヘアケア

（ビオレ、エッセンシャルなど）、ヒューマンヘルスケア（メリーズ、ヘルシアなど）、ファブリック&ホームケア（アタック、クイックルワイパーなど）といった一般消費者向け製品を広範囲にわたって手掛けている。そのどれもが「きれい」を保つことを主眼とした製品であり、競争の激しい一般消費財でありながら、売上高営業利益率14・1%（2019年12月期）という高い水準を保持している。

第9章のまとめ

- マーケティングとは、簡潔に表現すれば、「売るための仕組みを創り、これを実行すること」。フィリップ・コトラー教授は、マーケティングを「ニーズに応えて利益を上げること」「どのような価値を提供すればターゲット市場のニーズを満たせるかを探り、その価値を生み出し、顧客に届け、そこから利益を上げること」と定義している。「利益」という言葉を用いてマーケティングを定義していることは、本書で会計を学習しようとしているマーケターの方々にとっても心強い
- マーケティング・ミックスでは、Product（商品）、Price（価格）、Place（流通）、Promotion（プロモーション）について、「売るための仕組み」を創り上げるアマゾンの魅力を4つのPに分けて整理、理解していこう

■Product 戦略は、単なる商品やサービスだけでなく、ネーミング、ブランド、ラインアップ、品質、デザイン、パッケージ、アフターサービス、保証、返品などまでも含む

■Price 戦略は、見た目の価格だけでなく、値引き交渉、ボリュームディスカウント、分割払い、クレジットやICカード、初期無料期間、紹介割引などまでも含む

■Place戦略は、小売店や代理店、卸などの販売チャネルを介した販売であればそうした流通チャネル、自社が自らエンドユーザーに直接販売するのであれば、店舗立地、店舗の作り、店舗従業員など広く店舗に関わること、ネット販売であればサイトの作りや注文手続きなどまでも含む

■Promotion 戦略は、顧客とのコミュニケーションを図り、顧客に購買というアクションにまで至ってもらうためのプロモーション活動を指しており、広告宣伝、パブリシティ、リベート、ダイレクトメール、ホームページ、ポイント、クーポンなどまでも含む

・4Cとは、Product を Customer Value（顧客価値）、Price を Cost（コスト）、Place を Convenience（利便性）、そして Promotion を Communication（コミュニケーション）に置き換えたもの。顧客目線に立ったものであり、企業側もこれらを念頭に置いたマーケティング政策を打ち出す必要がある

第10章

STPとマーケティングの4Pで同業2社のマーケティング戦略と会計数値を読み解く

〈応用編〉

1　R―STP―MM―I―Cでマーケティングのプロセスを俯かんする

第9章では、数山くんに顧客の視点からアマゾンの魅力を自由に語ってもらい、これをマーケティング・ミックス、すなわち4Pのフレームワークに落とし込んで整理した。4つのPは決してそれぞれが独立した要素ではなく、むしろポジティブな影響力を互いに与えてこそ、顧客に訴求していくものである。4つのPを顧客視点に立った4つのCで捉え直してみることで、相互のポジティブな影響力は、よりつかみやすいことも見てきた。グッドサイクルで回ったマーケティング政策は美しいだけでなく、持続的な利益へと結び付く。コトラーによるマーケティングの定義である、「ニーズに応えて利益を上げること」に終結する。

さて、アマゾンは既存のビジネス、しかも誰もが知る成功事例なので、4Pの解説は納得しやすいであろう。しかし、実際にはアマゾンも1994年の創業以来、成功以上の失敗を積み重ねながら、今日のマーケティングモデルに到達したはずだ。そして、これからも顧客や競合、技術や社会的価値が変化を続ける以上、アマゾンのマーケティングもまた、進化を遂げていくのである。

マーケティングの「計画」の視点に立てば、最初に考えることは、決して4Pからではない。

前章でも時折、「ターゲットとする顧客」という表現を用いたように、自分たちが獲得したいと考える顧客をきちんと見極めていることが先決である。また、ターゲット顧客を見極めるには、そもそも市場の調査が綿密に実行されていなければならない。

コトラーはマーケティングの基本的なプロセスとして、5つのステップを明示した（図表10－1）。

頭文字をとって、R－STP－MM－I－Cとも呼ばれるプロセスは、まさにマーケティング計画を行う上での王道のプロセスである。前章で扱ったマーケティング・ミックス、マーケティングの4Pはこのうち③に相当するもので、やはりプロセスの最初に行うべきことではない。

4Pの前工程として、①の調査が必要なことは誰もがうなずけよう。PEST分析（Political〈政治的側面〉、Economic〈経済的側面〉、Social〈社会的側面〉、Technological〈技術的側面〉）や、第5章で紹介した5つの力も活用して市場環境を冷静に調査し、評価することが望まれる。「ターゲット顧客を明確にする」ことは、次の②STP：セグメンテーション（Segmentation）⇒ターゲティング（Targeting）⇒ポジショニング（Positioning）のプロセスで行われる。

セグメンテーション、ターゲティング、ポジショニングのどれもがカタカナ英語でも十分通じる単語であり、おそらく読者もそれぞれのステップが目的とするところを想像するのは容易であろう。

図表10-1　マーケティングの基本プロセス
R－STP－MM－I－Cモデル

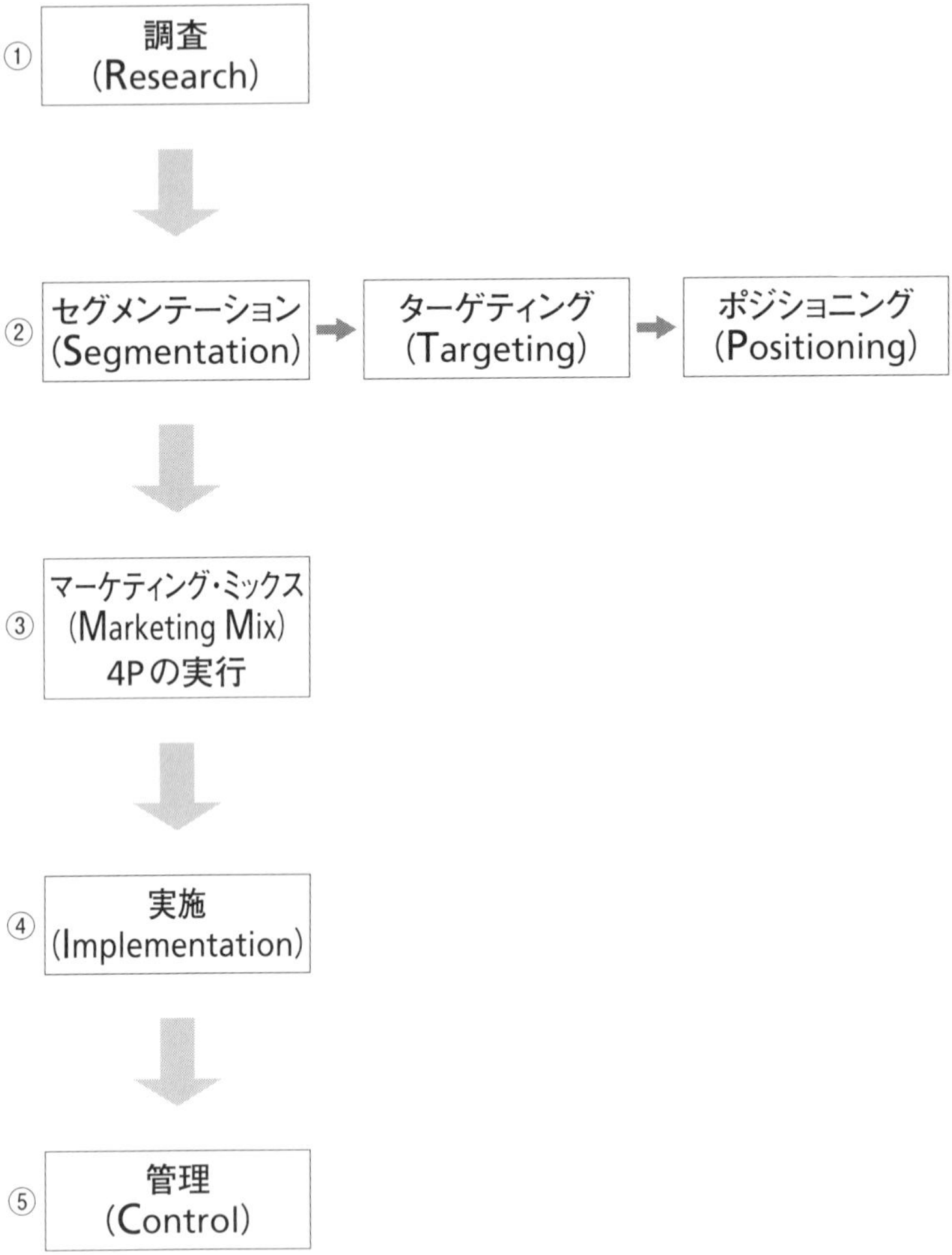

2 セグメンテーション（市場細分化）

市場には様々な顧客が存在している。**特定のニーズを持った顧客ごとにグルーピングすることによって、市場としての存在価値や魅力度を測定することが可能となる。**顧客をグルーピングする切り口には、地理的変数、人口動態変数、心理的変数、行動変数などが挙げられよう。トヨタ自動車が高級車レクサスから安価な軽自動車までフルラインアップを提供していることは、自動車を購入する市場には多様なセグメントが存在することを示している好例だ。

3 ターゲティング

セグメンテーションにより明らかとなったグループの中で、自社がターゲットとするセグメントを明確にする。ここでは顧客市場（Customers）を考察しているわけだが、3Cで言うところの残り2つのC、すなわち自社（Company）が持つリソースと、競合（Competitors）の比較優位性を入念に検討する必要がある。

結果として、特定のターゲットに集中するのか（若年層に安価なファッションを訴求するGU）、複数のターゲットに対して異なる商品を提供するのか（イオンやイトーヨーカ堂のアパレルコーナー）、あるいは広くすべてのターゲットに単一商品を提供するのか（ユニクロのヒートテック）も定まっていく。

4 ポジショニング

ターゲットが明確になった後は、そのターゲットに対して自社はどういう位置づけ、すなわちポジションに立って訴求していくのかを決定する。たとえばユニクロはヒートテックを初めとする自社商品を、「ライフウェア」「究極の普段着」と呼んでいる。「あらゆる人の生活をよりよくする、より豊かにするための服。美意識のある合理性を持ち、シンプルで上質、そして細部への工夫に満ちている服」といったポジショニングを取っている。一般的なアパレルメーカーが口にする、デザインやファッション、トレンドや最先端といったきらびやかな用語はそこにはない。ユニクロがターゲットとするセグメントへの立ち位置、すなわちポジショニングは、ライフウェアであって、トレンドではないからだ。

では、1つの業界を例にとって、STPから始まり、4Pを考察、最後に決算書への影響というプロセスまで、流れを追って順にみていくこととしよう。売野くんに、問いかけてみる。

大津　今日はみっちり会計の学習。いつもはあまり使っていない部分の脳みそをフル回転させてきたから、もうそろそろヘトヘトでしょう？

売野くん　そうですね～。疲れましたっ（笑）

大津　お疲れ様。ところで売野くんは、何か身体によいことやってるの？　スリムな体型に見えるけど？

売野くん　忙しいのもありますけど、あまり食べ過ぎないようには気を付けてます。家でご飯食べるときは21時までに食事を終えるとか、会社にいるときも間食のおやつはできるだけ控えるとか。

大津　いい心がけだね。ムダな脂肪を付けないためには、まずはインプットを減らすということ。では、アウトプットを増やす方でも、何か努力はしているの？

売野くん　平日は仕事で忙しいのですが、早帰り奨励日の水曜日の夜と、土日のどちらか1回は、フィットネスジムに行くようにしてるんです。気分転換にもなりますし。

大津　すごいね～。余計なインプットは減らして、アウトプットを増やす。必要のないコストは切り詰めながら、アウトプットとしての売上を増やせれば、自ずと利益は増えていく。健康管理と利益の創出、目指すための努力の姿は一緒だね。ところでいま通っているジムは、どうやって選んだの？ WHY?

売野くん　家から歩いて行けるのが一番ですよ。疲れてても、家から近ければ行ってみようかという気持ちになりますし。

大津　なるほど、場所は大事だよね（Place）。場所が良ければ多少高くても問題ない？

売野くん　いや、サラリーマンなのでそんなに余裕はないです。それに週2回、しかも行けるのは平日夜と土日の日中だけなんで。時間を限定した会員になって、ちょっと値引きしてもらってます（Price）。

大津　施設は充実してるの？

売野くん　せっかく行くので、ランニングに筋トレ、エアロビのプログラムにも参加して、最後はスイミング。そして楽しみはサウナに水風呂、最後の最後に熱いお風呂。もう最高です。やっぱり、フルサービスが一番です（Product）。

大津　近くにあるって言ったけど、近所には他のジムはなかったの？

売野くん　あったんですけど、入会後2カ月無料キャンペーンに釣られました（Promotion）。そもそもフィットネスジムって、きちんと入会金を払って入る人いるのかなぁって思うくらい、入会金無料のキャンペーン、年中やってますよね（笑）

大津　ジムによるんじゃないかな。ここ数年で一気に拡張したＲＩＺＡＰなんて、入会金無料キャンペーンは原則やってないと思うけど。

売野くん　それもそうですね。競争環境の違いなのかな。あっ、それともここまでの話からすれば、そもそもターゲット顧客（Ｔ）も違うし、ポジショニング（Ｐ）も違うってことですか！

5　フィットネスジム市場をＳＴＰで考察する

読者の皆さんにも、定期的にジムに通っている方は、数多くいらっしゃることだろう。かくいう私も、最低週2回、できれば週3回のペースでジムに通っている。では、ジムに通う顧客には、一体どのようなセグメントが存在しているのだろうか。私の場合は、気分転換、健康維持、体重管理など、どちらかと言えば長期的なスパンで健康な身体を維持することが目的だ。短期でマッチョマンになりたいとか、1カ月で10kg痩せたいといった志向はまったくない。おそらく一定規模の顧客セグメントとして、存在している志向であろう。年齢層としては、就職をして金銭的な余裕が生まれる半面、身体を動かす機会が減っていく20代に始まり、60代、70代までと同セグメントは広がりを持つ。

私がいるセグメントを「長期的に健康の維持を志向」とするならば、真逆の市場は「短期的に特定目的の達成を志向」と捉えられる。ボクサーであれば、短期的に目指す特定目的は強くなることに他ならないが、広く一般市場で考えれば、短期的に実現したい目的は、「痩せること」「減量すること」ではないだろうか。

フィットネスジム市場の2次元の軸のうち、1つ目の軸（横軸）が、ジムに通う目的、「長期的に健康の維持を志向 VS 短期的に痩せる志向」であるとして、もう1つの軸を考えてみたい。ジムに通うことは私を含め多くの人にとって大切な時間だが、衣食住に匹敵するような絶対不可欠なものではない。また、外をジョギングや散歩した後、区民センターのプールに通い、家でダンベルを持ち上げ、動画を見ながらエアロビをして、最後に熱いお風呂に飛び込めば、自分オリジナルのジムをほぼ無料で実現することもできなくはない。それでも私たちがジムに通うのは、ジムの提供する健康的な環境、指導してくれるトレーナー、共通の趣味を持った仲間との出会い、個人では買えない筋トレ器具や大型プールが提供されているからである。また、毎月の会員費を払うことで、健康維持に対する自身のコミットメントを図っているとも捉えられよう。

後はこうしたProductとPrice、顧客の視点からはCustomer ValueとCostのバランスを見ながら、私たちは自分にとってのベストのジムを選択すれば良い。そこでもう1つの軸（縦軸）

は、ズバリ「会員費が、高い　VS　安い」としてみたい。縦軸に会員費、横軸に目的を置くと、ジムに通う顧客のニーズと現存するプレイヤーは、**図表10－2**のようなマトリクスで表記することができる。

もっとも市場が大きいのは、コナミスポーツ、セントラルスポーツ、ルネサンス、ティップネスに代表される大型総合フィットネスジム（①）である。総合とは、マシン、プール、スタジオの、ジム3種の神器がフル完備され、多くの場合熱いお風呂も付いている。駅前などの好立地が多く、合従連衡が進んだこともあって、競争環境は比較的緩やかに推移してきた。しかし、総合であるがゆえに、見方によっては割高でもある。これら総合型の月会費はおおむね1万円～1万5千円だが、例えばプールやお風呂を必要としない人にとっては、自らが使用しない設備のために毎月余分なお金を支払うことになってしまう。

その間隙を突いて、最近急速に伸びているのは、ヨガ、ピラティス、ストレッチなどに焦点を当てた専門化したジム（②）、さらにはエニタイムフィットネスやJOYFIT24に代表される24時間小型ジム（③）だ。専門化したジムは特定のカテゴリーや女性限定といったフォーカスしているケースが多く、ニッチではあるが一定の需要を的確につかんでいる。これらジムは多くの場合、大型総合フィットネスクラブより安価な会員費が設定されている。例えば24時間小型ジムは7000円～8000円の月会費が相場である。小型であるがゆえにスペースやマ

図表10-2　ジム市場のセグメンテーションと主なプレイヤー

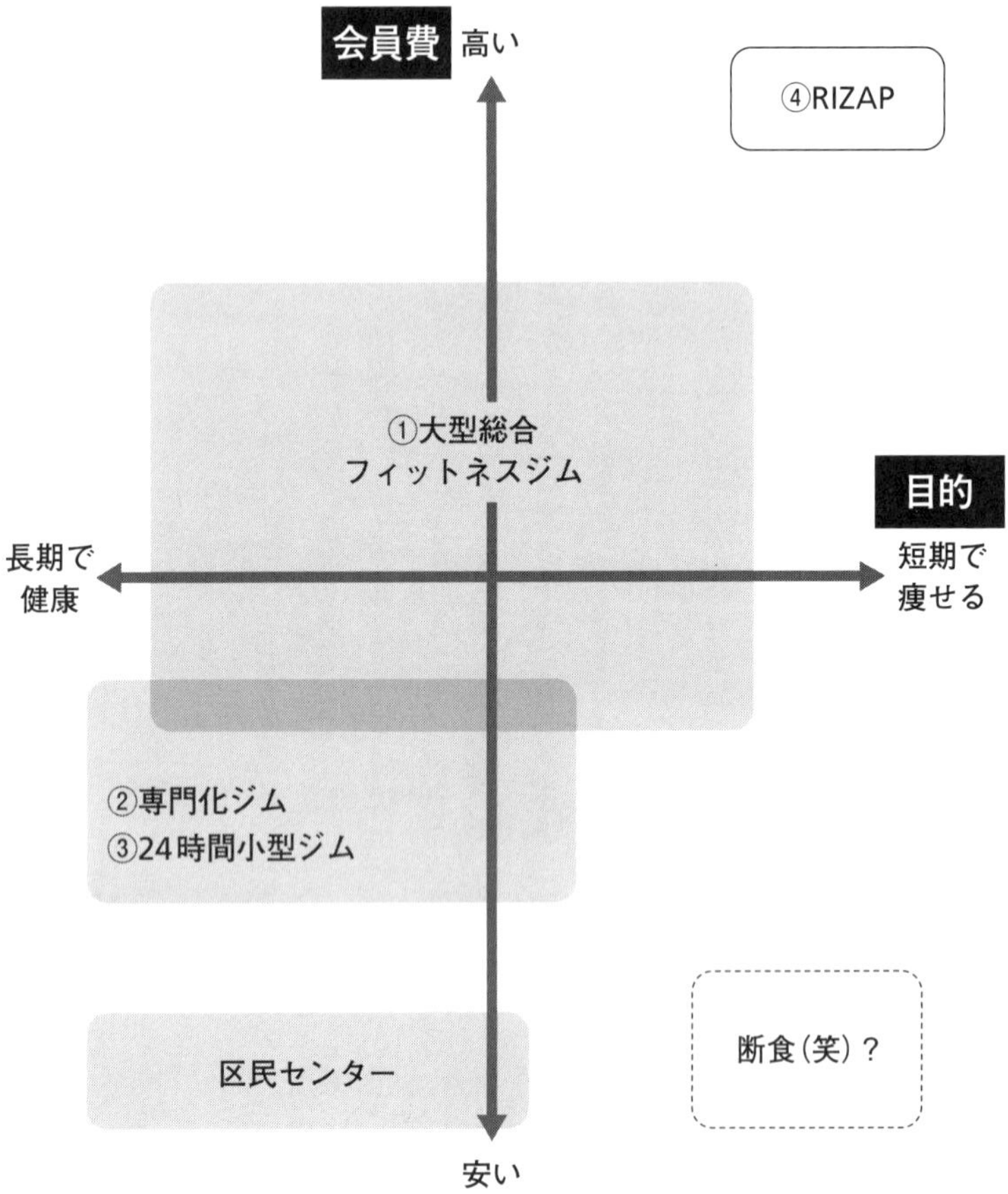

シンは限定的だし、プールやお風呂は提供されない。しかし、その限定されたサービスのみを期待している顧客にとっては、価格を抑えた利用が可能となる。企業側にとっても小型であるがゆえに出退店を進めやすい。

ここまでに挙げた、大型総合フィットネスジム、専門化ジム、24時間小型ジムは、どちらかというと、「長期的に健康の維持を志向」する顧客が集う選択肢と見ることができよう。真逆にある「短期的に痩せる志向」でも、これらジムの選択は可能だが、彼らが抱える会員総数からすれば、そうした顧客はおそらく少数派に属するはずだ。では、大多数の顧客が「短期的に痩せる志向」で入会するジムと言えばどこだろうか。図の右上の象限に位置するセグメントは、ニッチであるがゆえに具体的な固有名詞で語った方が分かりやすい。誰もが認知する企業、それはやはりＲＩＺＡＰ（④）である。

本書を執筆している２０２０年８月にＲＩＺＡＰのホームページを見ると、トップページには、「減量プログラム実績日本一」「45歳の私が別人のようにキレイに痩せた秘密、それは食事よりも筋肉でした」といった表記が、短期間で減量に成功した女性タレントと共に謳われている。あくまでＲＩＺＡＰがターゲットとする主たるセグメントは、「短期で痩せたい」層である。目的が明確であり、短期で実現しなくてはいけない以上、そのための対価はある程度高くても受け入れる顧客は存在する。入会金はいずれも５万円（以下、税抜）で、入会キャンペーンなどはもちろん存在しない。様々なプログラムの選択肢はあるが、最も安いものでも50分のトレーニングを週2回、全2カ月16回で29万8０００円から始まり、高いものは1回80分のトレーニングを週2回、全4カ月32回で93万４４００円と表示されている。

ジムに通おうとする潜在顧客をセグメンテーション（S）し、各社はそれぞれが狙うターゲティング（T）を行った上で、自社をポジショニング（P）していく。RIZAPは自社の事業を、フィットネス事業やスポーツジム事業などとは決して呼ばない。こうした呼び方をした瞬間に、他社と同質化してポジショニングは崩れてしまうし、ターゲット顧客にも響いていかない。一人一人の目的にあった身体を作り上げる支援をする事業、RIZAPはこれを「ボディメイク事業」と呼んでいる。

一方で大型総合フィットネスクラブを代表してセントラルスポーツのホームページには、「充実したプールやジム・スタジオプログラムをご用意。『0歳から一生涯の健康づくりに貢献する』を経営理念に全国２３０か所で展開しています。」と表記されている。

①プールやジム、スタジオの総合型であること、②赤ちゃんからお年寄りまで全年齢層に顧客が幅広いこと、③顧客が実現するのは健康づくりであることなど、このたった2行の文章から、セントラルスポーツがターゲットとするセグメントと、そのポジショニングは明確に読み取れよう。

では、ターゲットに対するポジショニングが明確になった両社について、売野くんに語ってもらったジムへの期待も参考にしながら、セントラルスポーツとRIZAPのマーケティングの4P（顧客の4C）を整理してみることとしよう（図表10－3）。

6 ジム業界2社のProduct戦略は、顧客の求める目的の違い

セントラルスポーツは、1970年に設立され、売上高ではコナミスポーツに次ぐ業界第2位にある。セントラルが提供するProduct、顧客にとってのCustomer Valueは、「0歳から一生涯の健康づくりに貢献する」という経営理念そのものだ。この実現のために、ジム、プール、スタジオといった施設の充実に加えて、様々な無償プログラムを提供している。充実した施設と豊富なプログラムから、会員は誰もが自分に合った使い方を選択できる。RIZAPの出現もあってか、セントラルも有償でパーソナルトレーニングのメニューを提供している。それらはRIZAPほど高価ではなく、あくまで会員への付加的なサービスといった位置づけだ。セントラルはフィットネスジムを運営しながら、主にその施設を活用したスクール事業（子ども向けスイミングスクール、大人向け各種スポーツスクール）も手掛けている。2020年3月期の売上高は、フィットネス部門297億円、スクール部門134億円であった。

図表10-3 セントラルスポーツとRIZAPのマーケティングの4P

	セントラルスポーツ（大型総合フィットネスジム）	RIZAP（ボディメイク）
Product (Customer Value)	・「0歳から一生涯の健康づくりに貢献する」を経営理念として、全国230カ所で展開 ・ジム、プール、スタジオを総合的に提供、多くの店舗はお風呂やサウナも完備 ・エアロビクスやヨガなどのスタジオプログラム、プールプログラム、ジムプログラムを無償提供 ・別途有償でのパーソナルトレーニングもあり ・スクール会員（子供向けスイミングスクール、大人向け各種スポーツスクール）事業も広く手掛け、送迎バスも提供	・短期間で痩せる（減量する）ための顧客専用のトレーニングメニューを作成し、専属トレーナーによる徹底指導（1回50分、週2回、2カ月～が基本） ・定期カウンセリング、食事アドバイス、電話栄養サポート相談など、トレーニング以外での支援を無償提供 ・清潔な完全個室環境で、ウェア、アメニティ、水を無償提供 ・完全予約性により多忙な顧客に便益を供与 ・リバウンド防止のためのリバウンド保険、ボディマネジメントプログラムを有償提供
Price (Cost)	・会費・会員区分は店舗により異なるが、利用時間帯、他店利用可否、無料タオル有無の組み合わせで、月会費4千円～1万5千円と多様な選択肢を用意 ・休会制度の設置により、無償で休会できるオプションを用意	・入会金5万円、2カ月で29万8千円～の高単価により、痩せることに対して顧客にもコミットさせる ・「結果にコミットする」フレーズによる、30日間全額返金制度 ・リピート利用に加え、高単価なサプリメントやプロテインなど自社PB品も販売し、平均利用金額は70万円に到達、PB品のため粗利率も高い ・継続者には複数のサポート体制&価格で支援を用意
Place (Convenience)	・プールやスタジオまでを備えた総合型は大型店舗となり、店舗数はある程度集約されて、駅近の好立地出店 ・総合型だけでなく、24時間ジム、ジム・スタジオ型、スタジオ単体型など、小型店での展開を増やしている	・広告露出による顧客誘導の成功により、駅前一等地を避けた雑居ビルなどに低コスト出店 ・筋トレとマンツーマン指導が中心のため、スペースは狭く、マシンは少ない。お風呂&プールはなしでシャワーのみを提供
Promotion (Communication)	・折込チラシや街頭でのチラシ配布で、新規顧客の獲得に努める ・入会金無料や入会後一定期間の会員費減額など、新規獲得のためのキャンペーンを多発 ・所属アスリートを広告塔として一部活用	・著名芸能人の劇的な肉体改造をモチーフにしたCMの大量露出 ・入会キャンペーンなどの特典は一切なし

これに対してRIZAPは、2020年3月末現在、136店舗（国内129店、海外7店）にてボディメイク事業を展開している。同期はRIZAP関連事業（サプリメント等の物販も含む）として401億円の売上高を報告している。RIZAPは、「プライベートジムランキングで四冠達成」と、ホームページのトップで謳っているので、これら4つがRIZAPの提供するProduct、つまりCustomer Valueと捉えて問題なかろう。①理想の体になれた、②無理なく痩せることができる、③トレーナーへの満足度、④リバウンドしにくい体になれた。これらの実現のために、トレーニングメニューの作成と専属トレーナーによる徹底指導にとどまらず、定期カウンセリング、食事アドバイス、電話栄養サポート相談、清潔な完全個室環境や、ウェア、アメニティ、水の無償提供を行っている。また、リバウンド防止のためのリバウンド保険や、ボディマネジメントプログラムを有償で提供している。

7 ジム業界2社のPrice戦略は、最も顕著な両者の違い

4つのPの中でも、両社にもっとも顕著な差があるのは、やはりPrice、顧客にとってのCost

であろう。RIZAPに入会金を含めて2カ月で支払う最低金額約35万円は、セントラルの平均的な会員費である月額1万円に比較すると、35カ月、約3年分の会員費に相当する。この大きな差に価値を感じる顧客だけがRIZAPに通うのだからニッチな市場であることは間違いない。RIZAPは毎年の会員数を開示しておらず、事業開始からの累計会員数のみ伝えているが、2020年3月末時点で累計会員数は14・7万人に達している。

RIZAPのジレンマは、2カ月で減量に成功し、満足した会員はRIZAPを去っていくことだ。また減量に失敗した会員は、失望しながらやはりRIZAPを去っていくことにあろう。一般のフィットネスジムが毎月のリピート客によって初期の獲得コストを回収するモデルだとすれば、RIZAPのそれは、広告宣伝を中心とする初期の膨大な獲得コストを、たった2カ月で回収しなくてはいけないことにある。もちろんRIZAPもいかに継続会員になってもらうかの働きかけを重視して、長期的な生活習慣改善に重きを置くなど、様々な顧客アプローチを行っている。2019年3月期のRIZAPの資料によると、約半数の会員が6カ月以上継続しているとある。それでもたったの6カ月だ。

セントラルスポーツは、2020年3月期の連結売上高533億円、総会員数（個人）約43万4000人、会員の平均年齢54・3歳と報告している。おおよそ一人平均月額1万円を支払っていると考えれば、説明がつく。本来はもっと若年層への拡張を図りたいところだろうが、現実的にはシニア層が中心の平均年齢となっている。平日の日中の平均年齢は、おそらくさらに高いはずだ。

8 ジム業界2社のPlace戦略は、Product戦略に通ずる違い

2社はリアルな場を使ったサービス業であるため、Place戦略は店舗そのものについての考察となる。そうすると、Product戦略で挙げた両社の各項目はPlace戦略でもあり、顧客へのConvenienceであると捉えられよう。先に述べたように、セントラルのような総合型のメリットは、充実した施設と豊富なプログラムから、会員は誰もが自分に合った使い方を選択できる点にある。一方でそのデメリットは、急速に成長した小型ジムに比べて、コスト高になることだ。それもあって、実はセントラル自身も24時間ジム、ジム・スタジオ型、スタジオ単体型など、様々な形態の小型店での展開を増やしている。

RIZAPのテレビCMを見ていて気付くのは、著名なタレントが短期間で減量に成功したことに焦点が当てられていて、実際にどのようなジムで、どんなトレーニングをしたかがあまり明らかにされていないことだ。店舗は必ずしも駅前一等地にはなく、最新の商業施設の中と

いうよりは、雑居ビルの空中階であるケースが多い。筋トレとマンツーマン指導が中心のため、スペースは狭く、マシンも少ない。お風呂やプール、サウナの提供はもちろんない。

このことからもＲＩＺＡＰに対する顧客の Customer Value であり、Convenience は、ジムが提供する物理的なインフラでは決してなく、「短期間で痩せるためのコミットメント」に他ならない。それは、ＲＩＺＡＰから受け取るコミットメントだけではなく、高単価な会員費を支払うことで退路を断った顧客自らへのコミットメントでもある。立地、スペース、マシン、プール、スタジオ、お風呂。どれひとつとっても明らかにセントラルの方がＲＩＺＡＰより量や質で上回っているにもかかわらず、顧客はＲＩＺＡＰに対して、たった2カ月でセントラルの17倍の金額を支払うのだ。次の Promotion 戦略がいかに重要であるかを改めて実感させるものだし、最後に見る決算書の姿から、サービス業のゲームチェンジの好例と捉えることができるだろう。

9　ジム業界2社のPromotion戦略は、収益回収モデルの違い

フィットネスジムは、基本的にリピート商売である。もっと大きく言えば、個人を相手にしたサービス業は、基本的にリピート商売である。最初に新規顧客を獲得するのは大変だが、一度入会してもらえれば、顧客がサービスに満足している限り、継続のための営業コストはあまりかからず、毎月の安定収益が得られる。電気、ガス、水道、スマホなどの公共サービスに始まり、鉄道、不動産賃貸、宅配便、テーマパークなど、いずれのサービス業もリピート商売だ。よってテレビCMでマスを相手に大量の広告を流すより、獲得したいターゲット顧客に対して、ピンポイントに資金を投下した方が効果的なPromotion戦略となる。フィットネスジムの場合、折込チラシや街頭でのチラシ配布がそれに当たる。売野くんが指摘していたように、まるで年中、入会金無料や入会後一定期間の会員費減額キャンペーンを行っているように見えるのは、新規顧客の獲得はそれだけ容易でないからだ。一方で、一度会員になってもらえば、追加の手間は比較的少なく、毎月の会員費で回収のめどは立っていることを裏付ける。もちろん継続してもらうための、施設の充実、サービスの充実は、絶対不可欠だ。

ＲＩＺＡＰはこれを完全にゲームチェンジしたわけだ。本来は広告宣伝にお金を使わずに、

サービスにお金を使うのがフィットネスジムであるとするならば、ＲＩＺＡＰが大量に資金を投下したのは広告宣伝であり、その分節約をしたのは、ジムの物理的なインフラを中心とするサービスの現場のコストである。立地、スペース、マシン、プール、スタジオ、お風呂のどれもが、必ずしもベスト・クオリティではない、あるいは提供さえされていない。しかし彼らのターゲットは「長期的に健康の維持を志向」するセグメントではなく、「短期的に痩せる志向」のセグメントだ。このセグメントは必ずしもセントラルのような充実した施設を期待しているわけではない。「短期間で痩せる」という、ただ1つの目的に強力なコミットをしてくれるパートナーを期待しているのだ。

そして、ニッチではあるが、潜在的に一定数存在する、この「短期で痩せたい」セグメントに対して、個々にアプローチをするよりも、強烈なインパクトのある広告を大量に露出することによって、セグメントの心を一気につかむことに成功した。

ジムに通うことを検討している顧客をセグメンテーションし、高額であっても短期的に痩せる志向を持ったセグメントを自社のターゲティングとして捉え、見事なポジショニングに基づくアプローチを実行して顧客を獲得、一定の成功を勝ち取ったＲＩＺＡＰは、賞賛すべきマーケティングの勝者と言えるのではないだろうか。

10 ジム業界2社の決算書を考察する ～ゲームチェンジしたサービス業・ＲＩＺＡＰの原価と販管費～

さて、本書がもしマーケティングの書籍であれば、Ｒ－ＳＴＰ－ＭＭ－Ｉ－Ｃモデルを紹介し、簡易ではあったが、フィットネス業界を用いてＳＴＰからマーケティング・ミックスを整理したところで大方の作業は終了した。後は、実施（Implementation）、管理（Control）のプロセスを具体的に検討していくことだ。しかし**本書は会計の書籍である。ここまで考察した２社のマーケティング戦略の違いがどのように決算書に反映されているかを確認することで、その役割をきちんと担っていくこととしたい。**その結果、読者がマーケティングの専門書を次に読む際には、「数値はどうなっているのか？」「採算はとれているのか？」という問いかけを常に意識することも可能となろう。繰り返すが、コトラーのマーケティングの定義は、「ニーズに応えて利益を上げること」だ。利益の議論なくして、マーケティングの学習は終わらない。会計について、ここから歩を進めていくこととしよう。

決算書は、見る前に考える。再三にわたり本書で伝えてきたことだが、今回はマーケティングの４Ｐを使って十分に考察してきた。読者の中で、もう２社の決算書のイメージができている、という方があれば、実に素晴らしい。

４Ｐで整理した項目に沿って、セントラルスポーツとＲＩＺＡＰの決算書に関する仮説を構築してみることとしよう（**図表10－4**）。

フィットネスジム業界が属する個人を相手にしたサービス業は、どこにお金を使うかと問われれば、それはサービスそのものであることに他ならない。第４章のケースとして扱ったオリエンタルランドも、テーマパークやホテルのサービスの現場のコスト、具体的にはキャストの人件費やアトラクションの減価償却費、アトラクションを動かすための電気代や米ウォルトディズニーに支払うロイヤルティ・フィーなどが、サービス原価として巨額に発生している。サービスに納得して、その企業に高いロイヤルティを抱いた顧客は、黙っていてもリピートする。リピートするだけでなく、口コミを広げ、広告塔となり、企業にとっては無償の販売員として、新たな顧客を連れてくる貴重な存在だ。結果として、広告宣伝費や販売促進費といった、販管費は節減できる。ＰＬの構造は、

高いサービス原価　⇓　低い総利益率　⇓　低い販管費　⇓　一定水準の営業利益率の実現

（セントラルスポーツのＰＬ）

といったことがイメージできる。オリエンタルランドのＰＬはまさにそのような姿であった

図表10-4 2社の4Pから導き出す決算数値の仮説思考

	セントラルスポーツ	RIZAP
Product (Customer Value)	・【BS】全国230カ所でジム、プール、スタジオを総合的に提供するためには、巨額の固定資産への投資が必要となる。土地、建物、機械のすべてについて、一定金額保有している ・【BS】建物は賃借している場合も多いであろうから、入居するための差入敷金・保証金も発生する ・【PL】保有している固定資産からは減価償却費、賃借している物件からは家賃が発生する ・【PL】ジムの中だけでも、スタッフ従業員、トレーナー、インストラクター、清掃担当など、たくさんの人がいる。社員であれば給与、外注しているのであれば何らかの外注委託費が発生する ・【PL】スクール部門のバスサービスの費用も、一定金額発生する	・【PL】都心中心ではあるものの、雑居ビルでそれほど広くはない出店形態のため、ある程度家賃を抑えた店舗展開が可能である ・【BS】店舗は賃借のみであるため、土地、建物の保有は必要ない。マシン器具は保有、またはリースでの所有が考えられる ・【PL】一番の売りはトレーナーによるマンツーマンの徹底指導。質の良いトレーナーの確保や、採用後の教育なども含め、人件費は一定金額発生している
Price (Cost)	・【PL】月額4千円～1万5千円（平均1万円程度）と価格レンジは広いが、一度会員になれば、年間で12万円程度の会員費が追加のマーケティングコストなく入金される。RIZAPの会員平均利用金額70万円に1年間で追いつくには、ざっと6倍の会員獲得が必要だが、総合型の店舗とコストの大きさを考えれば、その何倍もの会員獲得が当然ながら必要となる。 ・【BS】毎月の会員費は先払いなので、売掛金は発生せず、むしろ前受金で資金繰りは好転できる	・【PL】設備のインフラ代（固定費）を抑え、トレーナーは需要に応じた採用によってある程度変動費化することができれば、低い固定費に低い変動費という理想的な費用構造が実現する。これを高単価な会員費で回すことができるので、売上と費用の間に生まれる潤沢な利益のバッファーを、広告宣伝に大量に投下することが可能となる ・【BS】金融会社との提携によって全60回の分割払いを提供するため、RIZAPに売掛金は発生しない ・【BS】サプリメントやプロテインなど自社PB品が棚卸資産として存在する
Place (Convenience)	・【PL】プールやお風呂には、莫大な量の水やガス、またはそれを動かすための電気代が発生する。水道光熱費も相応の金額が見込まれる。また機械やプールのメンテナンスの費用も継続的に発生する	・【PL】プールやお風呂がないため、ジムでありながら、水道光熱費は極限まで抑制できる。メンテナンス費用も極小化される
Promotion (Communication)	・【PL】新規顧客獲得のための広告宣伝費は一定金額発生する ・【PL】入会後の継続顧客には、特段の広告費は発生しないこと、また立地の良さや店舗の大きさそのものが広告塔の役割を果たしていることから、全体からすればそれほど際立った広告費は発生しない	・【PL】著名芸能人をモチーフにしたテレビCMの大量露出は、RIZAPの開業当初は売上比30％程度の広告投資であった ・全額返金制度の存在や、芸能人のみを採用した減量成功の広告による信頼感の醸成により、焦点を絞った広告に特化できる点は、不必要な広告を抑制することに寄与する

し、これから見るセントラルスポーツのPLも同様だ。

これをゲームチェンジしたのがRIZAPである。サービス業でありながら、サービスの現場のコストは絞り込んだ。ジムの物理的なインフラを中心とするサービスの現場のコスト、すなわち、立地、スペース、マシン、プール、スタジオ、お風呂は、必ずしもベストクオリティではない、あるいは提供さえされていない。それでも満足して高額な会員費を支払うセグメントがRIZAPのターゲットだ。その顧客をターゲティングし、自社のポジショニングを的確に伝えるため、本来サービス業がお金を使わないところである広告宣伝費（販管費）に多額のお金を投下したわけだ。PLの構造は、

低いサービス原価　⇓　高い総利益率　⇓　高い販管費　⇓　一定水準の営業利益率の実現

（RIZAPのPL）

といったことがイメージできる。第8章で見た、**総利益と販管費の比例関係が、サービス業においても成立するわけだ。**

セントラルスポーツの2020年の連結売上高は533億円、親会社のみの単体売上高は480億円と大きく変わらない。単体決算書では売上原価の詳細を有価証券報告書に開示しているため、ここでは単体決算書の数値を使って見ていくこととしよう（**図表10－5**）。セントラルには、フィットネス売上高423億円、商品売上高25億円、その他の営業収入31億円といっ

た3つの売上高がある。フィットネスとその他営業収入（旅行業など）の合計売上高454億円に対して売上原価392億円（売上原価率86・3％）、売上総利益62億円（売上高総利益率13・7％）と、やはり高い売上原価＝低い総利益率を示している。セントラルが9割近いコストを投下するのは、あくまでサービスの現場という訳だ。

営業原価明細書（**図表10－6**）に占める7大原価（覚えていますか？「大きな数値から読む！」）は、給料94億円（売上原価に占める構成比24・2％。賞与と福利厚生費まで合わせた人件費としては115億円で同29・5％）、不動産賃借料85億円（同21・7％）、水道光熱費45億円（同11・6％）、業務委託費45億円（同11・5％）、減価償却費16億円（同4・2％）、設備維持管理費15億円（同4・0％）、清掃費及びスクールバス運行費12億円（同3・2％）だ。これら7大サービス原価によって、コストの実に86％の説明がついてしまう。**図表10－4**にまとめたマーケティングの4Pと、これに基づくPLのコスト構成の仮説と照らし合わせてみて、読者にも違和感はないだろう。セントラルの利用者としても、毎月の会員費は、サービスに従事する従業員の人件費、アクセス良く快適な場所代、プールいっぱいの水や熱いお風呂、指導してくれるトレーナー、充実したジムの器具、いつも清潔で安全な設備や清掃、そしてスクールバスのサービスに不可欠なものと考えれば、納得性も高まってくる。

これに対して販管費はわずかに34億円、単体の総売上高480億円と比較してたった7・2％に過ぎない。個人客が相手のB2Cビジネスでありながら、販売コストはほとんど発生してい

図表10-5 セントラルスポーツの損益計算書(単体)

(単位:百万円)

	(自 2019年4月1日 至 2020年3月31日)
売上高	
フィットネス売上高	42,341
商品売上高	2,598
その他の営業収入	3,108
売上高合計	48,048
売上原価	
フィットネス営業原価及びその他営業収入原価	39,235
商品売上原価	
商品期首たな卸高	229
当期商品仕入高	1,971
合計	2,201
他勘定振替高	91
商品期末たな卸高	225
商品売上原価	1,884
売上原価合計	41,119
売上総利益	6,928
販売費及び一般管理費	3,481
営業利益	3,446
営業外収益	
補助金収入	93
受取補償金	20
保険配当金	17
その他	50
営業外収益合計	181
営業外費用	
支払利息	618
その他	5
営業外費用合計	624
経常利益	3,003
特別損失	
減損損失	70
固定資産売却損	37
特別損失合計	107
税引前当期純利益	2,896
法人税、住民税及び事業税	1,000
法人税等調整額	△18
法人税等合計	981
当期純利益	1,914

図表10-6 セントラルスポーツのフィットネス営業原価及びその他営業収入原価明細費（単体）

	（自 2019年4月1日 至 2020年3月31日）	
区分	金額 （百万円）	構成比 （%）
1. 給料	9,484	24.2
2. 賞与	505	1.3
3. 賞与引当金繰入額	501	1.3
4. 福利厚生費	1,066	2.7
5. 業務委託費	4,528	11.5
6. 販売促進費	590	1.5
7. 旅費・交通費	675	1.7
8. 水道光熱費	4,553	11.6
9. 清掃費及びスクールバス運行費	1,240	3.2
10. 消耗品費	879	2.2
11. 減価償却費	1,655	4.2
12. 設備維持管理費	1,588	4.0
13. 不動産賃借料	8,525	21.7
14. 企画原価	1,053	2.7
15. その他	2,387	6.1
フィットネス営業原価及びその他営業収入原価合計	39,235	100.0

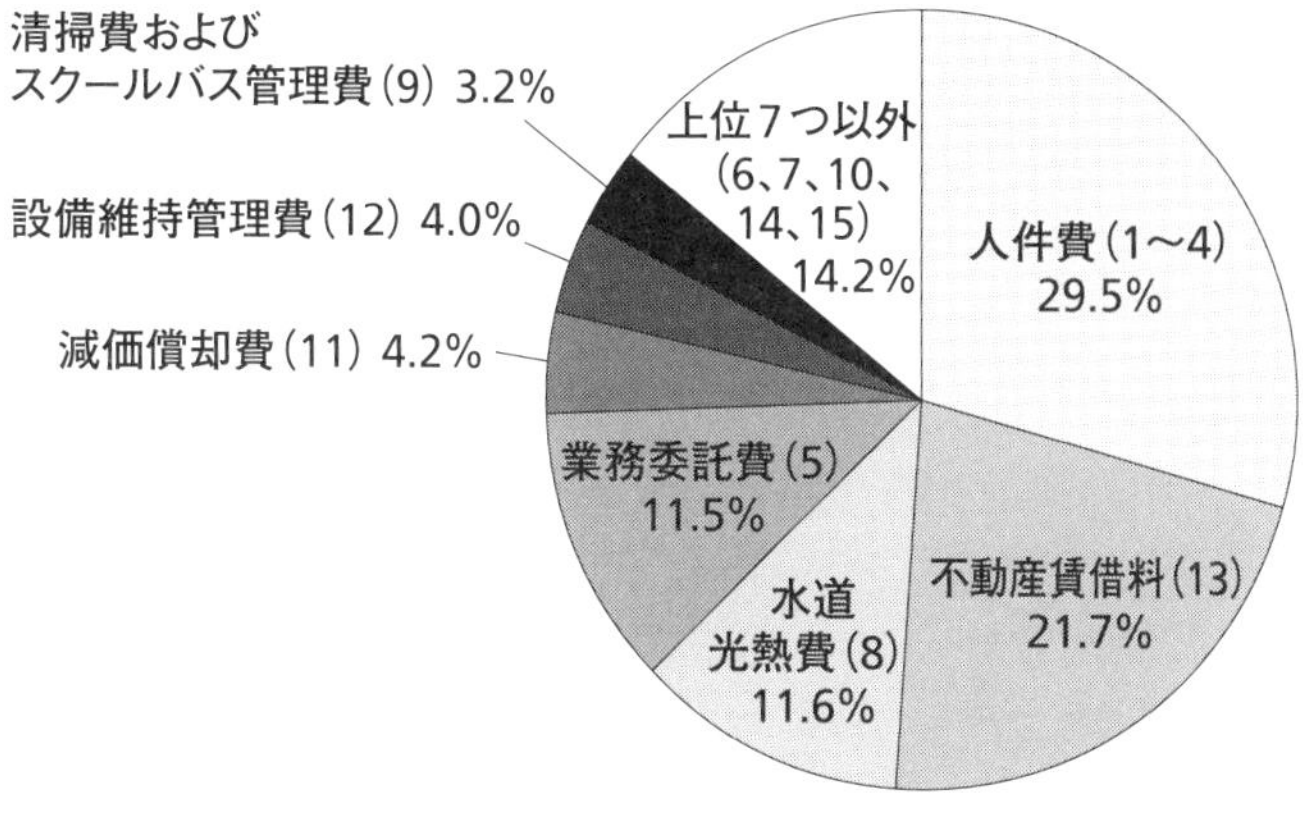

ない。これが本来のサービス業のPLの姿である。繰り返すが、サービス業はリピートビジネスであり、大部分の顧客は現存する顧客のリピートであって、リピート客に広告や過度の販促は必要ないのだ。

では、サービス業の本来の姿を180度転換し、サービス業でありながらサービス原価ではなく、非サービスコストである販管費に多額の資金を投下したRIZAPの実際のPLはどうなっているのだろうか。ここで残念なのは、RIZAPは健康食品の物販に加え、昨今は様々な企業を買収した結果、連結決算からボディメイク事業だけの売上高や利益を正確につかむのは難しいことだ。セントラルのように単体PLが入手できれば良いのだが、上場する親会社であるRIZAPグループ株式会社は純粋持株会社であり、ボディメイク事業を運営する100%子会社であるRIZAP株式会社の詳細なPLは開示されていない。

そこで、少し古い情報にはなるが、RIZAPが飛ぶ鳥を落とす勢いで成長し、ビジネス誌で大きく取り上げられていたころの記事から、RIZAPの利益構造を類推していくこととしよう。

図表10－7は、「週刊東洋経済」（2015年8月29日号）で特集された、RIZAPに関する記事の中で示されたものである。まず右側の一般的なクラブだが、5つの主な原価（人件費、

図表10-7 RIZAPと一般的なジムにおける5つの主な原価（対売上比）

対売上比率	RIZAP	一般的なジム
人件費	15%	20～30%
地代家賃	4%	20%
水道光熱費	1%	10%
設備維持費	1%	5～8%
店舗減価償却費	1%	7～10%
原価率	22%	62～78%

（出所）「週刊東洋経済」2015年8月29日号

地代家賃、水道光熱費、設備維持費、店舗減価償却費）の内容と、各売上比率はセントラルのそれと比べて大きくは、ずれていない。これに対して、左側のRIZAPはトレーナーを中心とした人件費こそ売上比で15％投下するものの、それ以外のコストは軒並み数％に抑制されている。示された5大原価の合計でも売上比で22％、一般的なクラブの実に3分の1から4分の1程度のサービスコストである。

RIZAPは抑制された原価から生み出される売上総利益78％を原資として、一時期は売上比で約30％を広告宣伝費に投下していた。いや、広告宣伝費に30％もの資金を投下したからこそ、高い会員費が設定でき、結果として高い総利益率につながったと捉えるべきだろう。**総利益に結び付く販管費は素晴らしい販管費、逆に結びつかない販管費は、今すぐ削減を検討すべき販管費なのだ。**

本部間接部門の費用を引いても、ＲＩＺＡＰのボディメイク事業は売上高営業利益率20％を誇ってきた。**サービス業でありながらサービスのインフラとなる原価ではなく、非サービスコストである販管費に徹底的にこだわった勝者モデルである。**

いかがであろう。**もし読者の皆さんの勤める企業がサービス業であるならば、サービスそのものではなく、販管費に資金を投下することで競争優位性を生み出すようなビジネスモデルは果たして成立するだろうか。**もし成立するとすれば、それはどのようなセグメント（Ｓ）をターゲティング（Ｔ）するものであり、自社が顧客に提供する価値は一体どのようなポジショニング（Ｐ）で実現しているのであろう。もちろん、ＲＩＺＡＰは目に見える豊富なジム器具やプールといった物理的なインフラとしてのサービスは提供していなくても、「短期的に痩せる」ことを目指すターゲットに対して、その目的にコミットする最強パートナーとしてのサービスを提供したのである。

この考えは、サービス業のみならず、物販業であっても、発展させて考えることは十分可能だ。サービスにしても、物販にしても、ターゲットとするセグメントが異なり、また自社のポジショニングが異なれば、自ずと多数のアプローチの可能性が潜んでいるはずだ。すなわち、製造原価や仕入原価といった在庫のコストではなく、非製造原価、非仕入原価である販管費に比重を移すということ。そのためのマーケティングのアプローチ、ＳＴＰに始まり、４Ｐの構築と実行である。そしてもっとも大切なことはそれが顧客や社会に貢献し、企業としても持続的に成長・存続していける利益へと結びついていくことだ。
読者にとっても次の新たな事業の展開が、コトラーによるマーケティングの定義を具現化するものであることを期待したい。

マーケティングとは、

「どのような価値を提供すればターゲット市場のニーズを満たせるかを探り、その価値を生み出し、顧客に届け、そこから利益を上げること」

第10章のまとめ

■R－STP－MM－I－Cは、マーケティング計画を行う上での王道のプロセス。①調査（Research）⇓②セグメンテーション（Segmentation）⇓③ターゲティング（Targeting）⇓④ポジショニング（Positioning）⇓⑤マーケティング・ミックス（Marketing Mix）⇓⑥実施（Implementation）⇓⑦管理（Control）と流れていく。9章で扱ったマーケティングの4Pは、③に相当するもので、プロセスの最初に行うべきことではない

■セグメンテーション（市場細分化）では、特定のニーズを持った顧客ごとにグルーピングすることによって、市場としての存在価値や魅力度を測定する

■ターゲティングでは、セグメンテーションにより明らかとなったグループの中で、自社がターゲットとするセグメントを明確にする。顧客市場（Customers）を考察しているのだが、3Cの残り2つのCとなる、自社（Company）が持つリソースと、競合（Competitors）の比較優位性を入念に検討する必要がある

■ポジショニングでは、ターゲットが明確にした後、そのターゲットに対して自社はどういう位置づけ、すなわちポジションに立って訴求していくのかを決定する

■セントラルスポーツを4Pによって観察した結果、大型スポーツクラブとして、一般的なサービス業のPL構造（高いサービス原価 ⇓ 低い総利益率 ⇓ 低い販管費 ⇓ 一定水準の営業利益率の実現）を達成していることが確認できた

■RIZAPを4Pによって観察した結果、ボディメイク事業として、一般的なサービス業とは正反対のPL構造（低いサービス原価 ⇓ 高い総利益率 ⇓ 高い販管費 ⇓ 一定水準の営業利益率の実現）を達成していることが確認できた

■サービス業であるRIZAPがサービスではなく販管費に資金を投下して競争優位性を産み出したことは、物販業においても発展させて考えることができる。そのためのマーケティングのアプローチ、STPに始まり、4Pの構築と実行である。そしてもっとも

大切なことはそれが顧客や社会に貢献し、企業としても持続的に成長・存続していける利益へと結びついていくこと

第3部　発 展 編

コーヒーブレーク▼企業内教育研修における「会計×戦略思考」の強化のために

著者は、年間40社ほどの企業を訪問して、会計・財務分野の企業内研修を担当している。その際、受講者には書籍を研修前に熟読し、別途準備した設問に取り組んでもらうことを推奨している。ビジネスパーソンの貴重な時間と、企業が投下できる教育投資といったリソースには限界がある。そこから最大のアウトプットを得るには、事前にできる学習は、事前に受講者が準備してくることが望ましい。

早朝、研修所に到着した研修受講者2名がいたとしよう。どちらが理想的な姿といえるだろうか。

受講者1　「研修に呼ばれてみたけど、これからいったい何をするんだろう。はたして1日ついていけるんだろうか。まあ、時間の無駄にならなければいいけど」

受講者2　「書籍を事前に読んで、設問に取り組んでみることで、会計の基本と、今日のクラス進行がどんなものかはおおよそ分かった。僕らが主体的に、インタラクティブに1日進むんだな。自分が理解できているところ、そうでないところ、しっかり学んでおくべき仕事に絡むところ、などの勘所は何となくだがつかめていると思う」

受講者1が真っ暗闇の中に立っている状態であるのに比べると、受講者2は自分の立ち位置と、今日のゴール設定がおぼろげながらもつかめている。ゴールが明確であるほど、モチベーションが高まることは言うまでもない。スタートが違えばゴールも異なる。企業や社員の限られたリソースを最大限活用するためには、研修開始時点でいかに受講者2の姿まで持っていけるかが、人材開発部門や研修企画担当者には求められるだろう。

多くの会計初学者が会計に苦手意識や食わず嫌いの思いを抱くのは、その言葉やルールの多さに一因がある。本書で一貫して述べてきたように、細かな言葉やルールを覚えるのが、多くのビジネスパーソンにとっての目的ではない。しかし、会計の初学者からすれば、基本的な会計用語や数値の読み方については、各自の理解度のペースで事前に準備をしておくことで、不安や混乱を避けることは十分に可能である。

著者は年間40社の訪問の中で、可能な限り企業の目的に合った内容の研修実施を目指している。なかには自社と競合の決算書を洗いざらい比較・分析して自社の課題について深く議論する企業や、競合をベンチマークに自社の目指すべき戦略の具体的提案まで行う企業もある。そんな中から2日間かけて実施する代表的なプログラムを1つ紹介しよう。

【1日目】

	時間	テーマ	内容
1	9:00 （30分）	・オープニング ・アイスブレイク ・各人の学びのゴール設定 ・イントロダクション	・本日のゴール、プロセスの確認 ・グループ内の自己紹介 ・2日間で何を学びたいのか、事前課題を踏まえて各人のゴール設定をする ・「数値に対して問いかけるのは、Why? So what? How?」
2	9:30 （100分）	・損益計算書（PL）を理解する	・レクチャー「損益計算書はマトリクスで読む」 ・レクチャー「業界ごとの利益率の違いを、会計指標を使って理解する」 ・演習「5つの会社を当ててみよう」（グループ討議）
3	11:10 （140分、昼食1時間休憩を挟む）	・貸借対照表（BS）を理解する①	・レクチャー「貸借対照表を読み解く3つの基本法則」 ・レクチャー「業界ごとの保有資産の違いを、会計指標を使って理解する」 ・レクチャー「業界ごとの資金調達の違いを、会計指標を使って理解する」
		昼食休憩（60分）	
3		・貸借対照表（BS）を理解する②	・演習「PLとBSのつながりを、さまざまな取引を使って理解しよう」（グループ討議）
4	14:30 （180分）	・同業他社の決算書を比較する	・ケースメソッド「同業他社の決算書比較から、各社の経営戦略、強み・弱み、今後の経営課題を導こう」（グループ討議、全体発表・討議を2回にわたっておこなう） ・講師の既存ケース、または自社の決算書を用いることも可能 ・会計指標分析（総合力、収益性、資産効率性、安全性、成長性）、セグメント分析、従業員情報の分析など

【2日目】

	時間	テーマ	内容
1	9:00 （40分）	・1日目の復習	・演習「企業名のみから決算書を読み解く仮説・検証のプロセス」を1日目の復習として実施 ・5つの力、バリューチェーンも必要に応じて活用
2	9:40 （80分）	・CF計算書（CF）を理解する	・レクチャー「CF計算書は時系列で読む」 ・レクチャー「業績好調・不調を、6つのCFのパターンで区分する」 ・演習「PLとBSから、CF計算書を作成しよう」（グループ討議）
3	11:00 （60分）	・損益分岐点分析を理解する	・レクチャー「損益分岐点、変動費、固定費、限界利益の考え方を整理する」 ・演習「さまざまな損益分岐点分析の計算をしてみよう」（グループ討議）
昼食休憩（60分）			
4	13:00 （60分）	・総合演習	・演習「決算書の数値から企業活動を読み解く仮説・検証のプロセス」を総合演習として実施
	14:00 （210分）	・ケースメソッド	・国内外ビジネススクールのケースメソッドを用いて、経営環境の考察と決算書推移の分析から、経営者の立場に立った総合的な意思決定をするケースディスカッション（グループ討議、全体発表・討議を2回にわたっておこなう） ・自社に関するオリジナルケースの作成も可能

・研修1カ月ほど前に本書と別途準備した設問を配布。受講者はこれに十分取り組んだ上で研修参加
・2日間（両日ともに9:00〜17:30）の標準プログラム。日数やプログラム内容に関する変更には、柔軟に対応可能
・事前に設定された、4〜6名を1グループとした島型で座席を配置
・島型での着席は終日継続するが、グループ編成は2日目に変更するのが理想
・演習では、ホワイトボードや付箋を用いて、グループ討議の活性化を図る
・演習では、ホワイトボードや付箋を用いて、グループ討議の活性化を図る
・新型コロナ感染症の拡大により、2020年からは本プログラムをすべてオンラインで多数実施

第11章

分析の有効なツールとなる会計指標の活用

ビジネススクールの場で会計指標を解説する際によく受ける質問に、「この指標は何％だといいんですか？」というものがある。学習する者の立場に立てば、確かにそうした具体的な数値を言ってもらったほうが分かりやすいし覚えやすいのも分かる。しかし、そうした教科書的なベンチマークをクリアしていなくても、業界をリードするような優良企業は数多く存在している。「何％だとOKで、何％だとダメ」というのは、試験問題ではそうかもしれないが、現実の世界ではそんな単純に物事は進まない。

次ページ以降には、それぞれの指標の特性、読み方、トヨタ自動車単体決算書の分析でのコメントと実際の数値計算、そして支障のない範囲で参考となる水準を加えている。「いったい何％ならいいんだ？」といった思いにふけっても進歩はない。たくさんの企業を見ていくことで、決算書も、そこから計算される会計指標も千差万別であることを体感していってほしい。

なお、ＰＬ上の数値は1年間で起きた情報であるのに対して、ＢＳ上の数値は年度末時点の情報なので、時間のギャップが生じている。そこでＰＬとＢＳの両方の数値を使って計算する会計指標では、ＢＳの数値は前年度末と今年度末の平均値を用いることがよく行われる。

ただし本書では計算を容易にするため、あえてＰＬ、ＢＳすべての数値を直近２０１９年３月期のデータのみを用いて計算している。

1 総合力

ROE（自己資本当期純利益率）［%］
＝当期純利益／自己資本

株主に帰属する当期の純利益を、株主の持ち分である自己資本（自己資本については、後述の自己資本比率の欄で詳述）で割ることから、ROEは株主にとっての利回りを示す。この点から、ROEは「株主のための指標」ということができ、企業が経営目標としてROEの向上を掲げることも多い。

ROEは、以下のように3つの掛け算に分解することができる。経済産業省が2014年に発行した「持続的成長への競争力とインセンティブ～企業と投資家の望ましい関係構築～」プロジェクト（伊藤レポート）では、最低限8％を上回るROEを達成することに各企業はコミットすべきと謳った。2019年の国内平均はおおよそ8％程度であり、1つのベンチマークとしてとらえて良いだろう。

$$ROE(\%) = \underset{\text{売上高純利益率}}{\frac{\textbf{純利益}}{\textbf{売上高}}} \times \underset{\text{総資産回転率}}{\frac{\textbf{売上高}}{\textbf{総資産}}} \times \underset{\text{財務レバレッジ}}{\frac{\textbf{総資産}}{\textbf{自己資本}}}$$

$$\text{トヨタ自動車のROE} = \frac{\text{当期純利益}}{\text{自己資本}} = \frac{1{,}896{,}824\text{百万}}{12{,}450{,}274\text{百万}} = 15.2\%$$

（自己資本＝純資産－新株予約権）

＝売上高純利益率×総資産回転率×財務レバレッジ

＝15.0％×0.71倍×1.42倍

ROA（総資産経常利益率）［%］＝経常利益／総資産

企業が保有するすべての資産に対してどれだけの利益を計上したかを計算するもので、事業の利回りを示す。分子の利益には、経常利益のほかに営業利益や純利益が用いられることもあるが、理論的にはどれも正しくない。ROAの目的は事業の利回りを計算することなので、借り入れの影響を除外した、「経常利益＋支払利息」が望ましい。ただし、計算が面倒なため、便宜上経常利益を用いることが多い。ROAは、以下のように2つの掛け算に分解することができる。一般に前者が高い企業は後者が低く（例えば不動産賃貸業）、前者が低い企業は後者が高い（例えば小売業）。

$$\text{ROA}(\%) = \underbrace{\frac{\textbf{経常利益}}{\textbf{売上高}}}_{\text{売上高経常利益率}} \times \underbrace{\frac{\textbf{売上高}}{\textbf{総資産}}}_{\text{総資産回転率}}$$

$$\text{トヨタ自動車のROA} = \frac{\text{経常利益}}{\text{総資産}} = \frac{2{,}323{,}121\text{百万}}{17{,}716{,}993\text{百万}} = 13.1\%$$

$$= \text{売上高経常利益率} \times \text{総資産回転率}$$

$$= 18.4\% \times 0.71\text{倍}$$

2 収益性

売上高総利益率［％］＝売上総利益／売上高

粗利益率とも呼ぶ。粗利益率の水準は業界によって実にまちまちだが、製造業、小売業ともに20～30％程度が比較的多い。このレンジをひとつのベンチマークとして、自社や自社の業界がそれより高い水準にあるのか、低い水準にあるのか、そしてその理由はなぜなのかを、売値と原価の中身に着目しながら考えるとよいだろう。

売上高営業利益率［％］＝営業利益／売上高

営業利益率は、売上原価率と売上高販管費率の和を、１００％から引いたものとなる。国内の製造業で特によく語られるひとつの目標値は、営業利益率10％である。原価の中身は総利益率で分析するため、営業利益率の分析時には販管費率の水準と販管費の中身を深く分析することが望まれる。また、一般に売上高総利益率が高い企業は販管費率が高く、反対に売上高総利益率が低い企業は販管費率が低い。

$$\text{トヨタ自動車の売上高総利益率} = \frac{\text{総利益}}{\text{売上高}} = \frac{2{,}643{,}093\text{百万}}{12{,}634{,}439\text{百万}} = 20.9\%$$

$$\text{トヨタ自動車の売上高営業利益率} = \frac{\text{営業利益}}{\text{売上高}} = \frac{1{,}326{,}137\text{百万}}{12{,}634{,}439\text{百万}} = 10.5\%$$

売上高経常利益率［%］＝経常利益／売上高

「営業外収益＞営業外費用」なら「営業利益率＜経常利益率」、「営業外収益＜営業外費用」なら「営業利益率＞経常利益率」となる。特に気をつけたいのは後者のパターンで、借金の保有から支払利息の負担が生じている可能性が高い。許容範囲の借金なのか、過剰な借金なのかの判断においては、後述するインタレスト・カバレッジ・レシオが参考になる。

売上高純利益率［%］＝純利益／売上高

この指標の評価の際に気を付けたい企業は、経常利益率から純利益率の段階で極端に数値が下がっていて、その傾向が何年も続いているような企業だ。その理由が毎年の固定資産売却・廃棄損や、構造改革費用などの巨額の特別損失によるものであれば、会計の上では特別な損失であっても、その企業にとってはもはや経常損失といった見方をしておく必要があろう。

$$\text{トヨタ自動車の売上高経常利益率} = \frac{\text{経常利益}}{\text{売上高}} = \frac{2{,}323{,}121\text{百万}}{12{,}634{,}439\text{百万}} = 18.4\%$$

$$\text{トヨタ自動車の売上高純利益率} = \frac{\text{純利益}}{\text{売上高}} = \frac{1{,}896{,}824\text{百万}}{12{,}634{,}439\text{百万}} = 15.0\%$$

3　資産効率性

総資産回転率［倍］＝売上高／総資産

損益計算書（ＰＬ）でもっとも大きな数値である売上高を、貸借対照表（ＢＳ）でもっとも大きな数値である総資産で割って計算する。よって、この比率が１倍より大きければＰＬ＞ＢＳ、１倍より小さければＰＬ＜ＢＳとなっている。１倍を上回る典型的な業界には小売業、商社など薄利多売型の業界が挙げられ、１倍を下回る典型的な業界には電力・ガス、鉄道、通信、不動産賃貸など設備装置産業型の業界が挙げられる。

$$\text{トヨタ自動車の総資産回転率} = \frac{\text{売上高}}{\text{総資産}} = \frac{12{,}634{,}439\text{百万}}{17{,}716{,}993\text{百万}} = 0.71\text{倍}$$

売上債権回転期間［日］＝（売掛金＋受取手形）／（売上高／３６５）

売上債権（売掛金＋受取手形）が１日あたり売上高の何日分に相当するかを示す。この数値が製品の販売時点から現金の回収までに要する平均日数となる。おおよその目安は、１カ月（30日）は早い、２カ月（60日）は普通、３ヵ月（90日）は遅い。

○本文の解説を確認してみよう

トヨタ自動車の売上債権回転期間	＝	$\dfrac{（売掛金＋受取手形）}{（売上高/365）}$
	＝	$\dfrac{1{,}169{,}395\,百万}{（12{,}634{,}439\,百万/365）}$ ＝33.8日

仲間くん　売上12兆６３４４億円の９％弱です。とても3年分、つまり３００％どころではなかったです。

大津　そうだね。売上の９％ということは、１年３６５日の９％、つまり33日分の売上相当の売掛金しか保有していないことになるよね。トヨタがおおむねいつもこの規模の売掛金を保有しているとすれば、販売から現金の回収まで、平均して33日しか要していないことになる。「末締めの翌月末受け取り」といったところじゃないかな。（↓１１１ページ）

棚卸資産回転期間［日］＝棚卸資産／（売上原価／365）

棚卸資産（原材料、仕掛品、製品など）が1日あたり売上原価の何日分に相当するかを示す。この数値が原材料の仕入れから製品の販売までに要する平均日数となる。おおよその目安は、1カ月（30日）は少ない、2カ月（60日）は普通、3ヵ月（90日）は多い。なお、分母には1日あたりの売上高を用いて計算することもあるが、純然たる棚卸資産の物量を評価したいのであれば、マージンが乗る前の売上原価を用いるほうが好ましい。

○本文の解説を確認してみよう

$$\text{トヨタ自動車の棚卸資産回転期間} = \frac{\text{棚卸資産}}{(\text{売上原価}/365)} = \frac{429{,}513\text{百万}}{(9{,}991{,}345\text{百万}/365)} = 15.7\text{日}$$

仲間くん　在庫に含まれる商品・製品、仕掛品、原材料・貯蔵品をすべて合わせて4295億円ですが、売上の3・4％しかありません。365日×3・4％で、約12日分の売上相当の在庫ですか。さすが「カンバン方式」ですね。

大津　確かに「カンバン方式」の効果もあるだろうけど、それにしても短すぎないかい？　自動車を作るのに12日しかかかっていないって。

（→115ページ）

（本文中では売上高を用いて計算したので12日、ここでは売上原価を用いて計算したので15日となっている。総利益率の高い（売上高と売上原価に差がある）企業ほど、この2つの計算値の差は広がるので、注意を払いたい）

仕入債務回転期間［日］＝（買掛金＋支払手形）／（売上原価／３６５）

仕入債務（買掛金＋支払手形）が1日あたり売上原価の何日分に相当するかを示す。自社で製造を行わない小売業界や商社であれば、この日数が仕入れから支払いまでに要する平均日数と判断して問題ない。製造業の場合、売上原価には原材料費以外に労務費や減価償却費なども含まれるため、あくまでおおよその参考数値となる。分母に売上原価ではなく原材料など外部調達高のみを用いれば、より正確な日数が計算できる。

なお、分母には1日あたりの売上高を用いて計算することもあるが、純然たる仕入債務の日数を計算したいのであれば、仕入債務の数値がPL上に現れる売上原価を用いるほうが好ましい。

○本文の解説を確認してみよう

仲間くん　そうすると支払手形・買掛金９０５８億円と、電子記録債務３０９９億円の合計は1兆２１５７億円になります。売上原価９兆９９１３億円の12・1％ですね。あっ、それでも３６５日×12・1％＝44日なので、末締めの翌月末払いといった感じでしょうか。

（→１１８ページ）

$$\text{トヨタ自動車の仕入債務回転期間} = \frac{(\text{買掛金}+\text{支払手形}+\text{電子記録債務})}{(\text{売上原価}/365)}$$

$$= \frac{1{,}215{,}825\text{百万}}{(9{,}991{,}345\text{百万}/365)} = 44.4\text{日}$$

有形固定資産回転率〔倍〕＝売上高／有形固定資産

売上高が有形固定資産の何倍に相当するかを示す。この比率が高いほど、保有する建物、機械装置、土地などの設備が売上に効率的に結びついていると判断できる。言い換えれば、設備の稼働率が高いこととなる。製造業は3～5倍程度となるケースが多い。

◯本文の解説を確認してみよう

仲間くん　建物・構築物が4341億円、機械・装置が3084億円、土地が4127億円と、どれもが大きな額になっています。仮説は正しかったと言ってよいと思います。

大津　確かにね。でも今の3つを含めた有形固定資産の合計1兆4226億円は、売上の10％強だね。さっき少ないという結論に至った売掛金とあまり変わらないよ。（↓117ページ）

$$\text{トヨタ自動車の有形固定資産回転率} = \frac{\text{売上高}}{\text{有形固定資産}}$$

$$= \frac{12{,}634{,}439\text{百万}}{1{,}422{,}686\text{百万}} = 8.88\text{倍}$$

手元流動性比率［日］＝（現預金＋有価証券）／（売上高／365）

手元にある現預金が売上の何日分に相当するかを示す。有価証券は短期で運用するリスクの低い債券である場合がほとんどなので、実質的な手元の現預金として加えることが一般的。この比率が高いほど現預金の潤沢な安全性の高い企業と判断される一方、使途が明確でない過剰な水準の現預金であれば資金を有効活用できない企業と判断される。

○本文の解説を確認してみよう

> **仲間くん**　現預金は1兆5320億円です。売上の1割を超えるので、やはりキャッシュリッチと言って良いのではないでしょうか。
>
> **大津**　現金を見るときは、現預金だけを見ていてはダメだったよね？
>
> （→110ページ）

$$\text{トヨタ自動車の手元流動性比率} = \frac{(\text{現預金}+\text{有価証券})}{(\text{売上高}/365)}$$

$$= \frac{3{,}599{,}973\text{百万}}{(12{,}634{,}439\text{百万}/365)} = 104.0\text{日}$$

4 安全性

自己資本比率［%］＝自己資本／（負債＋純資産）

企業の資金調達において、返済義務のない（＝負債でない）資本がどの程度の割合を占めるかを表すもので、この指標が高いほど安全性の高い企業と判断される。純資産から新株予約権と非支配株主持分（連結決算書の場合）を差し引いて計算される。この比率の国内の平均値は40％台中半にある。50％を大きく超えてさらに上昇しているような上場公開企業であれば、安全性はまったく問題ない半面、株主還元が十分ではなく内部留保の過剰企業として批判されることもある。

流動比率［%］＝流動資産／流動負債

1年間で入ってくる予定の流動資産と、1年間で出ていく予定の流動負債を比較している。この数値が大きい

$$\text{トヨタ自動車の自己資本比率} = \frac{\text{自己資本}}{\text{（負債＋純資産）}}$$

$$= \frac{12{,}450{,}274\text{百万}}{17{,}716{,}993\text{百万}} = 70.3\%$$

（自己資本＝純資産－新株予約権）

$$\text{トヨタ自動車の流動比率} = \frac{\text{流動資産}}{\text{流動負債}}$$

$$= \frac{7{,}078{,}259\text{百万}}{4{,}311{,}774\text{百万}} = 164.2\%$$

ほど短期の資金繰りに問題なく、安全性の高い企業と判断できる。一般的なベンチマークとしては120〜150%超とされることが多い。ただし不良在庫が多くてもこの比率は高くなるので、懸念される企業であれば中身の入念なチェックや、必要に応じて詳細なヒアリングが望まれる。

当座比率[%]＝当座資産／流動負債

流動資産の中でも特に換金性の高い資産、具体的には現預金、売上債権、有価証券を総称して当座資産と呼ぶ。当座比率では、当座資産と、1年間で出ていく予定の流動負債を比較している。この数値が大きいほど短期の資金繰りに問題なく、安全性の高い企業と判断できる。一般的なベンチマークとしては80%超とされることが多い。ただし回収不能な不良債権が多くてもこの比率は高くなるので、懸念される企業であれば中身の入念なチェックや、必要に応じて詳細なヒアリングが望まれる。

$$\text{トヨタ自動車の当座比率} = \frac{\text{当座資産}}{\text{流動負債}} = \frac{4{,}769{,}368\text{百万}}{4{,}311{,}774\text{百万}} = 110.6\%$$

$$\text{トヨタ自動車の固定比率} = \frac{\text{固定資産}}{\text{純資産}} = \frac{10{,}638{,}734\text{百万}}{12{,}450{,}274\text{百万}} = 85.4\%$$

固定比率［%］＝固定資産／純資産

1年超にわたって現金化しない固定資産と、長期にわたって返済義務のない純資産を比較している。この数値が小さいほど長期の資産を返済義務のない資金調達で賄っており、安全性の高い企業と判断できる。一般的なベンチマークとしては100%以下とされることが多い。

固定長期適合率［%］＝固定資産／（純資産＋固定負債）

固定比率で100%以下であれば確かに安全性の高い企業であるが、裏を返せば株主還元が十分ではなく内部留保の過剰企業かもしれない。長短の資金繰りをバランスさせる上では、長期間にわたって返済義務のない長期借入金などの固定負債も有効活用できる。固定長期適合率は、1年超にわたって現金化しない固定資産に対して、長期にわたって返済義務の発生しない純資産と固定負債の和を比較している。一般的には、固定比率ではなく固定長期適合率で100%以下であれば、長短のバランスにおける安全性は問題ないと判断される。

$$\text{トヨタ自動車の固定長期適合率} = \frac{\text{固定資産}}{（\text{純資産}+\text{固定負債}）}$$

$$= \frac{10{,}638{,}734\text{百万}}{（12{,}450{,}274\text{百万}+954{,}944\text{百万}）} = 79.4\%$$

インタレスト・カバレッジ・レシオ［倍］
＝（営業利益＋金融収益）／支払利息

借金が多いこと自体はまったく問題ではない。問題なのは身の丈に合わない規模の借金をしていることにある。この両者はよく混同されがちなので、注意が必要だ。借金＝悪と考える人がいるのは、借金によって支払利息の負担が生じ、利益が減少するためだ。しかし、むやみやたらに新株発行による資金調達をすることで既存株主の持ち分比率を薄めるのではなく、借金を有効活用することは、株主にとってありがたい話だ。借金による投資で利益がさらに成長できるのであれば、借金しない手もない。加えて、支払利息には節税できるメリットもある。

身の丈に合った規模の借金であるかを判断するために、インタレスト・カバレッジ・レシオでは、分母に借金から発生する支払利息を置き、分子には企業の身の丈を置く。身の丈には本業で稼ぐ力となる営業利益に、受取利息や受取配当金といった金融収益を加える（分子に営業キャッシュ・フローを用いることもある）。この数値が大きければ、支払利息、つまり借金の水準に十分見合った利益を稼ぐ安全性の高い企業と判断できる。成長案件があれば、さらなる借金の調達によって事業を拡大する余力も高い。業種によっても数値は大きく異なるが、10倍を上回っていれば、平均より上と考えてよいだろう。反対に、この比率が3倍以下の企業は、懸念される。

○本文の解説を確認してみよう

仲間くん　93億円の利息の支払いなどと聞くと、ますますムダな借金に思えてしまいます。いったい、どんな理由があってキャッシュ・リッチなトヨタが借金をしなくてはいけないのでしょう？

大津　〈中略〉それでも営業利益で1兆3261億円稼いでいるトヨタにとっては、利息の93億円は、営業利益の0・7％にすぎないよ。稼いでない企業の借金は、たった1億円でも大問題。でもトヨタのように十分稼いでいる企業であれば、金利コストも安い今こそ、借金を有効活用しない手はないということだね。（→121ページ）

トヨタ自動車のインタレスト・カバレッジ・レシオ

$$= \frac{(\text{営業利益}+\text{金融収益})}{\text{支払利息}}$$

$$= \frac{(1{,}326{,}137\text{百万}+97{,}595\text{百万}+796{,}372\text{百万})}{9{,}320\text{百万}} = 238.2\text{倍}$$

5 成長性

売上高、利益、資産など、さまざまな会計数値の成長性の計算が頻繁になされる。企業が拡大傾向にあるのか、それとも縮小傾向にあるのかは、経営者のみならず、株主、金融機関、取引先、従業員など、いかなるステークホルダーにとっても重要な関心事となる。

前年度比での売上高成長率（%）

$$売上高成長率 = \frac{今年度売上高 - 前年度売上高}{前年度売上高}$$

によって計算される。

複数年度（n年）における、年度あたりの平均売上高成長率（%、複利ベース）

$$売上高成長率 = \left(\frac{今年度売上高}{初年度売上高}\right)^{\frac{1}{n-1}} - 1$$

によって算出される。

トヨタ自動車の売上高成長率（2018年3月期⇒2019年3月期の1年間）

$$=\left(\frac{12{,}634{,}439\text{百万}-12{,}201{,}443\text{百万}}{12{,}201{,}443\text{百万}}\right)=3.5\%$$

トヨタ自動車の売上高成長率（2015年3月期⇒2019年3月期の5年間）

$$=\left(\frac{12{,}634{,}439\text{百万}}{11{,}209{,}414\text{百万}}\right)^{\frac{1}{5-1}}-1=3.0\%$$

本文とこの発展編でみっちりとトヨタ自動車の決算書と会計指標を学んだ読者は、既に自社についての分析を行うだけの準備が十分に整った。次のＱＵＩＺにぜひチャレンジしてみよう。そしてその議論を、いつの日かビジネススクールや企業内研修の場で私としてみよう。

QUIZ⑫

ここまでで計算したトヨタ自動車の2019年3月期の決算書から計算できる主要な会計指標を**図表11－1**に示します。トヨタ自動車にならって、あなたの会社の直近の決算書から主要な数値を抜き出し、会計指標を計算してください。なお、トヨタ自動車は単体ベース（トヨタ自動車株式会社のみでの決算書）での数値を記載していますが、あなたの会社が連結決算を発表している企業であれば、連結ベースで計算してください。トヨタ自動車の数値と比較しながら、自社について

①あなたにとっての新たな発見を5つ挙げてください

②それらの発見は、おそらくあなたが決算書を見る前に思っていた自社のイメージと異なったためと思われます。なぜあなたのイメージとは異なる数値なのか、その理由（WHY?）に関する仮説を構築してみましょう

③それらの事象は、今後自社として改善すべきことでしょうか（SO WHAT?）。どのように改善していきますか（HOW?）。改善しなくてよい肯定的なものと考えるならば、その理由（WHY?）を挙げてください

図表11-1 トヨタ自動車とあなたの会社の会計指標

分　類	会計指標	トヨタ自動車（単体ベース）	あなたの会社
1 総合力	ROE（自己資本当期純利益率）	15.2%	
	売上高純利益率	15.0%	
	総資産回転率	0.71倍	
	財務レバレッジ	1.42倍	
	ROA（総資産経常利益率）	13.1%	
	売上高経常利益率	18.4%	
	総資産回転率	0.71倍	
2 収益性	売上高総利益率	20.9%	
	売上高営業利益率	10.5%	
	売上高経常利益率	18.4%	
	売上高純利益率	15.0%	
3 資産効率性	総資産回転率	0.71倍	
	売上債権回転期間	33.8日	
	棚卸資産回転期間	15.7日	
	仕入債務回転期間	44.4日	
	有形固定資産回転率	8.88倍	
	手元流動性比率	104.0日	
4 安全性	自己資本比率	70.3%	
	流動比率	164.2%	
	当座比率	110.6%	
	固定比率	85.4%	
	固定長期適合率	79.4%	
	インタレスト・カバレッジ・レシオ	238.2倍	
5 成長性	前年度比売上高成長率	3.5%	
	5年間の年平均売上高成長率	3.0%	

第12章

トヨタ自動車の連結決算書と単体決算書を対比する

（2019年3月31日）

区　分	金額（百万円）	構成比（%）
（負債の部）		
Ⅰ　流動負債		
1　短期借入債務	5,344,973	10.3
2　1年以内に返済予定の長期借入債務	4,254,260	8.2
3　支払手形及び買掛金	2,645,984	5.1
4　未払金	1,102,802	
5　未払費用	3,222,446	
6　未払法人税等	320,998	
7　その他	1,335,475	
流動負債合計	18,226,938	35.1
Ⅱ　固定負債		
1　長期借入債務	10,550,945	20.3
2　未払退職・年金費用	963,406	
3　繰延税金負債	1,014,851	
4　その他	615,599	
固定負債合計	13,144,801	25.3
負債合計	31,371,739	60.4
（純資産の部）		
Ⅰ　中間資本		
AA型種類株式	498,073	1.0
Ⅱ　株主資本		
1　資本金	397,050	0.7
2　資本剰余金	487,162	0.9
3　利益剰余金	21,987,515	42.3
4　その他の包括利益・損失累計額	△ 916,650	
5　自己株式	△ 2,606,925	△ 5.0
株主資本合計	19,348,152	37.3
非支配持分	718,985	1.4
純資産合計	20,565,210	39.6
負債純資産合計	51,936,949	100.0

20兆円を超える国内随一の借金会社

D/Eレシオは1倍超

国内平均値を若干下回る自己資本比率

図表12-1　トヨタの連結貸借対照表（BS）

区　分	金額（百万円）	構成比（%）
（資産の部）		
Ⅰ　流動資産		
1　現金及び現金同等物	3,574,704	6.9
2　定期預金	1,126,352	2.2
3　有価証券	1,127,160	2.2
4　受取手形及び売掛金〈貸倒引当金控除後〉	2,372,734	4.6
5　金融債権〈純額〉	6,647,771	12.8
6　未収入金	568,156	
7　棚卸資産	2,656,396	5.1
8　前払費用及びその他	805,964	
流動資産合計	18,879,237	36.3
Ⅱ　長期金融債権〈純額〉	10,281,118	19.8
Ⅲ　投資及びその他の資産		
1　有価証券及びその他の投資有価証券	7,479,926	14.4
2　関連会社に対する投資及びその他の資産	3,313,723	6.4
3　従業員に対する長期貸付金	21,683	
4　その他	1,275,768	
投資及びその他の資産合計	12,091,100	23.3
Ⅳ　有形固定資産		
1　土地	1,386,308	2.7
2　建物	4,802,175	9.2
3　機械装置	11,857,425	22.8
4　賃貸用車両及び器具	6,139,163	11.8
5　建設仮勘定	651,713	
小計	24,836,784	47.8
6　減価償却累計額〈控除〉	△ 14,151,290	△27.2
有形固定資産合計	10,685,494	20.6
資産合計	51,936,949	100.0

金融事業が抱える巨額の金融債権

連単倍率2.9倍

図表12-2　トヨタの連結損益計算書（PL）

（自2018年4月1日　至2019年3月31日）

区　分	金額（百万円）	百分比（%）
Ⅰ　売上高		
1　商品・製品売上高	28,105,338	
2　金融収益	2,120,343	
売上高合計	30,225,681	100.0
Ⅱ　売上原価並びに販売費及び一般管理費		
1　売上原価	23,389,495	77.4
2　金融費用	1,392,290	4.6
3　販売費及び一般管理費	2,976,351	9.8
売上原価並びに販売費及び一般管理費合計	27,758,136	91.8
営業利益	2,467,545	8.2
Ⅲ　その他の収益・費用（△）		
1　受取利息及び受取配当金	225,495	
2　支払利息	△ 28,078	
3　為替差益〈純額〉	12,400	
4　未実現持分証券評価損益	△ 341,054	
5　その他〈純額〉	△ 50,843	
その他の収益・費用（△）合計	△ 182,080	▲0.6
税金等調整前当期純利益	2,285,465	7.6
法人税等	659,944	2.2
持分法投資損益	360,066	1.2
非支配持分控除前当期純利益	1,985,587	6.6
非支配持分帰属損益	△ 102,714	△0.3
当期純利益	1,882,873	6.2

連単倍率
2.2倍

連単倍率
1.9倍

連単倍率
0.99倍

本文では自動車製造業・トヨタ自動車に分析を集中するため、あえて単体決算書を用いて考察した。

ここでは、トヨタ自動車の2019年3月期の連結決算書（図表12－1、図表12－2）と、本文中で取り上げた同期の単体決算書を比べることで、以下のような点が連結の特徴として挙げることができる。

1 トヨタ自動車の連結損益計算書（PL）

連結の売上高28兆1053億円と単体の売上高12兆6334億円を比較すると、売上高の連単倍率は、2・2倍である

▽連結の営業利益2兆4675億円と単体の営業利益1兆3261億円を比較すると、営業利益の連単倍率は、1・9倍へと縮小する。トヨタ自動車が国内で生産し海外に輸出している自動車からの利益も単体の営業利益に含まれていることを考えれば、トヨタの利益の源泉は海外が主であることを改めて確認することができる

▽トヨタの連結決算書は米国会計基準で作成されているため（2020年4月より、国際財務

報告基準〈ＩＦＲＳ〉に移行)、経常利益は存在しない
▽連結の当期純利益1兆8828億円と単体の当期純利益1兆8968億円は、ほとんど変わらない。この主たる要因は、単体では営業外収益に子会社からの配当を含む巨額の受取配当金7963億円が計上されているが、連結では子会社から親会社への配当は相殺されて計上されないことにある。親会社であるトヨタ自動車は、事業会社であると同時に、グループ企業群の統括会社であることを裏付けるものである

2 トヨタ自動車の連結貸借対照表(ＢＳ)

▽連結の総資産51兆9369億円と単体の総資産17兆7169億円を比較すると、総資産の連単倍率は2・9倍である。売上高は連結：単体の比率がおおむね2：1であったのに対して、ＢＳは3：1の関係へと広がった。ＰＬに比べてなぜトヨタの連結ＢＳは膨張するのだろうか、順に見ていくことにしよう
▽ＢＳの右側の資金調達サイドでの顕著な違いとして、単体では自己資本が負債純資産合計の70・3％を占めていたのに対して、連結では株主資本合計が負債純資産合計の37・2％と低

い水準にある。37・2%は国内の自己資本比率の平均値を若干下回る水準である

▽トヨタの株主資本が少ないひとつの理由は、継続的な自社株買いによって資本の圧縮に努めていたためである。自社株買いとはトヨタがトヨタ自身の株を買う行為で、BS上は株主資本の減少として記載する。2019年3月期末現在、トヨタはトヨタの発行済み株式総数の13・01%を保有している。自己株には議決権はないが、トヨタ自身がトヨタの実質的な最大株主ともいえる水準である

▽トヨタの資金調達のうち資本が占める比率が低い理由は、負債が多い、中でも有利子負債（借金）が多いことに起因する。20兆1501億円（短期借入債務、1年以内に返済予定の長期借入債務、長期借入債務の合計）に達しており、これは国内でもダントツNo．1借金会社となる水準である。ではトヨタの借金はなぜ多いのだろうか。これは借金をどんなことに使っているかを見れば判明するし、それは資産サイドに現れる

▽左側の資産サイドでもっとも大きな数値は、製造業として不可欠な棚卸資産（2兆6563億円）や有形固定資産（10兆6854億円）ではない。単体決算書で目立っていた投資及びその他の資産（12兆9911億円）でもなく、金融債権の16兆9288億円（金融債権と長期金融債権の合計）である。トヨタの金融債権は、①小売債権（主にディーラーから取得した新車両販売の割賦債権）、②ファイナンス・リース（主にディーラーから取得した新車のリース契約に係る債権）、③卸売債権およびその他のディーラー貸付金である。借金20兆円超の大部

分は、金融債権に振り向けられていることが分かる。トヨタの総資産の連単倍率が3倍近くに拡がったのは、金融債権が資産として巨額に発生する金融事業に力を入れているためである

▽単体決算書では、トヨタ自動車＝自動車の製造業、しか見て取れなかったが、連結決算書を見ることで、金融事業を大々的に営むもう一つの顔が見えてきた。もちろん自動車事業の周辺に位置する販売金融事業であり、自動車の販売促進にも大いにつながる金融事業である。また、新型コロナ感染症によるロックダウンで一時的に自動車の出荷ができない時期でも、金融事業は安定的に利息収入を稼いでくれる。自動車のマージンで儲かり、金融のマージンでもさらに儲かる。見事なバリューチェーンの拡大と捉えることができよう

▽主要な資産の売上比率を計算すると、現金及び現金同等物と定期預金と有価証券の合計5兆8282億円（19・3％、70日分）、受取手形及び売掛金2兆3727億円（7・8％、28日分）、棚卸資産2兆6563億円（8・8％、32日分）、有形固定資産10兆6854億円（38・0％、139日分、回転率2・6倍）、投資及びその他の資産12兆9111億円（43・0％、157日分）となっている。連結決算書では子会社である部品会社や販売会社、日野自動車やダイハツのような自動車メーカーまでが合算されるため、棚卸資産と有形固定資産が、金額、売上比率ともに単体に比べて一気に増大していることが確認できる

第13章

キヤノンの
連結キャッシュ・フロー
計算書を
読む

図表13-1　キャッシュ・フロー計算書

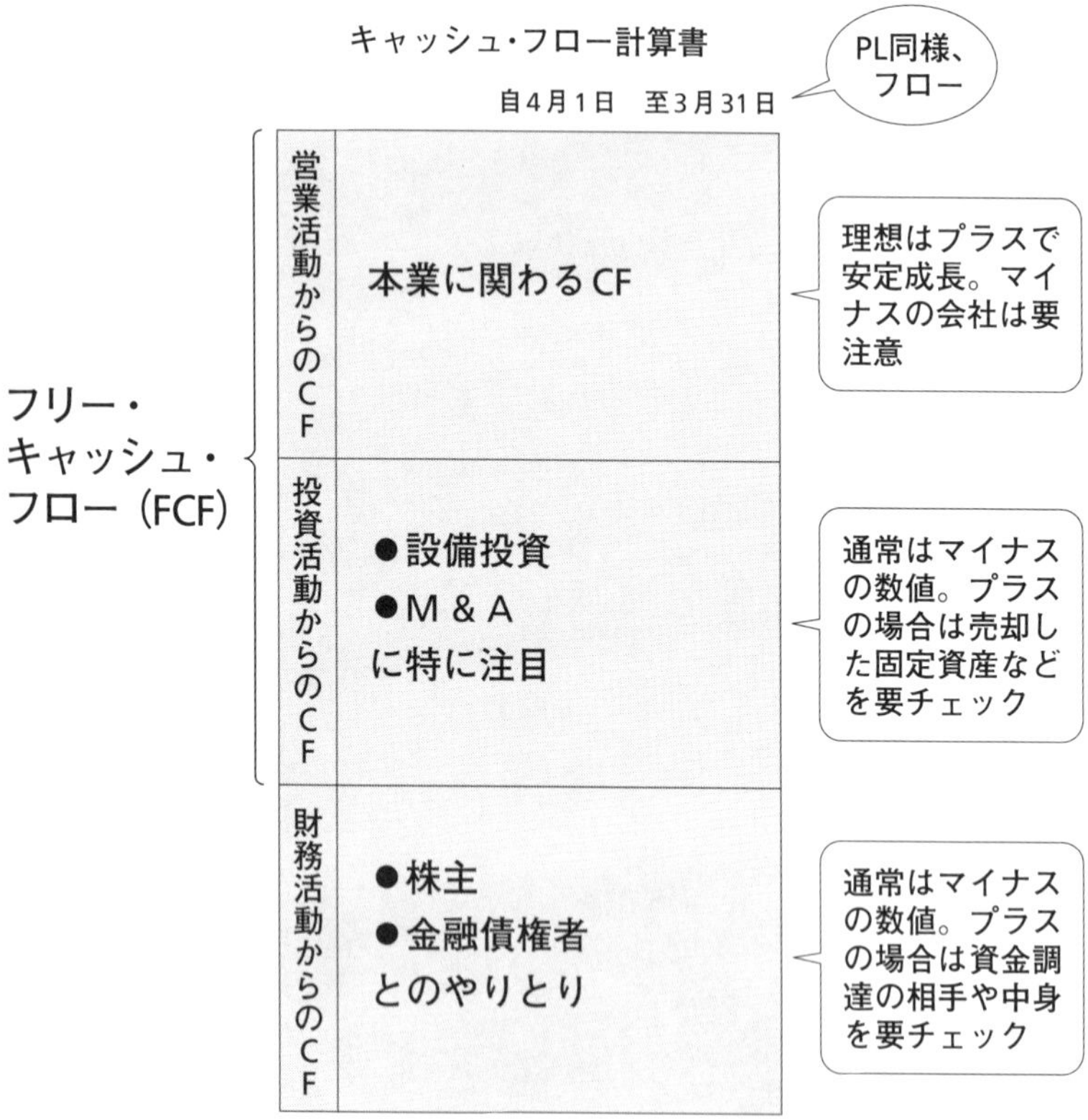
キャッシュ・フロー計算書
自4月1日　至3月31日
PL同様、フロー
フリー・キャッシュ・フロー（FCF）
営業活動からのCF
本業に関わるCF
理想はプラスで安定成長。マイナスの会社は要注意
投資活動からのCF
●設備投資
●M&A
に特に注目
通常はマイナスの数値。プラスの場合は売却した固定資産などを要チェック
財務活動からのCF
●株主
●金融債権者
とのやりとり
通常はマイナスの数値。プラスの場合は資金調達の相手や中身を要チェック

図表13-2 キヤノンの連結キャッシュ・フロー計算書

	第118期 （2018年1月1日から 2018年12月31日まで）	第119期 （2019年1月1日から 2019年12月31日まで）
区分	金額（百万円）	金額（百万円）
Ⅰ 営業活動によるキャッシュ・フロー		
1 非支配持分控除前当期純利益	266,742	139,517
2 営業活動によるキャッシュ・フローへの調整		
減価償却費	251,554	237,327
固定資産売廃却損	5,726	5,991
持分法投資損益	△ 1,414	311
法人税等繰延税額	△ 11,849	△ 6,446
売上債権の減少（△増加）	△ 17,724	43,504
たな卸資産の減少（△増加）	△ 61,755	19,895
買入債務の減少	△ 31,212	△ 35,509
未払法人税等の減少	△ 35,284	△ 22,279
未払費用の増加	2,541	9,491
未払（前払）退職及び年金費用の減少	△ 17,738	△ 13,722
その他ー純額	15,706	△ 19,619
営業活動によるキャッシュ・フロー	365,293	358,461
Ⅱ 投資活動によるキャッシュ・フロー		
1 固定資産購入額	△ 191,399	△ 215,671
2 固定資産売却額	9,634	885
3 有価証券購入額	△ 2,311	△ 4,907
4 有価証券売却額及び償還額	1,615	828
5 定期預金の減少（△増加）ー純額	401	△ 1,511
6 事業取得額（取得現金控除後）	△ 13,346	△ 8,880
7 その他ー純額	△ 209	688
投資活動によるキャッシュ・フロー	△ 195,615	△ 228,568
Ⅲ 財務活動によるキャッシュ・フロー		
1 長期債務による調達額	439	—
2 長期債務の返済額	△ 136,094	△ 8,678
3 短期借入金の増加ー純額	2,501	4,913
4 非支配持分との取引額	△ 37,942	△ 1,769
5 配当金の支払額	△ 178,159	△ 171,487
6 自己株式取得及び処分	△ 21	△ 50,012
7 その他ー純額	△ 5,554	△ 5,557
財務活動によるキャッシュ・フロー	△ 354,830	△ 232,590
Ⅳ 為替変動の現金及び現金同等物への影響額	△ 16,017	△ 5,134
Ⅴ 現金及び現金同等物の純増減額	△ 201,169	△ 107,831
Ⅵ 現金及び現金同等物の期首残高	721,814	520,645
Ⅶ 現金及び現金同等物の期末残高	520,645	412,814

損益計算書、貸借対照表と並ぶ財務3表として、キャッシュ・フロー計算書（CF）がある。文字通り企業活動によって生じる1年間の現金（キャッシュ）の動き（フロー）を表すものだ。

たとえば、ある企業の現金残高が昨年度末は100億円、今年度末は150億円であった場合、1年間のキャッシュ・フローは「＋50億円」と表現する。

では、どのような取引によって、現金は50億円増加したのだろうか。CF計算書では、キャッシュ・フローが動くすべての取引を大きく3つに分けて記述する（**図表13―1**）。以下に、3つのキャッシュ・フローの概略を説明しながら、事例としてキャノンを取り上げてみることとしよう（**図表13―2**）。

1 キャノンの営業活動によるキャッシュ・フローが、安定している理由

本業に関わるキャッシュ・フローのことである。本業とは、研究開発⇓製造⇓販売⇓アフターサービスや、本社部門の人事・経理・法務・総務・企画などを含めて、日々の事業活動を指す。

間接法と呼ばれる方法で記述されるのが一般的。間接法とは、損益計算書上の利益からスター

トして、キャッシュと利益のズレを修正しながらキャッシュ・フローを導く表記方法だ。本業から生み出すキャッシュ・フローなので、**理想はプラスで安定成長している姿。反対にここにマイナスのキャッシュ・フローが継続する企業は要注意である。**

キャノンの営業CFは、2018年12月期は3652億円、2019年12月期は3584億円と、ほぼ横ばいであった。しかし、営業CFの最初の行の純利益は、2667億円から1395億円へと、2年間で大幅に落ち込んでいる。利益（PL情報）とキャッシュが具体的にどこでいくらズレているのか、間接法の表記を採用することで、それは一目瞭然となる。

2018年に比べて2019年は純利益が半分に沈んだものの、営業CFに大きな落ち込みはない。2019年の営業CFを上から下まで眺めることで、最大の理由は売上債権と棚卸資産が大幅に減少したこと（利益に対してCFはプラス効果）にあることが分かる。2019年は売上高も純利益も大幅に落ち込んだ1年であり、これを受けての売上債権（売上が減れば、売上債権は減少するのが一般的）と棚卸資産（売上が減少傾向にあれば、棚卸資産の圧縮を図るのが一般的）の大幅減少である。売上が減少している結果としての横ばいの営業CFであるならば、キヤノンにとっては、必ずしも喜ばしい事象とは言えない。成長基調にある企業が、売上債権や棚卸資産の急増により、一時的に資金繰りがひっ迫する「成長の痛み」の反対、「縮小の緩み」と見ることもできよう。

2 キヤノンの投資活動によるキャッシュ・フローは、安定推移と見る理由

投資活動に関わるキャッシュ・フローは、直接法で記述される。直接法とはその名のとおり、収入はプラス、支出はマイナスとしてそのまま記述するもの。投資CFに含まれる特に重要なキャッシュ・フローとして、設備投資とM&Aに関わる支出が挙げられる。**お金を使って投資するのだから、通常は全体でマイナスの値となるが、大きな固定資産（有形、無形、子会社株式など）の売却があった場合には、まれに全体でプラスの値となる。営業キャッシュ・フローと投資キャッシュ・フローを足した正味の金額を、フリー・キャッシュ・フロー（FCF）と呼び、企業の中期経営計画などでもよく用いられる。**営業CFの範囲内に投資CFが収まっていれば、フリー・キャッシュ・フローはプラスの値を示すこととなる。

キヤノンの投資CFは、2018年12月期は△1956億円、2019年12月期は△2285億円と、2000億円前後で推移している。もっとも気になる設備投資は、投資CFの最初の行の「固定資産購入額」、△1913億円、△2156億円に含まれており、2019年の売上高3兆5932億円の6%程度に相当している。また、キヤノンにとっては少額だが、2年間にわたってM&Aを行っていることが、事業取得額の存在で確認できる。2年間ともに本業で

稼いだ範囲内での投資規模（営業CF＞投資CF）であるため、FCFはプラスで推移している。

3 キヤノンの財務活動によるキャッシュ・フローは、多額のマイナスと評価する理由

金融債権者（銀行、社債債権者）や株主といった投資家とのやりとりに関わるキャッシュ・フローであり、直接法で記述される。財務キャッシュ・フローに含まれる重要なキャッシュ・フローとして、銀行からの借り入れ、社債発行、増資に伴う各収入や、銀行への返済、社債償還、配当金支払い、自社株買いなどの各支出がある。**一般には借り入れの返済や配当の支払いなどによる支出が金額的に上回り、全体でマイナスの数値となることが多い。しかし、企業の成長期、あるいは混迷期に外部からの新たな資金調達が行われた場合には、全体でプラスの数値となる。**フリー・キャッシュ・フローの推移とあわせて、その妥当性の見極めが大切となる。

キヤノンの財務CFは、2018年12月期は△3548億円、2019年12月期は△2325億円となっている。2年続けて配当金は1700億円を超える多額（2019年の純利益を超過。ただし、配当金は決算月から3カ月後に支払われるため、期のズレに注意）であることに

加えて、２０１８年は長期債務の返済１３６０億円、２０１９年は自己株式取得及び処分５００億円が大きい。2年続けてＦＣＦを超える多額の資金を、借金の返済や株主還元に振り向けていることが判明する。

4 キヤノンの現金及び現金同等物の期末残高が、急速に減少している理由

ＣＦ計算書の最後の行にある「現金及び現金同等物の期末残高」は、その言葉の通りキャッシュの残高なので、ここはキャッシュのフローではなく、キャッシュのストック（残高）情報である。

キヤノンの現金及び現金同等物の期末残高は、２０１８年12月期の５２０６億円から、２０１９年12月期の４１２８億円まで１０００億円強減少している。ここまで見たように、主な理由は、財務ＣＦのマイナス値の拡大にある。ＦＣＦを超える金額を財務ＣＦに振り向けていることから自明であり、株主還元の強化、および財務体質の改善を図った2年と見ることができる。一方で、本業の落ち込みがその背景にあることも同時に捉えておくことは大切であろう。

第14章

損益分岐点分析により、利益を生み出す仕組みを作る

1 損益分岐点分析と、計算に必要な管理会計の用語

決算書の世界では、本業に関わる費用を売上原価と販管費に分けている。その切り口は、本文44ページで見たように、今の売上高に個別的かつ直接的に対応するか？である。一方、売上の変化に対して利益がどのように変化するかを見極めるには、この切り口では分からない。**費用を変動費と固定費に分類しなくてはいけない。**

売上の増減に応じて増減する費用を変動費、売上が増減しても変化しない費用を固定費と呼ぶ。**図表14－1**に示すように、変動費、固定費ともに、売上原価と販管費に含まれている。たとえば原材料費は売上原価に含まれる変動費だし、販売手数料は販管費に含まれる変動費となる。同じ減価償却費でも、工場の機械であれば売上原価の中の固定費だし、本社の社屋であれば販管費の中の固定費となる。

売値1万円、変動費（売上原価、販管費を含む）8000円、固定費（売上原価、販管費を含む）1億円という製品があったとしよう。仮に同製品を6万個販売した場合の営業利益は、以下のように計算できる。

図表14-1 決算書と管理会計における費用区分

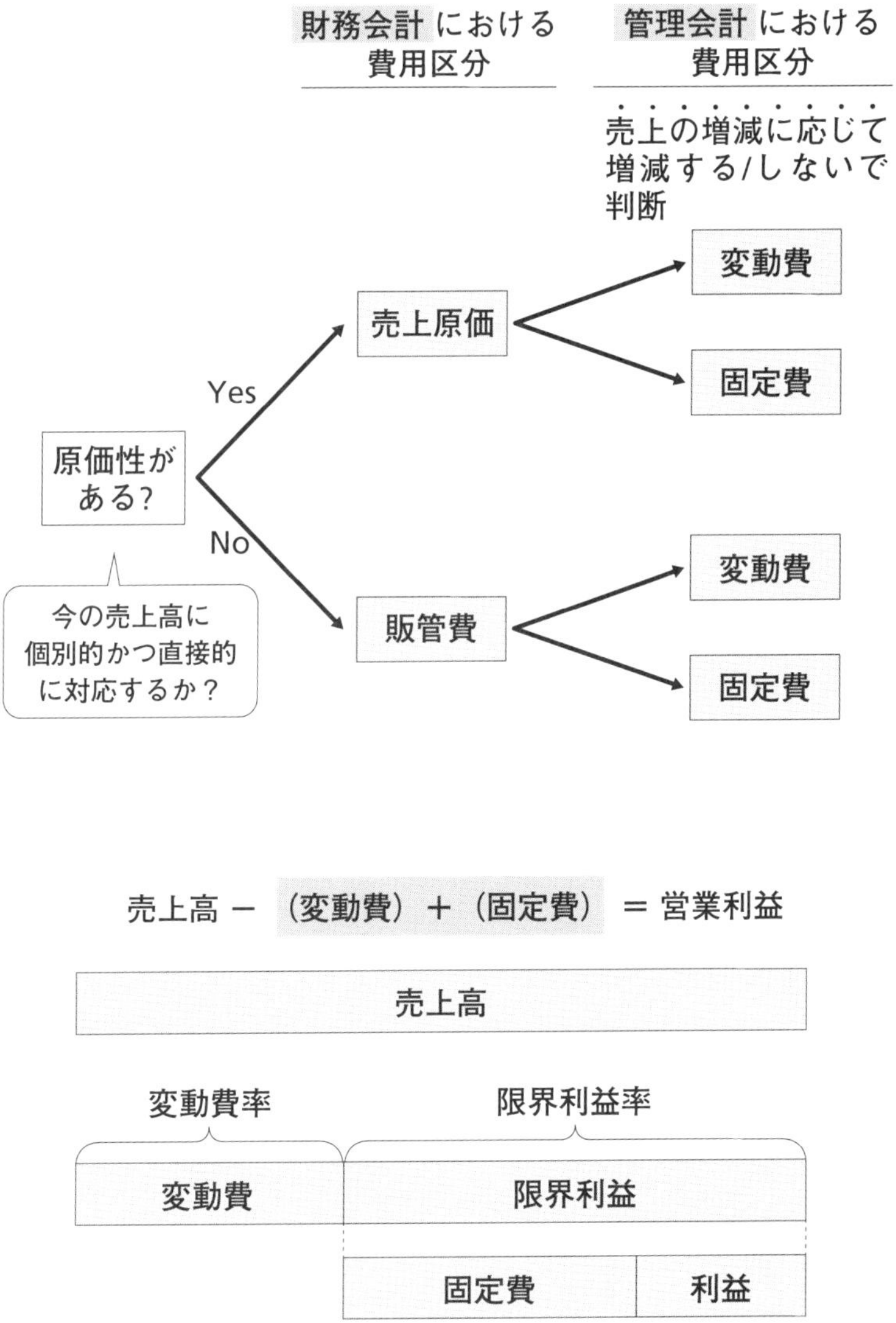

営業利益＝（売値－変動費）×販売数量－固定費
＝（1万円－8,000円）×6万個－1億円＝2,000万円

では、同製品の損益分岐点はいくらだろうか。損益分岐点とは、利益がちょうどゼロになるときの販売数量である。同製品は新たに1個売れるごとに、2000円の追加の利益がもたらされる。この、「売値－変動費」によって計算できる追加の利益のことを、**限界利益**と呼ぶ。損益分岐点の考え方は、この限界利益の積み上げによって、固定費を回収することにある。ちょうど固定費を回収できた点が損益分岐点というわけだ。よって、

損益分岐点（個）＝固定費÷限界利益＝1億円÷2000円＝5万個

が損益分岐点数量となる。

念のため検算しておくと、

営業利益＝（売値－変動費）×販売数量－固定費
＝（1万円－8000円）×5万個－1億円＝0円

図表14-2　新型コロナ感染症により、日経電子版上の「損益分岐点」の記事数は増大

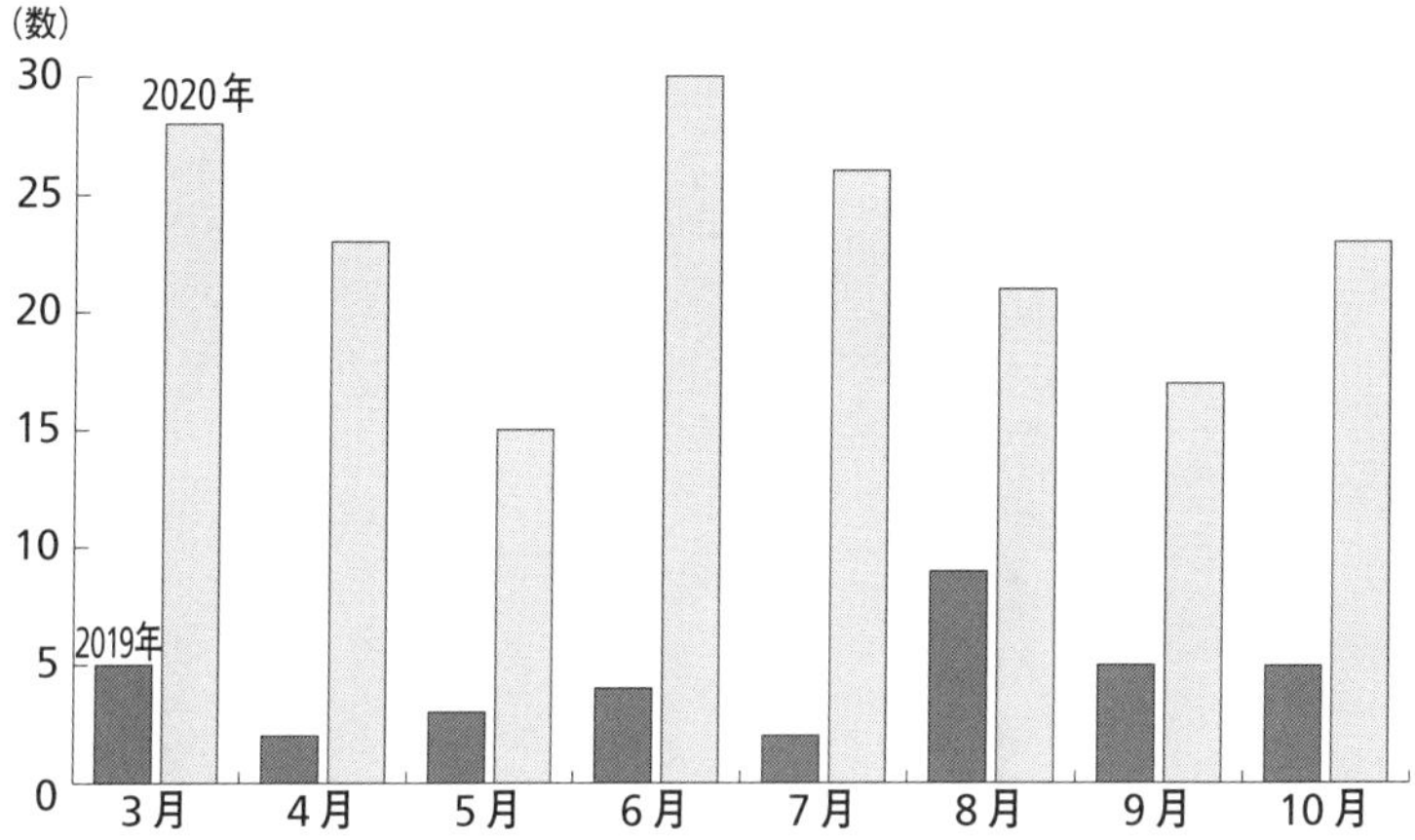

この考え方を応用すれば、どんなに高い目標利益が与えられている場合でも、必要となる売上が簡単に計算できる。仮に目標利益が７０００万円としよう。目標利益は与えられた当事者からすれば回収しなくてはならない新たな「固定費」と考えられる。よって、もともとの固定費１億円に、目標利益という名の別の固定費７０００万円を足してしまえばよいのだ。稼ぐ原資はあくまで限界利益である。

利益目標達成のための販売数量（個）
＝（固定費＋目標利益）÷限界利益
＝（1億円＋7000万円）÷2000円＝85,000個

図表14－2は、新型コロナ感染症拡大が本格化した２０２０年３月以降において、日経新聞電子版上で「損益分岐点」と検索して出た記事の数を、

前年同月と併記したものだ。

いかがであろう。新型コロナの突然の拡大により、多くの企業が赤字に陥った。つまり、自社の損益分岐点売上高を下回ってしまう企業が多発するにつれ、「損益分岐点」を扱う記事が増大したと受け取れよう。

そこで、**こうした不確実な時代にこそ活きる、損益分岐点に関わる2つの重要な指標を紹介しておきたい**。ぜひご自身の企業や担当する事業において、これら指標を計算しておき、経営環境の変化に備える準備として欲しい。

2 損益分岐点比率は、赤字に陥るバッファー（余裕度合い）を評価する

一つは損益分岐点比率と呼ばれるもので、これは損益分岐点売上高を現在の売上高で割って計算する。

$$\text{損益分岐点売上高比率(\%)} = \frac{\text{損益分岐点売上高(¥)}}{\text{現在の売上高(¥)}}$$

先ほどの事例であれば、

損益分岐点数量（5万個）÷現在の販売数量（6万個）＝83・3％

と簡易に算出できる。これは言うまでも無く、現在の販売数量（6万個）に対して、赤字に陥ってしまう損益分岐点分岐点（5万個）は83・3％の水準にある、言い換えれば販売数量を16・7％失わない限り赤字に陥らないことを意味している。

コロナの拡大以降、「●●社、売上2割減少で赤字転落」といった記事を数多く目にするようになった。そうした記事を読者が次に見た際には、「この企業の損益分岐点比率は80％だったのだな」、と考えれば良いのである。

3　オペレーティング・レバレッジは、売上の変動に対する利益のブレ度合いを評価する

もう一つの指標は、オペレーティング・レバレッジと呼ばれるものだ。損益分岐点比率80％とは、売上高の2割減少で赤字に陥ることを意味している。言い換えれば、「売上高20％減少は、利益100％の減少」ということになる。売上高の減少率に対する利益の減少率、この例でいえば5倍（100％÷20％）は、オペレーティング・レバレッジと呼ばれ、以下の数式で簡易に算出できる。

損益分岐点比率と同様に、オペレーティング・レバレッジも分子と分母に実額を置く以上、刻々と変化を遂げる指標である。

オペレーティング・レバレッジ（倍）＝ 限界利益（¥） / 営業利益（¥）

限界利益と営業利益の関係性は業種や企業によってマチマチである。オペレーティング・レバレッジが仮に5倍の企業があった場合、限界利益率が30％であれば、30％÷5倍＝営業利益率は6％ということになる。限界利益率が50％の企業であれば、50％÷5倍＝営業利益率10％、限界利益率が10％しかないような企業であれば、10％÷5倍＝営業利益率2％である。

まとめると、

限界利益率30%、営業利益率6%

限界利益率50%、営業利益率10%

限界利益率10%、営業利益率2%

これらは**すべて、オペレーティング・レバレッジが5倍なので、「売上2割減少で赤字転落」**となることは一緒である。業種や戦略次第であって、これらのどれが良い、悪いの判断はできない。**損益分岐点比率80%以下を目標水準として掲げる企業がよく見られるが、自社の業界や戦略の特性上、右記のどの姿にもっとも近い形でそれを実現させていくのか。その戦略と共に、しっかりと議論しておくことは重要であろう。**

第15章

IFRS決算書を分析するための9つの着眼点

本書では可能な限り、日本会計基準を採用している企業をケーススタディとして採用し、決算数値を読むために不可欠となる様々なアプローチを伝えてきた。2020年現在、日本の上場・公開企業には、3つの会計基準の選択肢が与えられている。日本会計基準、米国会計基準、そして国際財務報告基準（International Financial Reporting Standards、以下IFRS）である。

経済のグローバル化、国際市場での資金調達の増大を受け、高品質で、理解可能で、かつ実行可能な単一の国際的な会計基準を推し進める動きが加速した。一方で、各国には個別の企業活動や慣習があり、グローバルで唯一の会計基準に統一することが絶対の正解とも言えない。日本の現在のスタンスは、会計基準の国際的な調和に向けた努力は継続し、日本基準を高品質化するための会計基準の変更には前向きに対応するものの、IFRSの強制適用は当面行わず、任意適用の積み上げを図ることにある。

2020年9月現在、IFRS適用済会社数は218社、IFRS適用決定会社数は8社あり、合計して226社に及ぶ。2019年は日本製鉄やSUBARU、2020年はトヨタ自動車やブリヂストンといった、日本を代表する大手製造業がIFRSへの移行を果たしている。トヨタ自動車など、従来米国会計基準を採用していた企業のIFRSへの移行も進み、米国会計基準を採用している企業は2020年9月現在、ソニー、富士フイルムホールディングス、キヤノン、村田製作所など、わずか11社のみとなった。

東京証券取引所だけでも、上場・公開企業は3700社超存在していることを考えれば、

ＩＦＲＳ移行企業は全体の６％に過ぎないのが実態だ。ただし、株式時価総額ベースで見れば、日本市場の約４割の企業がＩＦＲＳに移行していることから、大企業＝ＩＦＲＳへの移行に積極的、といった傾向は見られよう。

さて、詳細なＩＦＲＳと日本会計基準の違いについては、専門書に委ねることとして、**ここではＩＦＲＳ決算書の分析において特に着眼したい９の項目について、事例を交えて解説していくこととしたい。**

1. 段階利益の表示の強制規定はなし
2. 特別損益の区分は禁止
3. 自社オリジナルの利益を語る企業が増大
4. 非継続事業に係る損益を別建てにして表記
5. のれんは非償却、固定資産の減損は２ステップ
6. 株式売却益を損益計算書に計上しない選択肢
7. 収益（売上高）の認識基準が変化
8. 貸借対照表の呼び名と見え方が変わる
9. すべてのリースは資産計上が原則

1　段階利益の表示の強制規定はなし

日本基準では、売上総利益、営業利益、経常利益、税引前当期純利益などの各段階利益が表示されることが原則である。これに対して、ＩＦＲＳは原則主義（プリンシプル・ベース）に基づき、個別・具体的な問題は、企業ごとに判断させ、その適否は監査人の専門的判断に委ねるというのがスタンスである。**損益計算書上の利益についても、ＩＦＲＳには純損益および当期包括利益（一定期間における、純資産の変化を表記）以外の段階利益に関する表示の強制規定はない。**

とは言っても、ほとんどのＩＦＲＳ採用企業は、売上総利益、営業利益、税引前当期純利益などの段階利益を示すことが一般的ではある。万一そうした利益項目がなく、単純に収益と費用を並べているような企業を見ても、慌てないで注記（ｎｏｔｅ）を確認してみると良い。ＩＦＲＳでは決算書本体はシンプル化し、豊富な注記によって企業の状況を適切に伝えようとするスタンスが強い。

図表15－1は、段階利益が詳細には示されていないＬＩＮＥの連結損益計算書である。

図表15-1 段階利益が詳細ではない、LINEの連結損益計算書(IFRS)

(単位：百万円)

	2018年度 (自2018年1月1日 至2018年12月31日)	2019年度 (自2019年1月1日 至2019年12月31日)
営業収益		
売上収益	207,182	227,485
その他の営業収益	28,099	3,211
営業収益合計	235,281	230,696
営業費用		
決済手数料及びライセンス料	△30,823	△35,874
販売手数料	△15,960	△15,995
従業員報酬費用	△57,493	△70,265
マーケティング費用	△20,311	△33,022
インフラ及び通信費用	△10,483	△10,821
外注費及びその他のサービス費用	△31,825	△41,892
減価償却費及び償却費	△11,135	△22,737
その他の営業費用	△41,141	△39,087
営業費用合計	△219,171	△269,693
営業利益(△損失)	16,110	△38,997
財務収益	413	512
財務費用	△519	△1,980
持分法による投資損失	△11,148	△13,412
為替差損益	△902	△72
その他の営業外収益	869	3,878
その他の営業外費用	△1,469	△1,545
継続事業に係る税引前利益(△損失)	3,354	△51,616
法人所得税	△9,522	△384
継続事業に係る純損失	△6,168	△52,000
非継続事業に係る純利益	376	584
当期純損失	△5,792	△51,416
帰属：		
当社の株主	△3,718	△46,888
非配持分	△2,074	△4,528

2　特別損益の区分は禁止

日本基準では、臨時的・偶発的に発生した活動からの損益は、特別損益として計上される。ここで問題となるのは、何をもって「特別」とするかにおいて、企業が独自の判断で決定することにある。より多くの損失を「特別損失」として処理すれば、経常的な企業活動からの利益を示す「経常利益」までは、健全な数値を見せることもできてしまう。しかし現実には、企業活動を営む以上、予期せぬ「特別」事態が発生すると考える方がむしろ健全であり、広義で捉えれば、企業活動に「特別」なものなどひとつとして存在しないとも言えよう。

ＩＦＲＳでは、ＰＬ上、または注記のいずれにあっても、特別損益の区分は禁止されている。日本基準では特別損益として計上されたような項目（固定資産売却損益、構造改革費用、減損損失など）は、すべて本業から生み出される利益、すなわち営業利益の計算過程で加減される。ＩＦＲＳを採用する日本企業は、販管費の下に、「その他収益」「その他費用」といった項目を設け、ここに計上しているケースが多い。中身の詳細については注記に開示されるので、有価証券報告書で確認し、金額のインパクトや、翌年度以降の決算書への影響を評価することが肝要である。**図表15－2**は、特別的な多額の損失計上によって、営業赤字に陥ったコカ・コーラボトラーズジャパンホールディングスの連結損益計算書である。

図表15-2 日本基準であれば、「特別損失」として扱われるであろう、のれんの減損損失、その他の費用（主に、特別退職加算金、事業構造改革費用など）を多額に計上し、営業赤字に陥った、コカ・コーラボトラーズジャパンホールディングスの連結損益計算書（IFRS）

（単位：百万円）

	前連結会計年度 （自2018年1月1日 至2018年12月31日）	当連結会計年度 （自2019年1月1日 至2019年12月31日）
売上収益	927,307	914,783
売上原価	475,156	473,723
売上総利益	452,151	441,060
販売費及び一般管理費	426,195	423,685
のれんの減損損失	—	61,859
その他の収益	2,116	4,127
その他の費用	13,385	15,076
持分法による投資利益（△は損失）	△5	43
営業利益（△は損失）	14,682	△55,389
金融収益	830	1,145
金融費用	745	1,175
税引前利益（△は損失）	14,767	△55,419
法人所得税費用	4,605	2,476
当期利益（△は損失）	10,162	△57,895
当期利益（△は損失）の帰属：		
親会社の所有者	10,117	△57,952
非支配持分	45	56

3 自社オリジナルの利益を語る企業が増大

2で挙げた、特別損益の区分の禁止と、営業利益の計算過程で「特別」的な項目が加減される結果として、営業利益のブレが激しくなることは否めない。日本基準に慣れ親しんでいると、営業利益＝継続的な本業から生み出される利益、として捉えるので、営業利益のブレが激しかったり、当該年度のみに発生した特別事態によって営業赤字に陥るような企業には、違和感を覚える場合もあるだろう。

ＩＦＲＳでは段階利益の表示の強制規定はないことを1で述べたが、裏を返せば、自社で定義したオリジナルの利益を使用することを何ら制約するものでもない。

そこでＩＦＲＳを採用した企業には、**事業利益、コア営業利益などの名称を用いて、「もし日本基準を採用していた場合の営業利益」に近いオリジナルの利益を使用する企業が増えている。図表15－3**はその一例である。同じ食品業界、同じ「事業利益」であっても、企業ごとにその中身は異なることが実態である。ＩＦＲＳに移行した各社が独自の利益を語り始めた結果、決算書の他社比較がやりにくくなった、という見方もできる。一方で、**各社がＫＰＩ（最重要指標）として使用している利益に着目することによって、自社をどのように見て欲しいかというメッセージとして、企業活動や経営戦略を理解する一助になると前向きに捉えていくこともできよう。**

図表15-3 IFRSを採用する食品企業が、経営指標として使用している「事業利益」の定義

企業名	各社の「事業利益」の定義
キリンホールディングス	売上収益から売上原価並びに販売費及び一般管理費を控除した、事業の恒常的な業績を測る利益指標です。
アサヒグループホールディングス	売上収益から売上原価並びに販売費及び一般管理費を控除した恒常的な事業の業績を測る当社独自の利益指標です。IFRSで定義されている指標ではありませんが、財務諸表利用者にとって有用であると考え自主的に開示しております。
サッポロホールディングス	売上収益から売上原価並びに販売費及び一般管理費を控除した、恒常的な事業の業績を測る当社独自の利益指標です。
味の素	「売上高」から「売上原価」、「販売費」、「研究開発費」及び「一般管理費」を控除し、「持分法による損益」を加えたものであり、「その他の営業収益」及び「その他の営業費用」を含まない段階利益です。
日本ハム	売上高から売上原価、販売費及び一般管理費を控除し、当社グループが定める為替差損益を加味するとともにIFRSへの調整及び非経常項目を除外して算出しております。

恒常的な事業の業績を示したい、という意図は全社共通だが、計算式は各社で微妙に異なっている。

4 非継続事業に係る損益を別建てにして表記

企業が特定の事業について、処分または売却を意思決定した場合であっても、日本基準であれば決算期間に所有していた事業は、PL、BS、CFのすべてにその数値は残される。これに対してIFRSでは、**処分、売却が決定された非継続事業からの収益や費用はPLの個別項目からは外され、非継続事業からの税後当期純利益のみを1行で表示する。**過去所有していた事業であるという過去の事実報告を重視する日本基準に対して、基本的に将来のみに関心を持つ投資家を初めステークホルダー目線に立ったIFRSと捉えることもできるだろう。**図表15－4**は、2020年3月期に米スプリントの売却を意思決定し、同事業からの損益を非継続事業損失として計上した、IFRS採用企業であるソフトバンクグループの連結損益計算書である。財政状態計算書上（IFRSにおける、貸借対照表の呼び名。後述）では、「売却目的保有に分類された資産」「売却目的保有に分類された負債」として、米スプリントの項目がまとめて記載されている。

図表15-4 米スプリントはT-Mobile US, Inc.との統合により、子会社でなくなるため、同社からの純損失を、非継続事業からの純損失として計上するソフトバンクグループの連結損益計算書（IFRS、2020年3月期）

（単位：百万円）

	2019年3月31日に終了した1年間	2020年3月31日に終了した1年間
継続事業		
売上高	6,093,548	6,185,093
売上原価	△ 3,567,185	△ 3,485,042
売上純利益	2,526,363	2,700,051
販売費及び一般管理費	△ 1,866,315	△ 2,024,167
子会社の支配喪失に伴う利益	176,261	11,879
その他の営業損益	△ 19,314	△ 121,051
営業利益（ソフトバンク・ビジョン・ファンド等SBIAの運営するファンドからの営業利益を除く）	816,995	566,712
ソフトバンク・ビジョン・ファンド等SBIAの運営するファンドからの営業利益	1,256,641	△ 1,931,345
営業利益	2,073,636	△ 1,364,633
財務費用	△ 341,937	△ 300,948
持分法による投資損益	320,101	638,717
持分変動利益	44,068	339,842
為替差損益	10,894	△ 11,107
デリバティブ関連損益	158,423	△ 71,811
アリババ株式先渡売買契約決済益	—	1,218,527
FVTPLの金融商品から生じる損益	36,832	△ 668,463
ソフトバンク・ビジョン・ファンド等SBIAの運営するファンドにおける外部投資家持分の増減額	△ 586,152	540,930
その他の営業外損益	△ 33,192	△ 285,562
税引前利益	1,682,673	35,492
法人所得税	△ 237,023	△ 797,697
継続事業からの純利益	1,445,650	△ 762,205
非継続事業		
非継続事業からの純利益	8,968	△ 38,555
純利益	1,454,618	△ 800,760
純利益の帰属		
親会社の所有者	1,411,199	△ 961,576
継続事業からの純利益	1,402,756	△ 930,027
非継続事業からの純利益	8,443	△ 31,549
非支配持分	43,419	160,816
継続事業からの純利益	42,894	167,822
非継続事業からの純利益	525	△ 7,006
	1,454,618	△ 800,760

5 のれんは非償却、固定資産の減損は2ステップ

簡潔に言えば、M&Aの際に非取得企業の純資産価値に対して支払ったプレミアムに相当する金額がのれんである。日本基準では、のれんは20年以内の年数で償却されるが、IFRSでは**償却は行われず、代わりに毎期、減損テストを行う義務が発生する。**

日本基準では、①減損の兆候の識別、②減損損失の認識、③減損損失の測定という3つのステップから実施されるのに対して、**IFRSでは、①減損の兆候の識別②減損損失の測定というたった2つのステップで実施されるため、減損がより厳格となる。**また、のれんを除いて、減損損失を将来戻し入れることが、IFRSでは認められている。

図表15－5は日本基準からIFRSに移行した安川電機による、のれん償却ストップを説明する注記である。**図表15－6**は、2ステップでの固定資産の減損処理を説明する、JFEホールディングスの注記である。

図表15-5　2020年2月期に日本基準からIFRSへ移行した安川電機に見る、有価証券報告書上でののれん償却に関する注記

日本基準の下ではのれんは5年または10年で均等償却していましたが、IFRSでは移行日以降の償却を停止しています。これにより、IFRSでは日本基準に比べて、販売費及び一般管理費が1,270百万円減少しています。

図表15-6　2020年3月期に有形固定資産に係る多額の減損損失を計上したJFEホールディングスの有価証券報告書上での説明（注記）

「有形固定資産および無形資産について、各報告期間の期末日現在で減損している可能性を示す兆候がある場合、資金生成単位で回収可能価額を処分費用控除後の公正価値と使用価値のいずれか高い金額で評価し、資産の帳簿価額が回収可能価額を上回る場合、回収可能価額まで減損しております。（中略）東日本製鉄所千葉地区・京浜地区の両地区について、本構造改革を前提に、足元の厳しい環境を踏まえ、将来キャッシュ・フローを算定した結果、回収可能価額が同所の保有する事業用資産の帳簿価額を下回ったため、将来キャッシュ・フローの現在価値350,983百万円（千葉地区131,151百万円、京浜地区219,831百万円）まで帳簿価額を減額し、当該減少額232,418百万円（千葉地区146,652百万円、京浜地区85,766百万円）を減損損失として計上しております。」

6　株式売却益を損益計算書に計上しない選択肢

日本基準では、他社との持ち合い株式などを売却し、投資有価証券売却益を特別利益に計上することで赤字を消し込むなど、いわゆる「益出し」を行うことができる。ＩＦＲＳでは、こ**うした持ち合い株（資本性金融商品と呼ぶ）の評価損益、売却損益をすべてＰＬ上で計上するか、または評価損益、売却損益ともにＰＬ上には計上せずに、財政状態計算書の純資産の中で処理するかの選択肢が与えられる。**各企業がどちらの処理を選択しているかは、有価証券報告書の注記で見ることができる。**図表15－7**の花王の注記によると、花王ではＰＬに株式の評価・売却損益を計上しない選択をしていることが読み取れる。

図表15-7 金融商品の処理に関する、花王の有価証券報告書上の注記での説明（2019年12月期）

当社グループは、保有する金融資産を、(a) 償却原価で測定される金融資産、(b) その他の包括利益を通じて公正価値で測定される負債性金融資産、(c) その他の包括利益を通じて公正価値で測定される資本性金融資産、(d) 純損益を通じて公正価値で測定される金融資産のいずれかに分類しております。

（中略）

(c) その他の包括利益を通じて公正価値で測定される資本性金融資産
当社グループは、一部の資本性金融資産については、公正価値の事後の変動をその他の包括利益に表示するという取消不能な選択を行っており、その他の包括利益を通じて公正価値で測定される資本性金融資産に分類しております。

当該金融資産は、当初認識後は公正価値で測定し、公正価値の変動はその他の包括利益に含めて認識しております。投資を処分した場合、もしくは公正価値が著しく低下した場合に、その他の包括利益を通じて認識された利得又は損失の累計額をその他の資本の構成要素から利益剰余金に振り替えております。

なお、その他の包括利益を通じて公正価値で測定される資本性金融資産からの配当金については、金融収益として純損益に認識しております。

(d) 純損益を通じて公正価値で測定される金融資産
上記の償却原価で測定される金融資産、又はその他の包括利益を通じて公正価値で測定される負債性金融資産及びその他の包括利益を通じて公正価値で測定される資本性金融資産以外の金融資産は、純損益を通じて公正価値で測定される金融資産に分類しております。当社グループの純損益を通じて公正価値で測定される金融資産としては、一部の短期投資、デリバティブ資産等が該当します。なお、当社グループは、当初認識時において、純損益を通じて公正価値で測定される金融資産として、取消不能の指定を行ったものはありません。

当該金融資産は、当初認識後、公正価値で測定し、その変動は純損益で認識しております。また、純損益を通じて公正価値で測定される金融資産に係る利得又は損失は、純損益に認識しております。

7 収益（売上高）の認識基準が変化

ＩＦＲＳは収益（売上高）の認識について、より実態を重視した計上を原則とする。具体的には、出荷基準ではなく着荷基準、売上数量に従って支払うリベート（販売促進費）を売上高から減額処理、あるいは在庫リスクを自社が保有しない場合の売上計上の禁止、などがそれにあたる。ただし、日本基準も２０２１年4月1日以降に開始する事業年度より、ほぼ同一の収益認識基準が適用される。日本基準とＩＦＲＳで異なっていた収益認識がおおむね解消されるため、グローバル間の企業比較は容易になる。

図表15－8は、ＩＦＲＳへの移行によって、多額の販売奨励金（リベート）が売上から控除されることを説明するアサヒグループホールディングスの資料である（２０１７年12月期）。

図表15-8　IFRSへの移行によって、販売促進費（リベート）が売上高から大きく減額されたアサヒグループホールディングスの説明資料（2017年12月期）

（億円）

	（①＋②）2016年 IFRS基準	（①）2016年 日本基準	（②）2016年 IFRS導入影響	2015年日本基準	前年増減	主な影響
売上収益	17,069	18,903	△ 1,834	18,574	△ 1,505	販売奨励金等の売上控除
事業利益 ※1	1,485	1,408	77	1,351	134	

※1　事業利益とは、売上収益から売上原価並びに販売費及び一般管理費を控除した恒常的な事業の業績を測る利益指標

【事業利益　IFRS導入影響：＋７７億円の内訳】

	IFRS基準	日本基準	IFRS導入影響	
IFRS導入影響　計	△ 94	△ 171	77	
のれん等償却費計（連結子会社）	△ 62	△ 171	108	のれん非償却化
酒類事業	△ 2	△ 13	11	
飲料事業	△ 17	△ 30	13	
食品事業	-	△ 4	4	
国際事業	△ 42	△ 122	80	
その他事業	△ 2	△ 2	0	
全社調整項目（IFRS調整）	△ 31	-	△ 31	
退職給付調整額	△ 26	-	△ 26	
減価償却費調整額　他	△ 5	-	△ 5	

	IFRS基準	日本基準	IFRS導入影響	2015年日本基準	前年増減
親会社の所有者に帰属する当期利益	892	818	74	764	128

【親会社の所有者に帰属する当期利益　IFRS導入影響：＋７４億円の内訳】

	IFRS基準	日本基準	IFRS導入影響
IFRS導入影響　計	△ 131	△ 205	74
事業利益段階基準間差異調整額計	△ 94	△ 171	77
のれん等償却費計（持分法適用会社）	-	△ 34	34
その他基準間差異調整	△ 37	-	△ 37

（出所）アサヒグループホールディングス　決算説明会資料　2017年2月

図表15-9　売上高にしたがって、10％のリベートを支払っている企業がIFRSに移行した場合

	日本会計基準 <百万円>	日本会計基準 売上比率		IFRS <百万円>	IFRS 売上比率
売上高	10,000	100.0	IFRSへの移行により	9,000	100.0
売上原価	4,000	40.0	●売上はリベート分が減少	4,000	44.4
売上総利益	6,000	60.0	●売上高総利益率はダウン	5,000	55.6
販売費及び一般管理費	5,000	50.0	●売上高販管費率もダウン	4,000	44.4
うち、販売促進費（リベート）	1,000	10.0			
営業利益	1,000	10.0	●売上高営業利益率はアップ	1,000	11.1

8 貸借対照表の呼び名と見え方が変わる

ＩＦＲＳでは、貸借対照表という呼び名は使わずに、財政状態計算書（Statements of Financial Position）と呼ばれる。また、日本では流動資産⇓固定資産の順に資産を表記するのが原則だが、ＩＦＲＳでは特にその定めはなく、欧州企業には固定資産⇓流動資産の順に表記する企業が多い。また固定資産ではなく、非流動資産と表現する企業が多い。さらに、日本基準では株主の持分を純資産と呼ぶが、ＩＦＲＳでは資本と表記される。日本基準では、負債⇓純資産の順に表記するが、ＩＦＲＳでは、資本⇓負債（非流動負債⇓流動負債）の順に表記する企業も見られる。

図表15－10は、非流動資産⇓流動資産、資本⇓負債（非流動負債⇓流動負債）の順に示す、エーザイの財政状態計算書である。

図表15-10 エーザイの連結財政状態計算書に見る、非流動資産⇒流動資産、資本⇒負債（非流動負債⇒流動負債）の表記（IFRS、2020年3月期）

（単位：百万円）

	当連結会計年度末（2020年3月31日）
資産	
非流動資産	
有形固定資産	144,638
のれん	168,682
無形資産	106,094
その他の金融資産	39,779
その他	15,104
繰延税金資産	66,438
非流動資産合計	540,735
流動資産	
棚卸資産	65,735
営業債権及びその他の債権	180,022
その他の金融資産	1,555
その他	19,849
現金及び現金同等物	254,244
小計	521,405
流動資産合計	521,405
資産合計	1,062,140

（単位：百万円）

	当連結会計年度末（2020年3月31日）
資本	
親会社の所有者に帰属する持分	
資本金	44,986
資本剰余金	77,609
自己株式	△ 34,338
利益剰余金	505,359
その他の資本の構成要素	84,511
親会社の所有者に帰属する持分合計	678,127
非支配持分	24,503
資本合計	702,630
負債	
非流動負債	
借入金	54,945
その他の金融負債	36,572
引当金	1,346
その他	14,112
繰延税金負債	569
非流動負債合計	107,545
流動負債	
借入金	34,994
営業債務及びその他の債務	76,879
その他の金融負債	25,507
未払法人所得税	5,355
引当金	18,739
その他	90,492
小計	251,965
流動負債合計	251,965
負債合計	359,510
資本及び負債合計	1,062,140

9　すべてのリースは資産計上が原則

２０２０年現在、日本基準ではフルペイアウト（自分だけで使い切っている）や、解約不能条件などが存在し、実質購入したものと同一と考えられるファイナンス・リースのみを資産計上する。これに対して、ＩＦＲＳでは、２０１９年より、ファイナンス・リース、オペレーティング・リース（ファイナンス・リースとして識別されないリース）のすべてを資産計上することが義務付けられた。借方に使用権資産、貸方にリース債務又は負債として計上され、あたかも借金をして設備投資をしたのと同じ形式で資産計上されることとなる。リースは資産計上されない＝ＲＯＡが悪化しない、といったリースの持つメリットが失われる、日本基準とＩＦＲＳにおける、大きな会計基準の差異である。

図表15―11は、ＩＦＲＳへの全リースの資産計上の義務化により、店舗リースに伴う多額のオペレーティング・リースを２０２０年から資産計上することとなった、ファーストリテイリングの財政状態計算書である。資産規模が一気に膨らむため、ＲＯＡ（総資産利益率）は悪化する。

図表15-11 賃借店舗のオペレーティングリースを中心とする使用権資産を多額に計上する、ファーストリテイリングの連結財政状態計算書（IFRS、2020年8月期）

（単位：百万円）

	前連結会計年度 （2019年8月31日）	当連結会計年度 （2020年8月31日）
資産	1,086,519	1,093,531
流動資産	60,398	67,069
現金及び現金同等物	44,473	49,890
売掛金及びその他の短期債権	410,526	417,529
その他の短期金融資産	14,787	14,413
棚卸資産	1,492	2,126
デリバティブ金融資産	19,975	10,629
未収法人所得税	1,638,174	1,655,191
その他の流動資産		
流動資産合計		
非流動資産		
有形固定資産	162,092	136,123
使用権資産	―	399,944
のれん	8,092	8,092
無形資産	60,117	66,833
長期金融資産	77,026	67,770
持分法で会計処理されている投資	14,587	14,221
繰延税金資産	33,163	45,447
デリバティブ金融資産	9,442	10,983
その他の非流動資産	7,861	7,383
非流動資産合計	372,384	756,799
資産合計	2,010,558	2,411,990
負債及び資本		
負債		
流動負債		
買掛金及びその他の短期債務	191,769	210,747
その他の短期金融負債	159,006	213,301
デリバティブ金融負債	2,985	2,763
リース負債	―	114,652
未払法人所得税	27,451	22,602
引当金	13,340	752
その他の流動負債	82,103	82,636
流動負債合計	476,658	647,455
非流動負債		
長期金融負債	499,948	370,780
リース負債	―	351,526
引当金	20,474	32,658
繰延税金負債	8,822	7,760
デリバティブ金融負債	3,838	3,205
その他の非流動負債	17,281	2,524
非流動負債合計	550,365	768,455
負債合計	1,027,024	1,415,910

エピローグ〜会計に向き合っていくために

会計スキルを身につけるために

ビジネススクールでの教員や企業内研修の講師を長く務めているが、楽しみのひとつはクラス終了後のアンケートにある。「このクラスをきっかけに今後アカウンティングの学習と実務での活用をがんばっていきます」といった、講師としてこの上ない幸せを感じるコメントもあれば、私のクラスの進め方や時間配分などに対する鋭い指摘も見られる。こうしたフィードバックは、講師である私にとって今後の自分自身の向上に向けた建設的なギフトとなる。同時に、受講者にとっては貴重な時間とお金を使って、自分はいったい何を学んだかを振り返り、どう活かしていくかを考える大切な場となる。そうしたアンケートの中で、以下のようなコメントがよく見られる。

「会計というものが会社の活動に密接したものであることがよく分かりました。自分のものにできるように、これからテキストを使って復習してみます。ただ、いまは分かったつもりになっていても、時間が経つとだんだん忘れていきそうです。**どうすれば今日学んだことを忘れずに、スキルとして会計を身につけていくことができるのでしょうか**」

本書の最後では、この質問に対する私の答えを述べていきたい。まずは慶應義塾大学名誉教授の竹中平蔵氏の言葉を紹介してみよう。

「私はこの一〇年間、慶應義塾大学で教鞭をとってきました。一〇年の体験を通してわかったことですが、伸びる学生とそうでない学生とでは、一つの大きな違いがあります。それは、伸びる学生は例外なく身の回りの経済問題に大きな知的好奇心を抱き、興味を持って見聞きし、自分の頭で考えているということです。

私達の生活は経済だらけです。そんな身近な問題をきっかけに、経済を深く考えることには、やはり大きな意義があると思います。」（『竹中教授のみんなの経済学』）

竹中氏の言葉の中の「経済（問題）」を「会計」に置き換えてみる。

「伸びる学生は例外なく身の回りの会計に大きな知的好奇心を抱き、興味を持って見聞きし、自分の頭で考えているということです。

私達の生活は会計だらけです。そんな身近な問題をきっかけに、会計を深く考えることには、やはり大きな意義があると思います。」

身の回りのことに応用する

これが、先のビジネススクールの社会人学生や、企業内研修の受講者の質問に対する私の答えとなる。竹中氏には時間もレベルも遠く及ばないが、社会人教育に20年以上の歳月を費やし、5万人以上の社会人学生を相手に会計の教鞭をとってきた私の結論は竹中氏と同様だ。つまり、会計をスキルとして身につけていくには、学んだことを教室の場で終わらせずに、自分の身の回りで起きていることに応用していくことに尽きる。

自分の会社や顧客の会社の決算書を、手始めにじっくりと読むのもよい。学んだフレームワークを頭に描きながら、予算を立てるときに、いつもより入念に考えるのもよいだろう。家に帰れば、自分のマンションの管理組合の決算書を引っ張り出して、一度上から下まで読んでみたらどうだろうか。仕事の後にいつも通っているあの英語学校でも、昨日買い物をしたあのネット通販会社でも、週末に家族で行く予定のあのレストランでも、あるいはどう考えても経営が成り立っていないと思われるあの第三セクターでもよい。

上場している会社や、ある程度の規模の企業であれば、決算書はすべてインターネット上で簡単に手に入る。もちろん無料で24時間いつでも見られるわけだ。**問われているのは、あなた**

がそれに知的好奇心を抱いて、興味を持って見たいと思うかだ。そして、それを見たときには、自分の頭で考えることができるかにある。会計を使いこなすことができる人とできない人を分けるのは、頭が良いとか普段数値に触れているとかではなく、そこに興味を持って見聞きし、自分の頭で考え、そして行動を起こせるかに尽きる。

「会計の学習」などと、難しく構える必要はない。**毎日の新聞や雑誌にある会社の数値動向に関する記事を、いつもより少しだけ深読みしてみることを、今日から始めてみてはどうだろうか。**

身の回りの会計数値に問いかける

ちょっと例を示してみよう。２０２０年8月11日の『日本経済新聞』の投資・財務面をパッと開いて最初に目に入った記事が、不動産大手5社の２０２０年４―６月期実績、および２０２１年３月期の業績見通しだった。新型コロナ感染症の拡大を受け、政府は２０２０年４月７日に緊急事態宣言を発出、同5月25日に緊急事態解除宣言が発出された期間を丸ごと含む各社の四半期決算である。オフィスビルのテナント企業に対する一部の家賃減免に始まり、多くの商業施設の閉鎖による賃料収入の激減、さらには住宅やマンションの販売停滞を受けた期間の決算である。新聞記事の8月時点でも緊急事態宣言の解除による反動もあって、コロナ第二波とも呼ばれた感染症の再拡大が見られ、新型コロナ感染症の今後の推移、ひいては不動産

不動産大手5社の連結最終損益		
企業名	20年4～6月	21年3月期予想
三井不	137（▲58）	1200（▲35）
三菱地所	292（11）	1100（▲26）
住友不	654（17）	1300（▲8）
東急不HD	▲139（－）	260（▲33）
野村不HD	88（3.0倍）	310（▲37）

（注）単位億円、カッコ内は前年同期比増減率％。▲はマイナス

業界に与える影響が読み切れないタイミングでの記事である。そうした不確実性の高い経営環境の下、記事の中にある上記の表を見たときに、あなただったら、業界や個別の企業に関する会計や経営を考える上で、どれだけの問いかけを思いつくことができるだろうか。

私だったら、以下のような問いかけをしてみたい。

◆数多くの業界トップ企業でさえ、２０２１年３月期決算の第１四半期（２０２０年６月期）の時点では、年間決算予測の公表を保留したり、売上高と経常利益のみをレンジで示すなどしたりしている中で、不動産業界大手５社が最終純利益まで予測値を具体的に出すことができるのは、どういった業界特性と言えるだろう？　大手ならではであって、中小不動産業界では、こうした予測も難しいのだろうか？

◆新型コロナ感染症の拡大が大きなマイナス影響となった不動産業界において、三井不動産と東急不動

産ホールディングスは早々に赤字に陥っている。両社にはどのような共通点があるのだろう？　また、三菱地所、住友不動産、野村不動産ホールディングスの第1四半期は最終利益が前年同期比で増益となっているのはなぜだろう？　一時的な不動産売却益などが多かったことが背景だろうか？　それとも大型施設の開業などがあったのだろうか？

◆年間の業績予測においては、おおむね30％前後の減益予想を各社が行っている中で、住友不動産は8％のみの減益予測としているのは、同社の事業の何らかの優位性と捉えて良いだろうか？

◆不動産業界は、大きくストック型ビジネス（不動産を保有し、テナントに賃貸）と、フロー型ビジネス（分譲住宅やマンションを開発し、顧客に販売）の2つに集約される。大手5社各社の構成比はどうなっており、それが売上高や利益の推移に影響を与えているということはあるだろうか？

◆ストック型ビジネスには、主に法人を相手とするオフィスビルと、主に個人を相手とする商業施設・宿泊施設の2種類がある。短期的には後者の方が新型コロナのマイナス影響を受けているはずだが、これも各社の業績推移に影響を与えているのだろうか？

◆ストック型ビジネスは不動産を有形固定資産として、フロー型ビジネスは不動産を棚卸資産として保有することを不可欠にする。結果としてこれら不動産への投資資金として不動産業界は有利子負債が多額に膨らむ業界だ。新型コロナ感染症の影響を受けて、いわゆる財務体質は各社どの程度悪化しているだろう？　大手不動産5社クラスであれば、1990年代の資産バブル崩壊時の危機に比べれば、まったく問題ない範囲と言えるだろうか？

◆「場」を提供する不動産業界にとって、密な公共の「場」を避けることを促す新型コロナ感染症は、当面はネガティブな影響以外の何物でもない。こうした環境変化の下、元来比較的長いスパンでの経営計画を語ってきた不動産業界であるが、各社の経営戦略に大きな変化はないであろうか？　あるとすれば、各社が重視し始めたキーワードはどういった内容で、それぞれの企業がどちらの方向に向かおうとしているのだろう？　そしてそれは、長期的なスパンで、各社の決算書にどういった姿として表れていくのだろうか？　不動産業界を重要なクライアントや取引先としている自社であれば、今後どういった視点で決算書を読み先んじて対応していくことが望まれるのだろうか？

株主から企業に対する要求が厳しくなる昨今、投資家に対する上場企業の情報開示の姿勢は、日増しに強化されている。インターネットで手に入らない情報はほとんどない。各社のホームページや有価証券報告書（金融庁作成のＥＤＩＮＥＴから閲覧できる）、さらにはネット上で手に入るさまざまな記事をもとにして、私の問いかけについてリサーチしてみるのもよい訓練になるだろう。そのときにはぜひ、本書を通して学んできた次の４つを意識しながらリサーチしてほしい。

1　不動産業界のPL、BS、CFはどのような構造をしているだろうか？　考えて、仮**説を構築してから決算書を読んでいこう。**

⬇　トヨタ自動車の決算書の類推を覚えていますか？

2　不動産業界はどのような競争環境にさらされているのだろうか？　**5つの脅威はそれぞれ、各社の経営環境にどのような影響を与えているだろうか？　そしてそれはPL、BS、CFにどのように現れているだろうか？**

⬇　鉄鋼業界の5つの力の構築を覚えていますか？

3　競争の激しい不動産業界では、**バリューチェーンの中で各社はどのような差別化を図りながら、競争優位性を発揮しているのだろう？**　業界のトップ2と言える三井不動産と三菱地所はどこが優れているのだろうか？　あなたが住友不動産の経営者であれば、トップ2に対抗して、どのような経営戦略をとるだろうか？　そして、それは三井不動産や三菱地所との違いとして、住友不動産の決算書上にどのように現れてくるだろうか？

⬇　バリューチェーンで見た4つの業界（医薬品業界、電機業界、化粧品業界、トイレタリー業界）における戦略の違いとPLの違いを覚えていますか？

4　新型コロナ感染症の拡大を受け、居住や勤務、余暇を過ごす「場」に対する人々や企業の価値観も、これからは変化を遂げていくと推測される。もしあなたがこれら大手不動産会社の社員であり、新たなオフィスビル1棟を開発する業務に従事しているとするならば、どのような場所を選び（Place）、どのようなコンセプトを持ったオフィスとして（Product）、どのような家賃設定を行い（Price）、そしてどのようなにしてテナント企業を誘致しよう（Promotion）と考えるだろう？　そしてその1棟オフィスビルのみの決算書で概観した場合、PLやBSにはどのような姿となって表れるのだろう？

⬇　フィットネスジム業界の、マーケティングの4Pと決算書の構造の違いを覚えていますか？

フレームワークを活用する

PL、BS、CFも、5つの力、バリューチェーン、マーケティングの4Pも、経営を考える上でのフレームワーク（枠組み）と呼ぶことができる。**物事を考える上では、こうしたフレームワークが非常に有効なツールとなる。**モレなくダブリなく、結論に向かって効率的かつ効果的に考えることができる。ただし、**フレームワークの穴埋めで満足していてはいけない。フレー**

ムワークを使うこと自体が目的ではない。あくまで目的は分析であり、最終的にはそこから生み出す意思決定とアクションが常にゴールなのである。

キーとなる質問は「ＷＨＹ？」と「ＳＯ ＷＨＡＴ？」

ここまで本書を読んだ読者には、「ＷＨＹ？」と「ＳＯ ＷＨＡＴ？」の重要性の意味を十分に分かってもらえたことだろう。本書の冒頭の稲盛氏と経理部長のエピソードも、今となってはより現実感を持ってとらえてもらうことができるのではないだろうか。

会計といっても、細かいルールや用語（ＷＨＡＴ）の解説は、本書ではほとんど出てこなかった。その一方、「ＷＨＹ？」、つまり「なぜその数値なのか？」と、「ＳＯ ＷＨＡＴ？」、つまり「その数値から何が言えるのか？」は、できる限り読者の皆さんに問い続けてきたつもりである。英語で「ＷＨＹ？」の問いかけに対する答えは、「ＢＥＣＡＵＳＥ…（なぜなら〜）」で始まる。「ＳＯ ＷＨＡＴ？」の問いかけに対する答えは、「ＴＨＡＴ ＩＳ…（それは〜ということだ）」がふさわしい。

会計の数値を見たときに「大きい」「小さい」「増えている」「減っている」といった、見たままの事実を表現する言葉ではなく、「なぜなら〜」や「それは〜ということだ」といった理由や意味合いを表現する言葉で答える自分を見つけたとき、あなたの会計力は確実に進歩していることを示している。

間違いを恐れずに結論思考を貫く

その際に大切なのは、間違いを恐れないこと。長い間教員や講師を務めていると、「こんなこと訊いたら恥ずかしいんですが……」といった前置きをしてから質問してくる学生や受講者にときどき出会う。たとえば「なんで減価償却の方法には選択肢なんかあるんでしょうか？　1つだったら、面倒な議論をしなくてよいですよね？」など。そうした「恥ずかしい」と思えるような会計に関する素朴な疑問ほど、実際は経営の本質を突いていることが多い。減価償却方法の選択など、私からすれば、自社の設備の費消を正確に理解し、ステークホルダーへの情報伝達の責任を果たした上で、会社をどう見せたいかに関わる経営者の重大な意思決定そのものである。

また、もう1つ大切なのは、結論思考を貫くことだ。「WHY?」や「SO WHAT?」を問われても、なかなか自分自身の結論を導き出せない人にときどき出会う。それは分からないからではなく、考えることを放棄していたり、間違いを恐れて躊躇《ちゅうちょ》していたりすることがほとんどだ。思いつきや当てずっぽうは必ずしも褒められたものではないが、最初は少々の思いつきでもよい。失敗から学ぶものは大きい。考えること、自らの結論を出すことを放棄していては、何ら進歩は生まれないものだ。

「好きこそものの上手なれ」という言葉がある。読者の皆さんも、これだったら絶対に人には負けないという、大好きな趣味や教養があるだろう。本書を読んだ読者は、はたして決算書を手にすることを「好き」になってくれただろうか。「好き」まではいかなくても、竹中氏の言う「興味を持つ」ことへの一助となっていれば幸いである。

世の中は会計の情報であふれている。本書をきっかけにして、読者の皆さんが世の中に会計というアンテナを張り、興味を持って学んでいくこととなれば、著者として望外の喜びとなる。

あとがき

本書の前身となる、『ビジネススクールで身につける会計力と戦略思考力』（日経ビジネス人文庫）を２００７年8月に出版してから、約13年の歳月が流れました。おかげさまでこの間に旧版・新版を合わせて計17回の増刷を重ねることができました。この場をお借りして、同書を購読いただだいた読者の皆様に、深く感謝の意を表します。そんな読者の方々から、多くのうれしい声もいただきました。いくつか紹介させていただきます。

「会計のみを教える本、戦略論のみについて解説した本は数多ある中で、本書ほど高度なレベルで戦略と会計をロジカルにリンクして解説されたものは寡聞にして知りません」

「数値をトコトン問い詰め、ビジネスに結びつく仮説思考を続けること。会計とは専門家の領域ではなく、誰もが備えなくてはいけないビジネススキルそのものなのだということを痛感させられました」

「決算書を、〈見てから考える〉のではなく、〈考えてから読む〉というのが、これまでにない斬新でユニークなアプローチでした。さっそく仕事で実践していきます」

「インタラクティブなやりとりを通じて、本書を読んでいるだけで、まるでビジネススクールで学んでいるかのような臨場感がありました」

出版から13年、この間にリーマン・ショックや東日本大震災、新型コロナウィルス感染症の世界的な拡大が発生し、国内市場の成熟化、企業や事業のグローバル化が進展する中で、企業の決算書の姿も大きく変わりました。また、国際財務報告基準（ＩＦＲＳ）へ移行する企業が年々増加したり、コーポレート・ガバナンスコードに根差した経営体制の構築が進むなど、決算書を読み解く上での新たな注意点も広がりを見せています。

今般の単行本化によるリニューアルでは、取り上げる企業の決算書は可能な限りの更新をかけた上で、取り扱うケース企業も、習得したい会計の各ポイントを学ぶのにもっとも適していると考える企業を再考し、適宜変更を行っています。また、「５つの力」、「バリューチェーン」に加えて、「マーケティングの４Ｐ」を新たなフレームワークとして採用し、フィットネス・ジム業界のマーケティング政策の違いが決算書の数値にどのような違いを与えるかを考察する新たな章を設けています。さらに発展編は、任意適用化によって移行が進むＩＦＲＳと日本会計基準について、「分析」の観点で押さえておきたい９つのポイントに関して、企業事例を交えて新たに解説しています。

一方で、経営分析のアプローチは何年経っても普遍的なものです。いみじくも、旧版で読者の方々から寄せられたコメントにあるように、「会計と戦略を融合して考えること」「ロジカルに数値をとらえ、仮説思考を貫くこと」は、時代の変化がどんなに起きようとも、決して変わることのない大切なアプローチです。このアプローチをしっかり体得することは、新規事業の構築においても、事業戦略に基づいてどういった売価や数量を目指し、どういった投資や費用投下を必要とするかを考えるための貴重な礎になると考えています。旧版で支持いただいたこうしたアプローチは変えることなく、可能な限りインタラクティブな形式で、単行本も執筆しました。

このような観点から、旧版を読まれた読者の方々でも、直近のケース企業の動向を知り、会計数値を用いた分析力のさらなる強化のために、読んでいただくに値する新刊に仕上がっていると考えています。

また、2010年に出版した本書の姉妹本『ポケットMBA⑥ビジネススクールで身につけるファイナンスと事業数値化力』(日経ビジネス人文庫)とあわせて読むことで、ビジネススクールの定量分野の2大科目である、会計とファイナンスを同時に習得することも可能です。2冊が出版されている今だからこそ、一気通貫で読むことで、両分野の密接なつながりを体感してみてください。

米国ＭＢＡ留学から帰国し、証券会社やベンチャーキャピタルで仕事をしていましたが、そんなときに縁あって始めた会計や財務の講師。今では会社を興して、メイン業務の１つとなっています。年間40社を超える企業での社内選抜や公募型の研修に加えて、ＭＢＡ大学院ビジネススクールやオープンセミナーの教員・講師として、精力的に動き回っています。１日限りの出会いの方も多いですが、毎年多くの人に会って互いにエネルギーをぶつけ合う機会が、自分の性に合っているようです。

本書は、そんな私がＭＢＡ教育の場で実際に行っているクラスの雰囲気を少しでも味わってもらえるような内容を目指したものです。一方的な講義ではなく、あくまで講師と受講生、受講生間の双方向のやりとりに根ざしたクラス運営をしており、本書もそれに即したものとしています。主役は常に「学ぶ人」であって、「教える人」ではない。ページ数と読みやすさが許す限り、会話調のやりとりを所々に入れたのは、そうした本書の思いが背景にあります。はたして読者の皆さんにクラスの臨場感を感じてもらえたでしょうか。教室で出会ったときには、皆さんの感想をお聞きしてみたいと思います。

本書を読み、ＰＬとＢＳの基本、戦略のフレームワークをマスターされた方は、自社や他社のケースメソッドを用いて、より高い視座から会計を議論する準備が整いました。会計を学ぶ醍醐味は、細かな会計ルールや用語の学習ではなく、経営者の視点から数値をとらえていくことにこそあります。いつの日か読者と教室の場で活発な議論をおこなう機会が来ることを、心